Michael Stiller

Edmund Stoiber

Michael Stiller

Edmund Stoiber

Der Kandidat

Econ

Der Econ Verlag ist ein Unternehmen
der Econ Ullstein List Verlag GmbH & Co. KG, München

1. Auflage 2002

ISBN 3-430-18786-9

Gesetzt aus der Aldus und Avantgarde bei
Franzis print & media, München
Druck und Bindearbeiten: Clausen & Bosse, Leck

Inhalt

1 Rückschlag auf dem Weg zur Macht

Es hat Zeiten gegeben, in denen die Karriere Edmund Stoibers auf des Messers Schneide stand. Schon 1983, nach kaum zehn Jahren seiner Laufbahn in der CSU drohte ihm erstmals das politische Aus. Er war an der Niederlage des CSU-Kanzlerkandidaten Franz Josef Strauß bei der Bundestagswahl 1980 als Wahlkampfmanager maßgeblich beteiligt. Als CSU-Generalsekretär und seit Oktober 1982 als Staatssekretär beim bayerischen Ministerpräsidenten hatte Stoiber einen Führungsstil entwickelt, den selbst die an Zucht und Ordnung gewohnten Funktionäre der CSU nicht mehr ertragen wollten. »Der hält den Kopf auch dort hin, wo es denselben kosten kann«, hatte Strauß über seinen Adlatus einmal gesagt. 1983 wäre es tatsächlich fast um Stoibers Kopf geschehen gewesen.

Damals war es zu heftigen parteiinternen Auseinandersetzungen um einen Milliardenkredit für die DDR gekommen, den Strauß in enger Fühlungnahme mit dem Stasi-Obristen Alexander Schalck-Golodkowski eingefädelt hatte und dessen Modalitäten einschließlich der Provisionen von der Bayerischen Landesbank abgewickelt worden waren. Auch Stoiber war davon überrumpelt worden. Der Eklat endete mit der für die CSU gefährlichen Rechtsabspaltung der »Republikaner« durch ihren Bundestagsabgeordneten Franz Handlos und den stellvertretenden Chefredakteur des Bayerischen Rundfunks, Franz Schönhuber.

Trotz seiner Skepsis verteidigte Stoiber seinen Herrn und Meister Strauß hingebungsvoll und aggressiv gegen die Kritiker. Beim Parteitag 1983 hatten die Delegierten genug vom Taktieren und Lavieren des »blonden Fallbeils«, wie Stoiber seit dem Bundestagswahlkampf 1980 genannt wurde. Seine Kandidatur zum Parteivorstand wurde zum Fiasko. Nur 46,9 Prozent der rund 900 Delegierten wollten Stoiber weiterhin im CSU-Vorstand sehen. Dabei hatte er in seinem Wahlgang keinen Gegenkandidaten. Deshalb war er gewählt, obwohl eine Mehrheit gegen ihn votiert hatte. Das Vorstandsmandat bei dieser Sachlage aus Gründen der Ehre auszuschlagen kam ihm nicht in den Sinn.

Auch Strauß bekam damals von der erzürnten Parteibasis sein Fett ab, deren strikt antikommunistische Grundhaltung durch den Milliardenkredit erschüttert worden war: Er blieb bei der Wahl zum Vorsitzenden unter 80 Prozent, für CSU-Verhältnisse ein desaströses Ergebnis, denn unter 90 Prozent Zustimmung spricht man dort bereits von einem Denkzettel. Strauß immerhin machte Anstalten, den ganzen CSU-Krempel hinzuwerfen. Für Stoiber, der seine Lebensziele noch lange nicht erreicht hatte, war stets das Aufgeben, nicht das Weitermachen unehrenhaft. In solchen Situationen zeigten sich seine Steherqualitäten, sein Machtinstinkt, sein analytischer Verstand, seine Fähigkeit zur Verdrängung und zum Dazulernen.

Diese Eigenschaften kamen Stoiber auch zehn Jahre später wieder zustatten. Die zweite Februarwoche des Jahres 1993 sollte den bisherigen Tiefpunkt in seiner Karriere bringen. Dabei hatte er gerade damals Großes vor. Seit Monaten war der bayerische Innenminister und stellvertretende CSU-Vorsitzende bereits der geheime Kandidat der CSU für das Amt des bayerischen Ministerpräsidenten, in dem sein früherer Förderer Max Streibl von einem Fettnapf zum nächsten stolperte. Im Büro des seinerzeitigen Umweltministers Streibl hatte das Berufsleben des Juristen aus Wolfratshausen (Oberbayern) 1971 mit einem Referentenposten angefangen. Mit Streibl, das wusste die CSU, war die absolute Mehrheit bei der Landtagswahl 1994 ernsthaft in Gefahr. Stoiber wäre nicht Stoiber, hätte er damals nicht Witterung aufgenommen. Doch erst kam seine große Krise.

Sie begann mit einem Anruf in der Redaktion in den ersten Februartagen 1993. Die Stimme am anderen Ende der Leitung war vertraut, sie gehörte einem bekannten CSU-Politiker. Zum sonst üblichen Plausch war der Anrufer diesmal nicht aufgelegt. Es ging ihm um einen einzigen Satz. »Kümmern Sie sich doch mal um den Stoiber. Der hat mindestens genauso viele Flugreisen gemacht wie der Streibl«, sagte er.

Seit Ende Januar 1993 war Alarmstufe eins in der CSU. Durch anonyme Briefe an die SPD-Landtagsfraktion war bekannt geworden, dass sich Ministerpräsident Streibl Urlaubsreisen von Privatleuten hatte bezahlen lassen, mit denen der Staat auch geschäftlich zu tun hatte. In Brasilien war er mit Anhang Gast seines Freundes Burkhart Grob gewesen, der im Allgäu Leichtflugzeuge baut. Grob machte sich Hoffnungen, beim Bundesverteidigungsministerium ein Milliardenprojekt zur Flugaufklärung mit dem Namen Lapas durchzubringen, war aber in Verdacht geraten, mit der Beschaffung befasste Amtsträger unzulässig beeinflusst zu haben.

Bei einer Hausdurchsuchung hatte die Staatsanwaltschaft Unterlagen zum Streibl-Trip gefunden, über dessen Details in den anonymen Briefen berichtet wurde. Schnell hatten diese Informationen die Medien erreicht. Streibl musste in einer Regierungserklärung Traumreisen nach Brasilien auf Kosten Grobs einräumen. Er gab auch zu, ohne Bezahlung Flugzeuge der bayerischen Firma Messerschmitt-Bölkow-Blohm (MBB) genutzt und sich kostenlos Luxuslimousinen und Motorräder von Autokonzernen ausgeliehen zu haben. Sogar die Satellitenschüssel auf seinem Landsitz in Oberbayern war ein Firmengeschenk; im Privatgarten hatten Bedienstete der staatlichen bayerischen Schlösser- und Seenverwaltung gearbeitet. Die »Amigo-Affäre« war geboren, Edmund Stoiber sah seine Stunde gekommen.

Doch da war der Mann am Telefon. Er bat um strikten Informantenschutz und nannte dann ein paar Namen von ehemaligen Managern des Rüstungs- und Flugzeugkonzerns MBB, bei denen man recherchieren könne. Das Unternehmen, an dem der bayerische Staat bis Ende der achtziger Jahre knapp 25 Prozent gehalten hatte und das mit kräftigen staatlichen Subventionen das Lieblingsprojekt von Franz Josef Strauß, ein europäisches Passagierflugzeug mit dem Namen Airbus, entwickelt hatte, war inzwischen in der Deutschen Aerospace von Daimler-Benz aufgegangen. Bis dahin hatte die Firma Boeing den Markt beherrscht.

Trotz Minderheitenbeteiligung war es den Bayern durch geschickte Besetzung des Aufsichtsrats und des Managements gelungen, MBB wie eine staatseigene Firma am Gängelband zu führen. Franz Josef Strauß war bis zu seinem Tod 1988 Mitglied des Aufsichtsrats und Chef im Verwaltungsrat der internationalen Airbus-Gesellschaft gewesen, die jeweiligen bayerischen Finanzminister – Ludwig Huber, Max Streibl, Gerold Tandler – waren MBB-Aufsichtsratsvorsitzende.

Edmund Stoiber hatte bei MBB seine Schwester Hannelore

Stein untergebracht, die für kleinere Spenden bis 1000 Mark an Parteigliederungen und Vereine zuständig war. Über 300 000 Mark hatte MBB in den achtziger Jahren allein an meldepflichtigen Großspenden an die CSU gegeben. Die von Frau Stein überwiesenen Beträge, die nach dem Parteienfinanzierungsgesetz öffentlich nicht einzeln beziffert werden mussten, ergaben auch noch ein erkleckliches Sümmchen. Die SPD wurde mit rund 40 000 Mark abgefunden, damit sie keinen Wirbel machte. 1997 stellte sich dann noch heraus, dass MBB auf ein Firmenkonto des Waffenhändlers Karlheinz Schreiber eine Millionenprovision für den Verkauf von BO-105-Hubschraubern nach Kanada überwiesen hatte, obwohl die Verträge mit der kanadischen Regierung längst von der dortigen offiziellen MBB-Dependance abgeschlossen worden waren.

Der Tipp, sich bei MBB umzutun, erwies sich als goldrichtig. Zwei Tage nach dem Telefonat kam es zu einer Verabredung mit einem Emissär der Firma auf offener Straße. Als Treffpunkt war ein bestimmter Punkt an der Münchner Maximilianstraße ausgemacht. Der Mann, der sich nicht vorstellte, war pünktlich. Mit genauen Angaben bestätigte er, was der CSU-Politiker am Telefon gesagt hatte: Die ganze CSU-Nomenklatura hatte MBB als Flugreiseveranstalter benutzt, kostenlos natürlich. Schriftliche Unterlagen wollte der Bote nicht herausrücken, seine präzisen Angaben jedoch reichten, um die Recherche fortzusetzen.

Die offiziellen Sprecher der Firma mauerten zunächst, aber bald konnten sie nicht mehr leugnen, dass Strauß bei MBB ein lebenslanges Flugrecht ehrenhalber eingeräumt bekommen hatte. Freigebig hatte er, der auch noch auf Flugzeuge der Firmen März (Fleischhandel), Jahn (Wienerwald-Gastronomie), Zwick (Thermalbäder) oder Diehl (Waffen) zurückgreifen konnte, es auf seine Vertrauten in der CSU-Spitze ausgedehnt. Streibl, selbst zeitweise Aufsichtsratsvorsitzender von MBB und nicht unbedingt der engste Strauß-Spezi, hatte ein eigenes Flugrecht.

Die Politiker hatten sich das Privileg über den Tod von Strauß hinaus gesichert. MBB musste dafür eine Art »CSU-Airline« aus eigenen und geleasten Flugzeugen bereithalten. Begehrte Ziele waren Südfrankreich, wo Strauß eine Villa hatte, und Italien, Max Streibls bevorzugtes Urlaubsland. Die Kosten dafür wurden aus den Gewinnabführungen bestritten, die MBB anteilsgemäß den Eigentümern zu überweisen hatte. Dazu gehörten neben dem Land Bayern auch die Stadtstaaten Hamburg und Bremen, die ihre MBB-Gewinne dem allgemeinen Haushalt zuführten und deren Bürger auf diese Weise die Sonderflüge der CSU-Prominenz mitfinanzierten. Die CSU-Politiker ließen sich von MBB sogar Tickets von Linienflügen ersetzen, wenn sie nicht mit werkseigenen Maschinen unterwegs waren. Hatten sie Flugwünsche über größere Strecken, für die das MBB-Gerät nicht taugte, wurden in der Schweiz größere Düsenflugzeuge gechartert.

Das ganze Ausmaß des Flugbetriebs für die CSU ist bis heute unbekannt. Die Landtagsfraktion der Grünen musste bis vor den bayerischen Verfassungsgerichtshof ziehen, um sich 2001 bestätigen zu lassen, dass die Regierung eine parlamentarische Anfrage dazu beantworten müsse. Die Antwort steht immer noch aus. Neben Vielflieger Strauß waren die üblichen Verdächtigen in der CSU – die frühere graue Parteieminenz Ludwig Huber, Max Streibl, der Strauß-Zögling Gerold Tandler mit ihren Familien – Hauptnutznießer des VIP-Services von MBB, aber eben auch Edmund Stoiber. Das überraschte, weil er trotz seiner politisch und beruflich bedingten Nähe zu Strauß stets den Eindruck erweckt hatte, er habe sich vom wild wuchernden Amigo-System des bayerischen Ministerpräsidenten und CSU-Vorsitzenden möglichst fern gehalten.

Noch am 5. Februar 1993 hatte er seine Distanz in einem Interview mit dem *Nordbayerischen Kurier* beteuert und umfängliche Loyalitätserklärungen für den angeschlagenen Max Streibl abgegeben. Dabei waren in der CSU längst seine Sendboten unterwegs, um die Demission Streibls und seinen eigenen Aufstieg vorzubereiten, und diese – hauptsächlich entschiedene, im Intrigieren geübte CSU-Jungtürken – waren nicht zimperlich. Eine erste Breitseite gegen Streibl war von Stoiber-Gefolgsleuten in der Jungen Union (JU) schon Wochen vor Bekanntwerden der »Amigo-Affäre« abgefeuert worden.

Stoibers Mitarbeiter im Innenministerium, der Beamte und jetzige heimliche CSU-Generalsekretär und Partei-Landesgeschäftsführer Michael Höhenberger, hatte mit Freunden in seiner fränkischen Heimat einen Auftritt Streibls bei einer Landesversammlung der JU in Dingolfing durchgesprochen. Streibl habe wieder einmal einen äußerst langweiligen Vortrag geboten, von ihm sei nichts mehr zu erwarten, war das dem Wahrheitsbeweis zugängliche Fazit der Runde, die am Ministerpräsidenten herummäkelte.

Anlass dazu gab es genug. Streibl hatte als Regierungschef zunächst erfreulich zivil begonnen, Schutt aus der FJS-Ära ausgeräumt und die Bevölkerung spaltende Projekte wie die Wiederaufarbeitungsanlage für abgebrannte Brennstäbe aus Atomkraftwerken in Wackersdorf (Oberpfalz) gestoppt. Bald aber erwies er sich, von dilettantischen Beratern umgeben, als überfordert. Er erging sich in dumpfer Bayerntümelei, die schon damals nur noch eine begrenzte Anhängerschaft hatte. Sein einnehmendes Wesen war nicht erst 1993 unangenehm aufgefallen.

Bereits 1991 hatte Streibl versucht, der Caritas in bester Münchner Lage äußerst preiswert ein Grundstück für eine private Stadtresidenz abzuluchsen, das diese zur Errichtung eines Seniorenheims geerbt hatte. Dabei war ihm die unerbittliche Spürnase Angela Böhm von der Münchner *Abendzeitung* auf die Schliche gekommen. Schon damals war das Entsetzen groß über den instinktlosen Regierungschef, das Geschäft musste rückabgewickelt werden. Das geerbte Grundstück unweit des Nymphenburger Schlosses übernahm ein Schuhfabrikant aus Bamberg. Für bedürftige Senioren, wie es die Erblasserin vorgesehen hatte, war es der Caritas wohl zu schade.

Stoiber versuchte schon damals mit unermüdlichem Einsatz an vielen Fronten die Affären und die Blößen des Streibl-Kabinetts zu decken, was ihm bis Anfang 1993 auch gelang. Er war, wie schon unter Strauß in der Staatskanzlei, der geschäftsführende Ministerpräsident. Irgendwann, wird er sich damals gedacht haben, muss es vorbei sein damit, dass er als zweiter Mann ständig die Funktion des Ersten übernahm. Dann konnte er auch selbst der Erste sein.

Die Schelte der Jungen Union war natürlich umgehend nach München gedrungen und dort etwas zugespitzt formuliert worden: »Stoiber-Referent macht Streibl madig.« Dem Ministerpräsidenten sollte wohl ein Licht über Stoibers internes Wirken aufgesteckt werden. Die CSU-Krise hatte begonnen. Beim damals schon völlig verunsicherten Streibl wuchs das Misstrauen gegen seinen Innenminister und einstigen Lehrling. Unter dem Dach der CSU herrschte Feuer, und wie es der Zufall wollte, tauchte wenige Wochen später einer dieser anonymen, Streibl schwer belastenden Briefe bei der SPD auf.

»Wann ruft Sie die Partei?«, fragte im Interview Chefredakteur Michael Langer vom *Nordbayerischen Kurier*, heute Sprecher der SPD-Landtagsfraktion in München. Stoiber antwortete so, wie er sich später fast zwei Jahre lang zur Kanzlerkandidatur geäußert hatte: »Also für mich ist das kein Thema. Diese Diskussion soll uns nur schaden. Auf diese hypothetischen Fragen will ich mich überhaupt nicht einlassen.« Streibl sitze fest im Sattel: »Der Ministerpräsident hat eine überzeugende Erklärung abgegeben. Die Fraktion hat deutlich gemacht, dass sie hinter dem Ministerpräsidenten steht. Ich tue alles, um einen guten Beitrag für diese Regierung zu leisten ... Gerade in einer solchen schwierigen Phase ist Loyalität gefragt und nicht irgendwelche Nachfolgediskussionen.«

Die nächste Frage lautete: »Halten Sie es für politisch klug, auf Kosten Dritter Fernreisen zu machen als Politiker samt Familie?« Darauf Stoiber: »Der Ministerpräsident hat dazu das Notwendige gesagt, und ich möchte jetzt nicht eine dritte, vierte, fünfte, sechste Stimme dazu abgeben.« Dann kam die entscheidende Frage: »Haben Sie schon mal solche Fernreisen unternommen?« Stoiber, der Nutznießer der MBB-Airline, hielt sich bedeckt: »Ich hatte bisher keine Funktion, in der ich in besonderer Weise mit Unternehmungen zu tun gehabt hätte. Ich war Leiter der Staatskanzlei und bin jetzt Innenminister, nicht Wirtschaftsminister und nicht Finanzminister, und habe deswegen auch eigentlich keine großen Kontakte zu Firmen und Unternehmungen.«

Der Journalist wollte noch wissen: »Halten Sie es für klug, scheibchenweise mit Wahrheiten an die Öffentlichkeit zu kommen?« Nicht ahnend, dass der aus der CSU abgeschossene Pfeil schon in seine Richtung unterwegs war, bezog Stoiber die Frage allein auf den unglücklichen Max Streibl: »Was soll denn der Ministerpräsident mehr tun, als er bereits mit seiner eingehenden Darstellung getan hat? Soll er jetzt seinen ganzen Lebensweg minutiös darlegen?«

Am 9. Februar 1993 erhielt Stoiber nach Abschluss der Recherchen bei MBB und in der CSU ein Fax der *Süddeutschen Zeitung*: »Sehr geehrter Herr Minister, im Zusammenhang mit unseren Recherchen zu Firmenleistungen für Regierungsmitglieder und/oder CSU-Politiker möchten wir Ihnen die Frage stellen, ob und gegebenenfalls wie oft Sie MBB-Flüge in Anspruch genommen haben. Da Sie meines Wissens bei MBB kein Aufsichtsratsmandat innehatten, wäre für den Fall der Bejahung auch gut zu wissen, auf welcher Basis und für welche Reisen die Inanspruchnahme erfolgte. Ferner bitten wir um Auskunft darüber, ob der frühere Daimler-Benz-Chef in München, Karl Dersch, auch Ihnen Fahrzeuge für Urlaubs- und sonstige Fahrten unentgeltlich bereitgestellt hat.« Hinweise darauf fanden sich in einem kompromittierenden Dossier, das offensichtlich aus der Münchner Daimler-Niederlassung stammte und neben äußerst unappetitlichen Details aus der Privatsphäre von Dersch und CSU-Politikern auch die Auslieferungstermine enthielt, zu denen CSU-Prominenz wie Stoiber die Benz-Limousinen geordert hatten.

Mehr Anhaltspunkte als dieses anonyme, schwer verifizierbare Pamphlet einer enttäuschten Dersch-Liebschaft gab es für die Rent-a-Car-Aktion zwar nicht. Da Streibl solche Usancen aber bereits eingeräumt hatte, war es kein Fehler, auch Stoiber danach zu fragen.

Am gleichen Tag, als das Fax bei Stoiber einging, verabschiedete das bayerische Kabinett eine bombastische Solidaritätserklärung für Streibl, die eindeutig die Handschrift Stoibers trug. Das Sägen an Streibls Stuhl konnte sie aber nicht mehr übertönen: Die Mitglieder der Staatsregierung verurteilten »nachdrücklich die gegen Ministerpräsident Streibl laufende Hetz- und Verleumdungskampagne und stellen fest, dass er die gestellten Fragen offen beantwortet und die Vorwürfe ausgeräumt hat. Sie finden die bis in die Privatsphäre des Ministerpräsidenten reichenden Schnüffeleien unerträglich und stehen bei der Abwehr und Verurteilung dieser ungeheuerlichen Kampagne einmütig an der Seite des Ministerpräsidenten.« Die Staatsregierung werde

»mit Max Streibl als Ministerpräsident ihre Politik für Bayern fortsetzen«. Die Schufte sind eben immer die Journalisten.

In dieser Lage musste Stoiber die Frage nach eigenen Missetaten bis ins Mark treffen. Ihm dürfte blitzartig klar geworden sein, dass die Attacke von seiner eigenen Partei ausging und ihm jemand vermitteln wollte: »Mag der Max auch fallen, du wirst nicht Ministerpräsident.« In dieser prekären Situation kamen Stoibers Stärken wie schon 1983 zur Geltung: Er geht Schwierigkeiten nicht aus dem Weg, sondern sucht bei Problemen die Möglichkeit zur Offensive. Schon tags darauf ließ er einen seiner Mitarbeiter im Foyer des Münchner Maximilianeums, das der Sitz des bayerischen Landtags ist, während einer gerade laufenden Plenardebatte ausrichten, der Minister würde auf die Fragen am liebsten sofort öffentlich in der Vollversammlung des Parlaments antworten. Davon habe aber der schwer angeschlagene Ministerpräsident Streibl nichts wissen wollen. Eine Antwort auf das Fax solle deshalb am darauf folgenden Tag erfolgen.

Die Antwort kam tatsächlich prompt und eindeutig. Stoiber gab die Nutzung der MBB-Flugbereitschaft unumwunden zu, hatte dafür aber allerhand Erklärungen. »Als Generalsekretär und als Leiter der Staatskanzlei des bayerischen Ministerpräsidenten Franz Josef Strauß habe ich von 1978 bis 1988 an Flügen der Firma MBB teilgenommen. Sie beruhten auf den Flugmöglichkeiten, die Franz Josef Strauß, der bekanntlich lange Jahre Aufsichtsrat der Fa. MBB war, hatte«, schrieb Stoiber am 11. Februar 1993. Er selbst sei nie Mitglied von Aufsichtsratsgremien bei MBB gewesen. »Ich will mich aber nicht hinter Franz Josef Strauß verstecken«, hieß es im Bekennerschreiben. Die Fliegerei habe auch im eigenen Interesse gelegen, »weil sie mir Zeitersparnis brachte und zusätzliche Einsatzmöglichkeiten bot«. Zum Beispiel, um seine Familie kostenlos an den Urlaubsort fliegen zu lassen. Es habe nicht nur Flüge mit FJS »zu Veranstaltungen und Terminen im In- und europäischen Ausland« gegeben, sondern »etwa fünf Hin- und Rückflüge« zu Urlaubsorten in Frankreich und Italien samt Familie.

Das deckt sich in etwa mit Stoibers späteren Angaben, er sei im Urlaub mitsamt seiner Familie, seiner Schwester und deren Mann in den achtziger Jahren mehrmals, auch noch nach dem

Tod von Strauß, beim internationalen Lobbyisten Dieter Holzer abgestiegen, dessen 50-Millionen-Mark-Provision vom französischen Öl-Multi Elf Aquitaine für die Akquisition der Leuna-Werke 1992 bis heute die Phantasie internationaler Strafverfolger anregt. 1989 wurde es Soad »Susu« Holzer, der Lobbyisten-Ehefrau aus dem einflussreichen libanesischen Gemayel-Clan, zu viel mit der Urlaubergruppe aus Bayern. Es soll zum Zerwürfnis gekommen sein. Holzers exzellente Verbindungen in die CSU waren aber davon nicht tangiert. Stoiber will für seine Aufenthalte jeweils ein paar tausend Mark als Obolus entrichtet haben, was unter Freunden, wie er und Holzer es waren, eher unüblich ist. Auch ein Besuch beim Strauß-Freund und Bäder-Unternehmer Eduard Zwick aus Bad Füssing (Niederbayern) – schon damals wegen Steuerhinterziehung mit Haftbefehl gesucht – in dessen südfranzösischer Residenz fällt in diese Zeit.

»Franz Josef Strauß legte großen Wert darauf, dass ich als Mitarbeiter soweit wie möglich auch im Urlaub verfügbar war«, teilte Stoiber weiter mit. Zu anderem Anlass hat Stoiber das Gegenteil erklärt: Strauß habe großen Wert darauf gelegt, dass er, Stoiber, sich um die Regierungsgeschäfte in München kümmere, wenn er selbst auf Reisen sei. Frühere Strauß-Vertraute bestritten denn auch den angeblich auf Stoiber ausgeübten Druck zum Mitreisen. Franz Schönhuber, als Starmoderator des Bayerischen Rundfunks Mitglied des legendären Franzens-Clubs von Strauß, lacht heute noch über diese Ausrede. »Strauß war froh, wenn er Stoiber nicht auch noch im Urlaub sehen musste. Der war einfach ein Langweiler«, sagt Schönhuber. Als Chef der »Republikaner« war er 1983 zum Intimfeind der CSU und insbesondere des bayerischen Innenministers Edmund Stoiber geworden.

Bei Dienstflügen in die damalige Bundeshauptstadt Bonn habe er »mit anderen« die MBB-Maschinen genutzt, erklärte Stoiber. Zu den anderen sollen, ohne dass sie Genaueres über die Herkunft der Flugzeuge gewusst haben, der damalige Parteivorsitzende Theo Waigel und der Fraktionsvorsitzende der CSU im bayerischen Landtag Alois Glück gehört haben. Da es sich in der Regel um CSU-Termine wie Koalitionsverhandlungen und Ähnliches handelte, hätte die Partei auch die Kosten übernehmen müssen. Stoiber flog ferner kurz nach der Wiedervereinigung mit

MBB zu einer der »Montagsdemonstrationen« und zu einem Vortrag nach Dresden und nahm etliche bayerische Journalisten mit an Bord. Auch den Presseleuten war das Sponsoring nicht bekannt. Wieder waren es Parteiveranstaltungen.

Schließlich gab Stoiber auch noch zu, dass ihm die Autofirmen BMW, Audi und Daimler-Benz »zu Urlaubsreisen nach Österreich, Italien und Frankreich kostenlos Fahrzeuge zur Verfügung gestellt« hätten. Jahre zuvor war er, ohne etwas dafür zu können, bei der Fahrt in den Skiurlaub auf einer österreichischen Passstraße in einen Unfall verwickelt worden. Stoiber, seine Familie und die Bewacher waren mit drei geliehenen Autos der Marke Audi unterwegs. Ein entgegenkommender Wagen schleuderte in die Gruppe und rammte das Auto, in dem Karin Stoiber mit den Kindern saß. Sie erlitt ein Schleudertrauma, Stoibers Sohn Dominic wurde ein Zahn ausgeschlagen, die Insassen des entgegenkommenden Autos wurden schwer verletzt.

Für die Kulanz der Firmen seien Gegenleistungen »weder erwartet noch gefordert oder erbracht« worden, erklärte Stoiber. Er hätte für diese Reisen auch seinen Regierungsdienstwagen nehmen können. »Die genannten Firmen haben auch zu keinem Zeitpunkt versucht, Einfluss auf mich oder meine dienstlichen Entscheidungen zu nehmen«, schrieb der Minister. In der Tat war Stoiber durchaus auch mit kritischen Äußerungen und Maßnahmen gegen die Autoindustrie hervorgetreten. Er prangerte etwa den Geschwindigkeitswahn an und die sportliche Ausrichtung der Autowerbung. Sogar eine Art Ökosteuer stand Anfang der neunziger Jahre auf seinem Programm.

Umweltbelastungen, Straßenbau und Unfallfolgen müssten sich im Benzinpreis niederschlagen, forderte er. Wenn die Industrie gezwungen sei, sparsamere Autos an den Mann zu bringen, werde eine entsprechende Preiserhöhung auch einen Flächenstaat wie Bayern nicht entscheidend treffen. Es sei ihm unverständlich, sagte Stoiber damals, wie sich ein sonst »risiko- und umweltbewusster Bürger« ins Auto setzen könne »und dann geradezu risikobesessen in eine Nebelwand fährt«. Als sich herausstellte, dass Testfahrer von Autokonzernen in Bayern kaum Verkehrsregeln, vor allem keine Geschwindigkeitsbeschränkungen einhalten mussten, schritt Stoiber als Innenminister sofort ein. Bei einem BMW-Test wurden in Stoibers Stimmkreis ein Motorradfahrer und seine Sozia schwer verletzt.

Stoibers Wüten gegen die Ökosteuer, das schon 1997 gegen Vorschläge von Parteifreunden wie des damaligen stellvertretenden Generalsekretärs Joachim Herrmann begann, ist deshalb nur unter dem Gesichtspunkt des politischen Opportunismus verständlich. Und auf das bedächtige Fahren sind seine Chauffeure und Begleiter inzwischen auch nicht mehr getrimmt. Wenn man morgens auf der Autobahn Garmisch-München vom Stoiber-BMW, mit dem der Ministerpräsident von Wolfratshausen nach München gebracht wird, überholt wird, staunt man nicht schlecht, wie wenig Geschwindigkeitsbegrenzungen im Stadtgebiet für Regierungsautos gelten. Natürlich, jede Edi-Minute ist kostbar, aber Demokratie heißt auch, dass nach Möglichkeit für alle gleiche Regeln gelten. Eine Wahnsinnsfahrt wie 1994, als eine Stoiber-Kolonne mit 160 Stundenkilometern über niederbayerische Landstraßen bretterte, ist nicht damit zu erklären, dass ein Polizeiauto an der Spitze des Wagenpulks eben dieses Tempo vorgegeben habe.

Die bayerische Regierung hat ihre weiß-blauen Hausmarken BMW und Audi seit jeher gehätschelt – die Arbeitsplätze, das Steueraufkommen, die Wirtschaftdaten legen das nahe. Daimler-Benz hatte es da schwer, im Fuhrpark der Regierung und vor allem der Verwaltung mitzufahren. Da mussten hohe Rabatte und kleine Gefälligkeiten für Politiker helfen. Bayerische Bürger, die 1993, nach den Geständnissen der CSU-Leute aus Jux ebenfalls Urlaubsautos von den Konzernen leihen wollten, stießen bei diesen auf blankes Unverständnis.

Geflissentlich unterließ es Stoiber auch zu erwähnen, dass es Anträge der CSU-Umweltpolitiker abzuwehren galt, auf einem Parteitag ein Tempolimit zu beschließen. Das hätte den Autokonzernen mit ihren schnellen Luxuslimousinen überhaupt nicht ins Konzept gepasst. Der Innenminister und stellvertretende CSU-Vorsitzende Stoiber tat das Seine dazu, dass die CSU-Umweltexperten um den Ansbacher Förster Josef Göppel stets in der Minderheit blieben.

Stoibers Schreiben vom 11. Februar 1993 endete halb entschuldigend, halb uneinsichtig. »Mir ist bewusst, dass heute in der öffentlichen Diskussion solche Firmenleistungen kritisch betrachtet werden. Die aufgeworfenen Fragen treffen nicht nur den Ministerpräsidenten und mich, sondern viele Politiker aller Richtungen. Dieser Diskussion stelle ich mich in aller Offenheit und mit gutem Gewissen. Ich habe nichts zu verbergen und lasse mich deshalb durch nichts und von niemandem in ein politisches Zwielicht rücken.«

Am gleichen Tag outete sich auch Gerold Tandler, der 1990 aus der Regierung ausgeschieden, aber immer noch stellvertretender CSU-Vorsitzender war. Der zweite politische Ziehsohn von Strauß – in der Reihenfolge eigentlich der erste vor Stoiber – hatte längst beim Wiesbadener Linde-Konzern ein warmes Plätzchen als Vorstandsmitglied gefunden. Dorthin hatten ihn Freunde aus der Industrie vermittelt, denen er als kulanter Minister in Erinnerung geblieben war. Tandler machte, wie es seine Art war, nicht viele Worte. Auf die Frage, ob er auch die CSU-Airline benutzt habe, antwortete er: »Ihre Anfrage beantworte ich mit Ja.«

Je nach Sichtweise kann man die von Strauß, Streibl, Tandler, Stoiber und Co. damals an den Tag gelegten Verhaltensweisen als Bagatellen oder als Vorteilsannahme im Amt bewerten, die wegen des immensen »geldwerten Vorteils« der Zuwendungen zur privaten Lebenshaltung bei Urlauben, Flügen und kostenloser Autobenutzung auch steuerliche Fragen aufwarf. Auch Bundeskanzler Gerhard Schröder hat seinen Lieblings-Autokonzern Volkswagen, dessen Chef Ferdinand Piëch ihm ohne öffentlichen Aufschrei sein neuestes Spitzenprodukt »Phaeton« schenkte. Immerhin gab Schröder das Luxusauto an den Fuhrpark der Bundesregierung weiter. Bezahlt werden solche Werbegags trotzdem durch Umlage entweder von der Laufkundschaft oder vom Steuerzahler.

In Bayern hatten damals auch SPD-Politiker zeitweise kostenlos BMW-Autos zur Verfügung, was sie nicht daran hinderte, heftige Kritik an der CSU zu üben und einen Untersuchungsausschuss im bayerischen Landtag anzukündigen. Jahre später kam heraus, dass nordrhein-westfälische Sozis sich bei der Westdeutschen Landesbank eine Flugbereitschaft nach bayerischem Vorbild eingerichtet hatten. Dass die Kritik daran aus Bayern verhalten ausfiel, versteht sich von selbst. Dass sich Sozialdemokraten allerdings 1993 heftig über das Amigo-System in Bayern erregten, sich aber in Nordrhein-Westfalen kaum anders verhielten, spricht für sich.

2 Der bayerische Adenauer

Stoiber war schwer angeschlagen. Vier Jahre systematische Vorarbeit für den Umzug in die bayerische Staatskanzlei schienen in jenen Tagen zunichte gemacht worden zu sein. Stoiber war 1988, als Strauß aus heiterem Himmel vor einem Jagdausflug mit dem Fürsten Thurn und Taxis in Regensburg gestorben war, politisch ins Hintertreffen geraten. Blitzschnell hatten sich Streibl, den Strauß nie als Nachfolger akzeptiert hätte, und der Bonner Statthalter der Christlich-Sozialen, Theo Waigel, ebenfalls als Strauß-Skeptiker zu bezeichnen, die Macht untereinander aufgeteilt. Streibl wurde Ministerpräsident, Waigel Parteichef. Streitige Diskussionen durften nicht geführt werden, weil die CSU nach dem Tod ihres Übervaters FJS nach außen Einigkeit demonstrieren musste. Das Strauß-Erbe war nach Auffassung von Tandler, Stoiber und anderen Machtschattengewächsen des großen Zampano wie Peter Gauweiler oder Otto Wiesheu in die falschen Hände geraten.

Strauß hatte sich um seine Nachfolge nie gekümmert. Wäre es nach ihm gegangen, hätte wohl Tandler das Amt des Ministerpräsidenten bekommen, Stoiber wäre womöglich Parteichef geworden. So aber blieb für die beiden nur die zweite Reihe, wobei Stoiber mit dem Innenministerium das bessere Los zog. Er zählte als Oberbayer mit dem Fraktionsvorsitzenden im Landtag, Alois Glück – ebenfalls aus dem potenten CSU-Bezirk Oberbayern –, bald zu den engsten Beratern Streibls.

In jenen Herbsttagen 1988 war Streibl – vermutlich mit tatkräftiger Unterstützung von Stoiber – ein genialer Schachzug gegen Gerold Tandler geglückt. Dass sich dieser, genauso wie Stoiber, mit der Zurücksetzung nicht so schnell abfinden würde, war absehbar. Aus seiner Zeit als bayerischer Finanzminister kannte Streibl die enge, auch finanzielle Beziehung Tandlers zum Multimillionär Eduard Zwick, der sein Geld mit heißen Quellen in Bad Füssing (Niederbayern) machte. Zwick hatte Strauß und die CSU tatkräftig unterstützt und dem wegen eines Hotelerwerbs hoch verschuldeten Tandler Darlehen gegeben. Damit glaubte

Zwick seiner Steuerpflicht Genüge getan zu haben. Mit dubiosen Abschreibungsobjekten versuchte er das Finanzamt Passau übers Ohr zu hauen. Zeigte ihm das »Bauernfinanzamt«, wie er die Passauer Behörde zu nennen pflegte, die Zähne, beschwerte er sich direkt bei Strauß oder Tandler.

Anfang der achtziger Jahre platzten nach einer Gesetzesänderung alle schönen Steuersparmodelle, aber Zwick wollte immer noch nicht zahlen. Der Schuldenberg beim Finanzamt wuchs und wuchs, ein Haftbefehl gegen Zwick drohte, und der Herr der heißen Quellen setzte sich in die Schweiz ab. Der Haftbefehl kam zu spät, vor Verhandlungen schützte sich der gelernte Tropenarzt mit Attesten, in denen er als todkranker Mann geschildert wurde, obwohl er ständig auf Reisen war und einen anstrengenden, bisweilen ausschweifenden Lebenswandel führte. 1988 stand Zwick beim bayerischen Fiskus schon mit 60 Millionen Mark in der Kreide.

Tandler seinerseits hatte bei Zwick Geld aufgenommen und bei den Banken 17 Millionen Mark Verbindlichkeiten, die als Hypotheken auf seinem Hotel »Zur Post« im oberbayerischen Wallfahrtsort Altötting lasteten. Seine Kalkulation, die frommen Pilger würden in Scharen in der vom CSU-Politiker 1976 erworbenen und teuer ausgebauten Herberge einfallen, war nicht aufgegangen, dazu war das Hotel zu teuer. Die Schere zwischen Einnahmen und Zinsbelastung klaffte immer weiter auseinander, auch wenn Tandler beteuerte, er habe nur »intelligente Schulden«. Darüber hinaus hatte er sich durch undurchsichtige Geschäfte mit dem bayerischen Arbeitsrichter Günter Zembsch, der im Nebenberuf ein riesiges Firmenimperium, die Bayerische Immobilien-Treuhand (BIT), aufbauen durfte, und durch kaum abgesicherte Kredite bei der Bayerischen Raiffeisen-Zentralbank für Regierungsämter längst disqualifiziert. Sowohl die BIT als auch die Bank waren mit immensen Schulden zusammengebrochen.

In der CSU-Spitze war Tandlers Lage kein Geheimnis. Aber so lange Strauß lebte, konnte sich der frühere Zahntechniker und Bankbeamte sicher fühlen. Strauß hatte seinen langjährigen Generalsekretär wenige Monate vor seinem Tod zum bayerischen Wirtschaftsminister gemacht, und das wäre Tandler unter Streibl nach eigenem Bekunden auch gern geblieben. Stoiber, der Tandler – trotz der Zurücksetzung – als Rivalen um die Nachfolge des 1988 schon kränkelnden Streibl fürchten musste, hatte als Statthalter von Strauß in der bayerischen Staatskanzlei im Detail von Zwicks Machenschaften und Tandlers Verwicklungen erfahren, ohne dass er etwas dagegen unternommen hätte. Die politische Saubermann-Phase hatte er noch nicht erreicht. Mehrere Akten aus den Sündenregistern von Zwick und Strauß tragen Stoibers Paraphe. Auch einen Appell, die Anwälte des flüchtigen Bäderunternehmers über Maßnahmen der hessischen Justiz, die einen Haftbefehl in Erwägung zog, auf dem Laufenden zu halten, hat Stoiber ebenso anstandslos abgezeichnet wie den Antrag auf Verleihung des Bundesverdienstkreuzes an den Strauß-Amigo. Zur Überreichung des bereits nach München gesandten Ordens kam es wegen Zwicks Flucht in die Schweiz aber nicht mehr. Der Haftbefehl stand der Ehrung leider entgegen. Jahrelang lagerte das gute Stück im Tresor der bayerischen Staatskanzlei, irgendwann wurde es dem Bundespräsidialamt zurückgeschickt.

Tandler selbst hat erzählt, er sei entsetzt gewesen und habe sich gesträubt, als ihn 1988 der neue Ministerpräsident Streibl zum Finanzminister gemacht habe. Fraktionschef Alois Glück hält entgegen, Tandler habe sich für das wichtige Ministeramt stark interessiert, weshalb es infam sei, in dieser Berufung eine Falle zur Ausschaltung eines CSU-Spitzenpolitikers zu sehen. Wahr ist aber, dass damals, von der Öffentlichkeit noch unentdeckt, mit Wissen der CSU-Spitze ein Politiker Finanzminister wurde, der sich in finanzielle Abhängigkeit zum größten Steuerschuldner des Landes begeben hatte. Das konnte selbst in Bayern nicht gut gehen.

Zwick forcierte in dieser Zeit von der Schweiz aus sofort die abgebrochenen Verhandlungen um einen Erlass der Steuerschulden gegen eine geringe Ausgleichszahlung. In Tandlers Amtszeit wurde, angeblich ohne sein Wissen, 1990 vom inzwischen verstorbenen, an mehreren merkwürdigen Fiskalentscheidungen beteiligten Steuerreferenten Kurt Miehler der Deal in der Steuerabteilung vorbereitet: Zwick sollte seiner inzwischen auf 70 Millionen Mark angewachsenen Steuerschuld ledig sein, wenn er 8,2 Millionen Mark bezahlte. Vor der Landtagswahl 1990 signalisierte Tandler, er werde die bayerische Regierung verlassen. Sein Nachfolger im Finanzministerium, Georg von Waldenfels, setzte im November 1990 den »Niederschlagung« genannten Erlass in Kraft.

Intern war Tandler aus dem Kampf um das höchste bayerische Regierungsamt damals schon ausgeschieden. Völlig erledigt war er, als 1993 die Zwick-Affäre aufgedeckt wurde. Kurz darauf gab er, vom damaligen Rechercheur beim *Stern*, Wolfgang Krach (inzwischen beim *Spiegel*), mit neuen Details seiner Steueraffäre konfrontiert, den stellvertretenden CSU-Vorsitz und damit sein letztes Parteiamt ab. Zuvor hatte er auf einem Parteitag, um seine Wiederwahl zu retten, nochmals seine Unschuld beteuert. Später, als das ganze Ausmaß der finanziellen Verquickung Tandlers mit dem auf 250 Millionen Mark Vermögen geschätzten, 1998 verstorbenen Steuerflüchtling bekannt geworden war, sah sich der frühere Lieblingsschüler von Strauß sogar strafrechtlichen Ermittlungen wegen Beihilfe zur Steuerhinterziehung ausgesetzt. Sie endeten 2001 »auf bayerische Art« gnädig für den »Post«-Wirt aus Altötting: Einstellung des Verfahrens gegen eine Geldbuße von 150 000 Mark. Über die Folgen für Beamte von Justiz, Fiskus und Post, für Betriebsprüfer, Steuerfahnder und Staatsanwälte, die bei der Aufklärung dieser und ähnlicher Durchstechereien pflichtgemäß ihre Arbeit getan haben, wird noch zu berichten sein. Stoiber, der später als Saubermann verkleidete Mitwisser, stand nicht auf ihrer Seite.

Sollte die politische Karriere Stoibers im Februar 1993 noch vor Tandlers endgültigem Abgang ebenso ruhmlos enden? Der Mann, der seit 1988 geackert hatte, um der CSU ein modernes Grundsatzprogramm zu schneidern, der mit dem Programmentwurf alle Kreisverbände besucht und sich in der Partei bekannt gemacht hatte wie kein Zweiter, der von der Jungen Union bis zur Landtagsfraktion als Hoffnungsträger galt und gegen den es nur in der Gruppe der CSU-Bundestagsabgeordneten um Theo Waigel Vorbehalte gab, stand plötzlich als Nassauer und Heuchler da.

Wie ernst er selbst die Situation einschätzte, ließ sich daran erkennen, dass er am Tag der Veröffentlichung seines Eingeständnisses zu einer Pressekonferenz im Innenministerium am

Odeonsplatz in München einlud. So voll war der Sitzungssaal noch nie gewesen. Stoiber hatte eine elfseitige Erklärung vorbereitet, in der er das Bekenntnis vom Vortag wiederholte. »Sie kennen mich als jemand, der Probleme offen und direkt anspricht. Das will ich auch dann so halten, wenn die mir gestellten Fragen nicht angenehm sind. Um Verdächtigungen und Unterstellungen von vornherein keinen Raum zu lassen, lege ich Ihnen die Fakten auf den Tisch«, sagte Stoiber. Den ersten Schock hatte er bereits überwunden, er wirkte fast schon wieder kampfeslustig.

»Auf eine Feststellung lege ich aber Wert: Damals haben die inkriminierten Fakten kein öffentliches Ärgernis hervorgerufen. Die Fakten waren auch damals nicht geheim. Wir sind auch damals nicht auf geheimen Waldlichtungen gestartet und gelandet. Tatsache ist doch: Ich kann mich an kritische Stimmen nicht erinnern, heute wird es kritischer gesehen. Wir können nicht mit dem Bewusstseinsstand von heute Sachverhalte von gestern aburteilen. Natürlich hat sich da ein Bewusstseinswandel vollzogen. Die Gesellschaft legt heute strengere Maßstäbe an politische Verhaltensweisen an. Das Beziehungsgeflecht aus Politik, Staat und Gesellschaft, aus Regierung und den sie tragenden Parteien wird kritischer gesehen. Das bleibt natürlich auch auf Politiker nicht ohne Einfluss. Ich sage offen: Die oft pauschale Kritik empfinde ich als ungerecht. Aber ich bin mir bewusst, dass es hier Probleme und Diskussionsbedarf gibt«, trug er vor.

Stoiber baute weiteren Angriffen vor und sprach sich dann quasi selbst frei: »Nach meiner Auffassung können wir die für Beamte geltenden Grundsätze nicht unbesehen übernehmen … Weil der Politiker auch Partei für Interessen ergreifen muss, können für ihn nicht die gleichen Grundsätze für Unparteilichkeit gelten wie für Beamte. Schon deshalb kann man die für Beamte geltenden Grundsätze für unerlaubte Vorteilsannahme nicht einfach eins zu eins übertragen.« Dann folgte noch die in solchen Fällen übliche Warnung, extremistische Kräfte könnten sich solchen Streit zunutze machen: »Über die geltenden Maßstäbe muss in einer Demokratie Konsens bestehen. Sie können nicht dekretiert werden, sondern müssen Ergebnis einer allgemeinen Diskussion sein. Am Ende muss der Konsens stehen. Das ist keine Frage der Parteipolitik! Das betrifft alle demokratischen Parteien in gleicher Weise. Es geht um unsere politische Ordnung als Ganzes. Wenn wir die Kluft zwischen politischer Wirklichkeit und gesellschaftlichen Ansprüchen an die Politik nicht überwinden, muss unser politisches System letztlich scheitern. Das entstehende Vakuum werden Kräfte ausfüllen, die sich keinen Maßstäben mehr stellen.« Seine Helfer verbreiteten auch noch, dass Stoibers Fahrer nur große Autos gewohnt seien. Mit Stoibers privatem Auto der Marke Opel könnten sie im Ernstfall keine der antrainierten Schleuder- und Wendemanöver machen. Was alles passieren könne, habe man ja schon beim Unfall auf der österreichischen Passstraße gesehen.

Auf Presseschelte hatte Stoiber zunächst verzichtet, die holte er am gleichen Tag in einem Rundschreiben an alle Landtags- und Bundestagsabgeordneten der CSU nach. »Die seit Wochen laufende Kampagne gegen den bayerischen Ministerpräsidenten wurde heute durch einen Artikel der *Süddeutschen Zeitung* auf mich und weitere führende Vertreter unserer Partei ausgeweitet ... Mit einer Pressekonferenz habe ich heute die an mich gestellten Fragen beantwortet. Ich bin damit um eine schnelle Aufklärung und Beendigung der Kampagne bemüht. Zu eurer Erstinformation lege ich einen Abdruck meiner heutigen Erklärung gegenüber der Presse bei. Selbstverständlich stehe ich euch in der nächsten Fraktionssitzung für Fragen zur Verfügung«, schrieb der Innenminister, der auch über die Einhaltung der bayerischen Verfassung und damit über die darin gebotene Trennung von Staats-, Partei- und Privatinteressen zu wachen hatte. Obwohl im Wesentlichen als CSU-Politiker und nicht als Minister im Feuer, versandte Stoiber, seine Partei mit dem Staat gleichsetzend, die Massendrucksache auf Kosten und unter der Adresse des Ministeriums. In der Hektik kamen seine Helfer mit den vielen »Schmidts« durcheinander, die es im Landtag damals gab. Deshalb erhielt auch die bayerische SPD-Vorsitzende Renate Schmidt Post von Stoiber.

Der Oberbayer wankte, er stürzte aber nicht. Das hatte er seiner raschen, offensiven Reaktion zu verdanken. Ein paar Tage lang gab er sich noch nachdenklich und fragte, ob es angesichts der heftigen Angriffe auf Politiker nicht besser wäre, in die Industrie zu wechseln. Aus der CSU, die immer noch vollauf mit der Absicherung Streibls beschäftigt war und den Innenminister weiterhin als dessen Kronprinzen betrachtete, hatte er nichts zu befürchten. An warnenden Stimmen fehlte es allerdings nicht.

Auf einer Landesvorstandssitzung hatte Parteichef Waigel seinem Stellvertreter Stoiber zu bedenken gegeben, falls er den Sturz Streibls betreibe und dessen Nachfolger werden wolle, werde auch ihn sehr schnell die Vergangenheit einholen. Bei manchen Medien hatte Stoiber einen Bonus. Während Streibl geschmäht wurde, ging man mit dem nach außen hin reuigen Stoiber milde um. Die *Frankfurter Allgemeine Zeitung* schrieb: »In einem Lande, wo enge Verbindungen zu Stasi und Unterwelt und voll bezahlte Urlaubsreisen selbst bei Regierungschefs glatt gebügelt werden, wird man einem Stoiber wegen des privaten Urlaubsleihwagens den Kopf nicht abreißen können (oder wollen). Wenn nicht noch mehr herauskommt, könnte es mit der öffentlich bekundeten Einsicht sein Bewenden haben, in dieser Sache moralisch ins Minenfeld geraten zu sein. Andere, die es ebenso anging, haben sich nicht einmal zu einem solchen Bekenntnis bequemt.«

In der »Offensive«, aber auch »fahrig wie selten« sah die *Welt* den Innenminister nach seinem Geständnis. Der regierungsfromme Bayern-Korrespondent Hannes Burger, der mit Kabinettsmitgliedern verbandelt war und Einzelnen auch Reden schrieb, sah in der gesamten Amigo-Affäre allerdings mehr eine Verschwörung von Opposition und Journalisten gegen die CSU. Die *Frankfurter Rundschau* fand: »Beim Canossa-Gang fallen Stoiber ein paar Zacken aus der Krone.« Die *Augsburger Allgemeine Zeitung*, deren München-Korrespondent Fridolin Engelfried in der ersten Reihe der Amigo-Aufklärer stand, wies darauf hin, dass durch Stoibers Schwächeanfall der Zeitplan der CSU zur unumgänglichen Auswechslung Streibls durcheinander geraten sei: »Die Frage ist nur, ob Max Streibl sich jetzt noch abservieren lässt … Ein Befreiungsschlag dieser Art ist fürs Erste vom Tisch.«

Am meisten dürfte den populistischen Stoiber der Kommentar der *Bild*-Zeitung geschmerzt haben. Sie hatte sich darüber mokiert, dass er die Benutzung kostenloser Luxuswagen damit erklären ließ, er habe im Urlaub seinem Chauffeur »keinen normalen Opel« zumuten wollen. Dazu *Bild*: »Millionen Bundesbürger muten sich täglich ein ganz normales Auto zu, zum Beispiel auf der Fahrt zur Arbeit, wo sie für die Steuern schuften, von denen Herr Stoiber lebt. Keiner soll glauben, sagt Herr Stoiber, dass ich wegen einer solchen Angelegenheit irgendwo zu Kreuze krieche. Nein, Herr Minister. Das wird der Wähler schon besorgen. Gründlich!«

Stoibers Plan zur Machtübernahme in Bayern war nicht gescheitert, nur durcheinander geraten. Also durfte Max Streibl, der ohnehin nicht wusste, wie ihm geschah, noch monatelang im Amt bleiben. Der Ministerpräsident, inzwischen gesundheitlich stark angeschlagen, versuchte verzweifelt, das Blatt noch zu wenden. Er glaubte, nur die Medien gegen sich zu haben und nicht etwa weite Teile der CSU. Ohne Mithilfe von »Parteifreunden« – sie spielten den Journalisten zahlreiche Hintergrundinformationen und auch offenkundige Verleumdungen zu – wäre Streibl nicht gestürzt. Die CSU war in Bayern stets mächtig genug, selbst zu bestimmen, wer zu stürzen hatte und wer bleiben durfte. Stoiber durfte bleiben, Streibl musste gehen.

Den Auftrag für einen Untersuchungsausschuss, den die gefürchtete Aufklärerin der SPD, Carmen König, ausgearbeitet hatte, blockierte die CSU mit ihrer Mehrheit, um Stoiber zu schützen. Die SPD musste wegen Verletzung der Minderheitenrechte vor den Verfassungsgerichtshof ziehen und bekam in wesentlichen Teilen von diesem politisch besetzten Gericht sogar Recht. Allerdings machte sie ab der folgenden Legislaturperiode von ihrem Teilsieg keinen Gebrauch mehr. Sie hätte die Verfehlungen Stoibers, deren Überprüfung von der CSU unterdrückt und vom Gericht zugelassen worden war, nach der Landtagswahl 1994 noch einmal in einem neuen Ausschuss untersuchen können. Doch da war Max Streibl schon längst zurückgetreten, die von der SPD-Spitze nicht gerade geförderte Amigo-Anklägerin Carmen König hatte den Landtag verlassen und die auf Harmonie bedachte, in parteiinterne Querelen mit ihrem Stellvertreter in der Landtagsfraktion, Albert Schmid, verstrickte bayerische SPD-Chefin Renate Schmidt fand, es sei politisch nicht mehr opportun, gegen den neuen Ministerpräsidenten zu ermitteln. So sorgte die SPD selbst mit dafür, dass sich Stoiber zum Saubermann herausputzen konnte. Sie hatte sich damit zufrieden gegeben, beim Sturz Max Streibls mitgeholfen zu haben. Den hätte die CSU aber auch allein herbeigeführt. Als das Wahlergebnis der SPD für 1994 mit 30 Prozent zwar ordentlich, jenes von Stoiber und seiner CSU mit 52,8 Prozent angesichts der vorherigen Probleme aber glänzend ausgefallen war, gab die SPD klein bei.

Mit dem rückwärts gewandten Kurs des Oberammergauers Streibl, mit seinem System persönlicher Begünstigungen, das im Vergleich zu den dreisten Eskapaden von Strauß nur kleinkariert im weiß-blauen Rautenmuster wirkte, hätte die CSU ein solches Ergebnis nicht mehr erreicht. Für die Landtagswahl im Herbst 1994 hatten Umfragen schon schwere Einbußen und den Verlust der absoluten CSU-Mehrheit in Bayern signalisiert.

Unter Druck machte Streibl weitere Fehler: Seine Einflüsterer, zu denen sich nach wie vor auch Stoiber gesellte, rieten ihm, den politischen CSU-Aschermittwoch 1993 in Passau launig mit dem Gruß »Saludos Amigos!« zu eröffnen. Streibl tat, wie ihm geheißen – und halb Deutschland lachte über den täppischen Bayern. Sein Parteifreund Horst Seehofer, Gesundheitsminister im Bundeskabinett von Kanzler Helmut Kohl, warnte davor, Streibl weiter unter Druck zu setzen: »So etwas muss ordentlich, in einem fairen Stil geregelt werden.« Allerdings warf Seehofer auch die Frage auf, ob Streibl »physisch und psychisch« überhaupt noch in der Lage sei, einen harten Wahlkampf durchzustehen.

Von Streibl, das wusste Stoiber, drohte keine Gefahr mehr; der war nur noch Platzhalter und hatte zu weichen, wenn sich die dunklen Wolken der Flugzeug- und Autoaffäre, die über dem Innenminister lagen, wieder verzogen hatten. Ernster zu nehmen war da schon der langsam reifende Plan des Parteivorsitzenden Theo Waigel, Stoiber das Amt des Ministerpräsidenten doch nicht kampflos zu überlassen.

Der honorige Schwabe, als Finanzminister im Kabinett von Bundeskanzler Helmut Kohl zusammen mit Horst Seehofer bundespolitisches Aushängeschild der CSU, war des Amigo-Theaters in München überdrüssig, in dem jetzt auch der langjährige Parteimoralist Edmund Stoiber eine tragende Rolle übernommen hatte. Das Ansehen der CSU hatte bereits schwer gelitten. Für eine Regionalpartei, die nur auf ein Bundesland beschränkt ist, bestand die große Gefahr, ihren bundespolitischen Anspruch zu verlieren. Mehrere ihrer Spitzen hatten sich zum Gespött der Republik gemacht, was die Arbeit der CSU-Landesgruppe in Bonn nicht gerade erleichterte.

Wenn Stoiber und Streibl damals von »Wirtschaftsschmarotzern« sprachen, meinten sie nicht etwa sich selbst, sondern politische Flüchtlinge aus Bangladesh oder Togo. 1992 hatte Stoiber die SPD in einen Asylkompromiss gezwungen, der ein auf der deutschen Geschichte beruhendes bedeutendes Grundrecht aushöhlte, ja fast schon preisgab. Und nun war Stoiber selbst als windiger Abzocker entlarvt worden. Waigel fürchtete mehr aus praktischen, weniger aus ideologischen Gründen um die Reputation der CSU in Bayern. Ein Liberaler war er nicht, doch Stoibers Gehabe, seine streberhafte Besserwisserei, mit der er immer wieder die CSU-Bundespolitiker genervt hatte, missfiel ihm zutiefst. Auf der anderen Seite fürchtete Waigel lange Zeit, Streibls Ablösung und die anschließende Regierungsbildung könnten nur um den Preis eines riesigen Eklats zu haben sein, der die CSU weiter beschädigen würde.

Wohl deshalb versuchte Waigel zunächst bis zur Selbstverleugnung, Streibl zu stabilisieren. Im April 1993 beschloss er jedoch, selbst den Hut in die Bayern-Arena zu werfen. Merkwürdige Szenarien kursierten in München und Bonn. Stoiber solle, um sein Gesicht zu wahren, als Innenminister in Kohls Regierung eintreten, Waigel werde dafür nach München gehen und Streibls Nachfolge antreten. Stoiber wollte das um keinen Preis, sein Ziel stand fest: Es war die Staatskanzlei in München.

Waigel hatte ein vermeintliches Handicap, das eigentlich keines war, von ihm als gläubigem Katholiken aber als solches gesehen wurde: Er lebte damals in einer zerrütteten Ehe, ohne daraus die Konsequenz einer Scheidung ziehen zu wollen, vor allem wegen seiner zwei Kinder. Dass er mit der bekannten Ski-Rennläuferin Irene Epple liiert war, wusste fast jeder in der CSU. In einer Vorstandssitzung der schwäbischen CSU hat der inzwischen verstorbene frühere Präsident des bayerischen Landtags, Franz Heubl, den Schluss der Tagung damit vorbereitet, dass er sagte: »Wir müssen jetzt aufhören, der Theo muss ja noch ins Allgäu.« Da wusste jeder, was gemeint war, denn zu Hause war Waigel in

Mittelschwaben, in Seeg im Allgäu war dagegen die fesche Irene daheim, die nach ihrer erfolgreichen Sportlerkarriere Medizin studiert hatte und als Notärztin am Krankenhaus in Füssen arbeitete.

Warum das Verhältnis ein Problem für das Amt des bayerischen Ministerpräsidenten darstellen sollte, blieb Waigels persönliches Geheimnis. Natürlich gab es im Lager von Streibl und auch von Stoiber das Gegrummel, in Bayern müsse ein »Landesvater« eben auch eine richtige »Landesmutter« haben, was freilich Irene Epple durchaus hätte werden können. Da sich aber Waigel selbst mit solchen Skrupeln plagte, wurden seine privaten Verhältnisse plötzlich im Zusammenhang mit der Streibl-Nachfolge als Nachteil des CSU-Vorsitzenden gegenüber Stoiber breit diskutiert und den Journalisten als heiße Story verkauft. Wochenlang ging niemand darauf ein, weil die meisten Korrespondenten in München Bescheid wussten und das für kein Thema hielten.

Als Ende Mai schon alles auf Stoiber als Nachfolger für Streibl hinauslief und dieser längst die Landtagsfraktion hinter sich wusste, die den Nachfolger zu bestimmen und im Landtag durchzusetzen hatte, schrieb der *Spiegel*, der Erzbischof der Diözese München und Freising, Friedrich Kardinal Wetter, habe sich in Kirchenkreisen besorgt über den Lebenswandel des CSU-Vorsitzenden Waigel geäußert und ihm damit die Tauglichkeit für das Amt des Ministerpräsidenten abgesprochen.

Außerdem habe Stoiber Waigel damit gedemütigt, dass er demonstrativ zu einem Fußballspiel des FC Bayern München seine Frau mitgenommen habe, während der Parteivorsitzende allein zu seinem Lieblingsverein 1860 München gehen müsse. Das war zwar Unsinn, weil Stoiber seit Jahren seine Frau ins Stadion mitnahm, ohne dass dies eine besondere Bedeutung gehabt hätte. Aber der Bericht tat seine Wirkung. Es hieß, dass Stoiber-Leute am eifrigsten Waigels Lovestory herumgetratscht hätten. Es nützte nichts, dass der Kardinal dementierte und Stoiber sich mit Waigel solidarisierte, worauf dieser nicht den geringsten Wert legte.

Die Geschichte entwickelte eine Eigendynamik, wie sie nur in der teilweise noch sehr bigotten, von Heuchelei nicht freien CSU anzutreffen ist. Im Vergleich zu der einen oder anderen Geschichte, die sich später in Stoibers Kabinett zutragen sollte, war die Liebesgeschichte zwischen dem Bundesfinanzminister und der Skifahrerin dezent und sicher kein Grund, ihn von der politischen Verantwortung in Bayern auszuschalten. Bundeskanzler Helmut Kohl, mit Waigel befreundet und über seine Verhältnisse im Bilde, fand schließlich auch nichts dabei.

Stoiber, der sich dem Verdacht ausgesetzt fühlte, die Kampagne gegen Waigel lanciert zu haben, holte erneut zu einem Befreiungsschlag aus. Er schrieb dem *Spiegel*-Herausgeber Rudolf Augstein einen Brief. Unter Berufung auf dessen Blatt werde nunmehr »in breitestem Umfang das Privatleben des CSU-Vorsitzenden und Bundesfinanzministers Dr. Theo Waigel behandelt, der dadurch veranlasst wurde, selbst mit einer Erklärung an die Öffentlichkeit zu gehen. Zugleich werden verdächtigende Mutmaßungen darüber angestellt, zu wessen Gunsten ... die angebliche Verbreitung von Angelegenheiten aus dem Privatleben von Dr. Theo Waigel erfolgt sein könnten.

Es ist das unbestrittene Recht und die journalistische Pflicht der Presse, über Gründe und auch Hintergründe von politischen Ereignissen, wie der Diskussion um die Führungsfragen in der bayerischen Staatsregierung und der CSU, zu berichten. Der *Spiegel* war dabei allerdings führend in der zweifelhaften Rolle, seine Entrüstung über Schmutzkampagnen gegen Dr. Waigel mit einer detaillierten Darstellung der angeblichen Inhalte dieser Kampagne zu verbinden.

Um es ganz klar zu sagen: Wer auch immer und aus welchen Motiven auch immer das Privatleben von Dr. Theo Waigel zum Thema der politischen Auseinandersetzung gemacht haben sollte, handelt infam. Ich lehne solche heimtückischen und scheinheiligen Methoden ab und lasse mir derartiges denunziatorisches Handeln in keiner Weise zurechnen. Ich weiß allerdings auch niemanden, der so gehandelt hat. Wenn der *Spiegel* in diesem Zusammenhang von Stoiber-Fans spricht, so stelle ich fest, dass dies nicht meine Methoden, nicht mein Umgang und schon gar nicht meine Freunde sind. Wenn sich jemand in dieser Weise verhalten haben sollte, um Einfluss auf die anstehenden Führungsentscheidungen zu nehmen, dann würde ich das nicht nur als amoralische Verletzung der Privatsphäre von Dr. Theo Waigel, sondern zugleich auch als einen schweren Anschlag auf mein persönliches und politisches Ansehen werten«, schrieb Stoiber.

Das war vielen in der CSU und in den Medien zu dick aufgetragen, denn einzelne der Tratscher waren in München ja wohlbekannt, und es wäre gelogen, sie nicht dem Stoiber-Anhang zuzurechnen. Natürlich waren auch Streibl-Komparsen dabei sowie Leute, die einfach gerne quasseln. Waigel selbst, der tief verletzt war, hatte seine Mittelsleute in der Partei, die ihn darüber auf dem Laufenden hielten, wer was wo wie erzählt hatte. Für ihn stand fest, wer der Urheber war, und das schon bis dahin kühle Verhältnis zwischen Stoiber, dem Strauß-Eleven, und Waigel, der immer um Abstand zur CSU-Ikone und zu seinem Hofstaat bemüht gewesen war, war auf Dauer zerrüttet. Stoiber seinerseits vermutete, Waigel stecke hinter der Offenbarung der Flug- und Reisegewohnheiten seines Stellvertreters und Rivalen um das höchste bayerische Staatsamt.

Es folgte eine Art Rosenkrieg, der zwischen den beiden CSU-Politikern entbrannte und erst endete, als Waigel nach der Niederlage der Union bei der Bundestagswahl 1998 den CSU-Vorsitz niederlegte. Nach außen mussten die beiden im Interesse der CSU dennoch eine »Doppelspitze« bilden; die Verstellung konnte größer nicht sein. Kaschiert wurde die Unverträglichkeit mit Behauptungen, es handle sich um fruchtbare Differenzen in der Sache, etwa bei der Frage der Einführung des Euro oder der Finanz- und Steuerpolitik, gegen die Stoiber aus München immer wieder Störfeuer in Richtung Waigel schoss. Heute ist Stoiber ein glühender Euro-Verfechter und muss sich selbst mit den Tücken der Haushaltspolitik herumschlagen.

Stoibers vorsichtige Versuche, das persönliche Verhältnis zu Waigel zu entkrampfen und ihn davon zu überzeugen, dass er mit der Kampagne von 1993 nichts zu tun gehabt habe, blieben erfolglos. »Die müssen alle noch einmal auf die Lichtung«, hatte Waigel damals gesagt. Es war die Zeit, in der noch mehr Feindschaften in der CSU entstanden. Günther Beckstein hatte mit seinem CSU-Bezirksverband Nürnberg als Erster Stoiber zum Streibl-Nachfolger ausgerufen. Stoiber soll in einem Nürnberger Gasthaus unweit des Tagungslokals der Abstimmung entgegengefiebert haben. Waigel hatte noch nicht einmal seine Truppen gesammelt.

Beckstein hatte bei ihm fortan ebenso ausgespielt wie die Sozialministerin Barbara Stamm, eine militante Stoiber-Anhängerin, oder Stoibers Staatssekretär im Innenministerium, Alfred Sauter. Der gewiefte Taktiker und Missionar für die Sache seines Chefs und persönlichen Freunds wurde von Stoiber nur fünf Jahre später fallen gelassen. Auch Barbara Stamm hat ihr Einsatz für Stoiber nichts gebracht. Beide wurden unter erniedrigenden Umständen aus der Regierung entlassen, als Stoiber Sündenböcke für weiß-blaue Affären suchte, an denen er politisch eigenen Anteil hatte.

Als Mitglieder der Vereinigung »Opfer des Stoiberismus« haben sich Waigel und Sauter inzwischen sogar wieder versöhnt. Und Waigel hat schließlich nicht »das schönste Amt der Welt« bekommen, wie Strauß den Job in der Münchner Staatskanzlei nannte, wohl aber seine Irene – und das war auf lange Sicht wohl die bessere Wahl. Im Handstreich hatte Stoiber, als Streibl seinem Rücktritt zugestimmt hatte, die CSU-Landtagsfraktion hinter sich gebracht. Nur einer von Dutzenden Rednern sprach sich für Waigel aus, der gar nicht dazu gekommen war, sich offiziell vorzustellen und zu bewerben.

Stoiber wurde am 28. Mai 1993 im Landtag zum Nachfolger von Max Streibl gewählt, der tags zuvor von seinem Amt zurückgetreten war.

Es war für Stoiber ein idealer Zeitpunkt, und er hatte ihn trotz aller Widrigkeiten der vorangegangenen Monate selbst bestimmt. Er musste nur von der CSU-Landtagsfraktion gewählt werden, die ihn nahezu einstimmig unterstützte, und nicht vom Volk, dessen Zustimmung er sich damals nicht so sicher sein konnte. Bis zur darauf folgenden Landtagswahl im Herbst 1994 hatte der neue Regierungschef seine Probezeit, um die CSU aus ihrem Tief zu holen. Er hat sie genutzt und sich damit in der CSU ein Denkmal gesetzt. Viele hatten die Wahl schon verloren gegeben.

Ein kleines Detail aus der Landtagsdebatte nach Stoibers Wahl zeigt seine Wendigkeit und die der CSU. Als der wegen seiner scharfen Reden gefürchtete Fraktionschef der Grünen, Manfred

Fleischer, sagte, Bayern sei zu schön, »als dass wir es der CSU als Selbstbedienungsladen überlassen könnten« und dass die von Stoiber beschworene Strauß-Tradition nicht die der Grünen sei, versuchte die CSU-Fraktion, den Abgeordneten durch Johlen und Gelächter am Reden zu hindern. Heute ist der damalige Grüne selbst ein Schwarzer, und Stoiber wollte mit dafür sorgen, dass Fleischer bei der bayerischen Kommunalwahl am 3. März 2002 CSU-Bürgermeister in des Ministerpräsidenten Heimatstadt Wolfratshausen werden würde. Dort regierte bis dahin nämlich ein Sozialdemokrat. Nach einem Streit bei den Grünen hatte der Forstwirt die Lager gewechselt wie andere Leute die Socken. Im Kommunalwahlkampf trat Stoiber als Redner für den Ex-Grünen auf. Es half nichts, der Sozi wurde im ersten Wahlgang gewählt. Zu durchsichtige Manöver und Parteiwechsel mag auch der konservative Bayer nicht.

Stoibers Mutter, als Rheinländerin eine glühende Verehrerin von Konrad Adenauer, hatte ihren Edmund zu trösten versucht, als er 1951 nach Rosenheim ins Gymnasium sollte und traurig war, dass er seine Schulfreunde aus Oberaudorf im Inntal kaum noch sah. Wenn er aufs Gymnasium gehe, werde er »vielleicht auch einmal ein so großer Politiker wie Adenauer«, habe die Mutter zu ihm gesagt, erzählte Stoiber der Münchner CSU-Stadträtin Ursula Sabathil, die seine Jugend erforscht und in einem Buch mit dem Titel *Edmund Stoiber privat* zusammengefasst hat.

Obwohl Stoiber als Politikertyp mit dem »Alten von Rhöndorf« außer einer gewissen Listigkeit fast nichts gemein hat, war er an jenem 28. Mai 1993 zumindest einmal der bayerische Adenauer geworden. Wer wusste schon, was noch kommen sollte. Erst einmal wartete ein Haufen Arbeit auf ihn, aber endlich hatte er niemanden mehr über sich. Schusselig, wie er nun einmal ist, ließ Stoiber nach seiner Wahl und nach einer versöhnlichen Erklärung an die Adresse der Opposition sein Manuskript auf dem Rednerpult liegen und trottete zu seinem gewohnten Platz auf der Regierungsbank, der ihm als Innenminister zugewiesen worden war.

Die Gesten des von ihm gestürzten Max Streibl, der bereits als einfacher Abgeordneter im Plenum saß und seinem Nachfolger den Weg zum frei gewordenen Platz des Ministerpräsidenten weisen wollte, übersah er. Der SPD-Fraktionsvorsitzende Albert Schmid trug Stoiber wie ein persönlicher Referent das vergessene Manuskript hinterher.

3 Jugend in den Bergen

Allerliebst sieht er aus, der kleine Edmund, wie er da auf diesem alten Foto mit etwa einem Jahr im Laufstall steht, das Köpfchen mit dem Blondhaar schräg gestellt, der Babyspeck unübersehbar. Seine Schwestern Hannelore und Silke-Anne bewachen ihn. 1942/43 dürfte das gewesen sein, in Oberaudorf im bayerischen Inntal unweit der österreichischen Grenze. Dorthin waren seine Eltern gezogen, sie waren nach bayerischen Begriffen »Zuagroaste« – Zugereiste also, die zunächst einmal von den Einheimischen auf Distanz gehalten wurden.

Bei Edmund Stoiber steht freilich bereits Oberaudorf im Reisepass, das Geburtsdatum ist der 28. September 1941. Vor Jahren ging einmal das Gerücht, Stoiber sei gar kein geborener Bayer, sondern ein Rheinländer, und besitze die in der Landesverfassung noch pro forma aufgeführte bayerische Staatsangehörigkeit erst durch die Heirat 1968 mit Karin Rudolf – so wie diese Staatsbürgerschaft übrigens auch Bundeskanzler Gerhard Schröder nach seiner Verehelichung mit der Bayerin Doris Köpf beansprucht. Die will ihm Stoiber aber erst verleihen, wenn Schröder nach der Bundestagswahl als Pensionär im bayerischen Trachtenanzug bei ihm persönlich vorstellig wird.

Ein Bürger Dormagens, Theo Fuchs, Kirchenvorstand von St. Michael, hatte sich nach einem Urlaub in Bayern über Stoibers rheinländische Abkunft in einem Anzeigenblatt geäußert. Der Mann, der im Sommer 1995 zum Landesmusikfest nach Füssen gereist war, behauptete, vom dort ebenfalls anwesenden Stoiber auf die Frage, was ihm zu Dormagen einfalle, die Antwort bekommen zu haben: »Da bin ich geboren.« Und im Lokalblatt stand dann: »Stoibers Mutter, Elisabeth Zimmermann, wohnte lange Jahre in Dormagen. Im Hause des Schusters Peter Langel kochte sie für ihren Sprössling leckeren Milchbrei.«

Sollten Stoibers Eltern bei ihrem Zuzug den Bayern einen im Rheinland geborenen Edmund untergeschoben haben? Ist etwa der Name von Stoibers Schwester Silke-Anne bayerisch? Das wäre Stoibers bayerischer Karriere nicht gerade förderlich gewesen, denn die Altbayern haben schon die Nase gerümpft, als bayerische Ministerpräsidenten aus dem immerhin assoziierten Franken kamen. Und jetzt Bayer Dormagen statt Bayern München? Stoiber, der Ehrenhauptmann der Gebirgsschützen, dem die bayerische Landestracht mit dem Stopselhut so gut passt, der die Zuwanderung nach Bayern auf ein Minimum drücken möchte, ein Auswärtiger? Undenkbar.

Obwohl – das mit der Landestracht sagt geübten Bayern nichts: Einer von drei Käufern eines Trachtenanzugs, auch Raiffeisen-Smoking genannt, ist ein »Preiß«, kalkuliert das heimische Lodengewerbe. Zwecks Assimilation und Unterwerfung wird die Verkleidung gleich nach der Übersiedlung aus Deutschlands unwirtlichen Landstrichen in den Freistaat erstanden. Dazu kann man noch den leichten »Sommer-Stoiber« erwerben, einen meist hellbräunlichen Janker mit Hirschhornknöpfen und grüner Einfassung. So gewandet, glauben die Zuzügler in Bayern auch gleich ein Mitspracherecht erworben zu haben, was freilich beim Versuch der Ausübung gegenüber Einheimischen häufig zu herben Enttäuschungen führt. Aber der CSU dürfen sie zumindest sofort beitreten.

Jetzt, als Kanzlerkandidat, könnten Stoiber ein paar außerbayerische, sozusagen multikulturelle Einsprengsel nicht schaden. Seine Büchsenspanner in der Staatskanzlei verstehen aber in solchen Sachen nicht den geringsten Spaß. Die Furcht, mit der sie Stoiber abschirmen, die Vorsicht, mit der sie für ihn antworten, das Misstrauen, mit dem sie selbst nett gemeinte Fragen niederbügeln, die Sucht, Stoiber-Interviews mit dem ihm eigenen hektischen Duktus beim leidigen Autorisieren in langweiligstes Beamtendeutsch zu übersetzen, hat das Stoiber-Image eines steifen, ungeselligen Zeitgenossen mehr geprägt, als es dem wahren Stoiber entspricht. Er ist eigentlich gar nicht so, zumindest war er früher anders.

Als er noch nicht so bevormundet wurde, war er umgänglich. Allerdings redete er schon immer lieber über Politik als über Privates, etwa über Bücher, die man vielleicht gerade gelesen hat, über Theater oder über Bergwanderungen. Das scheinen für ihn Betätigungen zu sein, die zu viel seiner kostbaren Zeit einnehmen würden. Er hat zwar inzwischen gelernt, Film- und Theaterpreise routiniert zu vergeben und im Anschluss zu parlieren. Seine Welt ist das aber nicht; man kann sich kaum vorstellen, dass er das Angebot eines Regisseurs annehmen würde, seinen Film mit einer kleinen Nebenrolle aufzuwerten. Was sollte er auch darstellen? Höchstens einen Politiker, am besten sich selbst. Aber wer will das, was er aus dem Fernsehen kennt, auch noch im Film sehen?

Was ist schon ein Roman gegen die Novellen des wirklichen Lebens, die Akten der Staatsverwaltung, die Strategiepapiere, die Redeentwürfe? Es ist so, als würde Stoiber sich stets im Kopf ausrechnen, wie viele Akten er in der Zeit lesen kann, die er nicht auf Bücher, Theater, Bergsteigen und anderes verschwendet. Sein bayerischer Innenminister Günther Beckstein, der sich nach langer Tätigkeit in der CSU solche Freiheiten herausnehmen darf, hat es auf den Punkt gebracht: Auch Sex könnte Stoiber im Zweifel nicht locken. »Lieber eine dicke Akte als eine schlanke Nackte«, sei die Devise des Kandidaten. Bundeskanzler Gerhard Schröder liest seine Botschaften von kleinen Zettelchen, Stoiber zitiert am liebsten aus umfänglichen Ausarbeitungen. Zu Interviews lässt er manchmal den Aktenbestand eines Jahres heranschaffen.

Über Fußball kann er allerdings ausgiebig reden. Er ist Fan und Spitzenfunktionär des FC Bayern München, versteht vom Fußballgeschäft genau so viel wie vom Regieren und kann aus dem Stegreif brillante Spielanalysen von sich geben. Als er zusammen mit Theo Waigel einmal im Radio ein Münchner Lokalderby zwischen Bayern und »Sechzig« kommentierte, stahl er dem damaligen Parteichef eindeutig die Schau. Seine Aufpasser ermuntern ihn aber viel zu selten zu privaten Äußerungen; mit der Zeit ist er tatsächlich selbst zu einem ziemlich ungelenken Bürokraten geworden.

Das Ansinnen etwa, dem Ministerpräsidenten einen launigen Satz zur Tatsache zu entlocken, dass der kleine Edmund in der Volksschule von Oberaudorf vor lauter Hunger Wurstsemmeln gemopst hatte und dafür von einer bösen Lehrerin »hergewatscht« worden ist, macht Stoibers Sprecher Martin Neumeyer ganz einsilbig. Man hört den Beamten, der sonst über Stoibers Politik reden kann wie ein Wasserfall, am Telefon förmlich denken: Was steckt da wieder dahinter? Wahrscheinlich die SPD. Oder der Waigel. Na, da sagen wir lieber nix.

Mit der gleichen Konsequenz musste dieser blöden Dormagen-Geschichte entgegengetreten werden: »Stoiber hat bei den Großeltern in Dormagen, der Geburtsstadt seiner Mutter, insgesamt etwa acht bis zehn Tage seiner Kindheit verbracht. Der Geburtsort des Ministerpräsidenten war, ist und bleibt Oberaudorf im Landkreis Rosenheim in Bayern«, sagte Stoibers damalige Sprecherin Heidrun Piwernetz im Juni 1995 streng. Die Dormagener haben inzwischen aufgehört, Stoiber als einen der Ihren zu reklamieren. Historisch gesichert ist aber inzwischen, dass Stoibers Mutter Elisabeth 1908 als Tochter des Braumeisters Joseph Zimmermann in Dormagen geboren wurde. Vater Zimmermann war bayerischer Abstammung, er war aus der Oberpfalz nach Dormagen gezogen, um in der dortigen Actien-Brauerei bayerisches Bier zu brauen.

Als Laborantin beim Bayer-Konzern hat Elisabeth Zimmermann nach Angaben damaliger Arbeitskollegen Ende der dreißiger Jahre Edmund Georg Stoiber kennen gelernt, der ebenfalls aus der Oberpfalz stammte und bei Bayer in den Kriegsjahren gelegentlich auf Montage arbeitete. Am 26. März 1940 hat das Standesamt Dormagen den Wegzug von Elisabeth Stoiber, geborene Zimmermann, nach Oberaudorf in Bayern registriert. Also ist Edmund Stoiber in Bayern gezeugt und geboren worden, um dieses Thema ein- für allemal zu beenden.

Grund für den Umzug war, dass Vater Stoibers Arbeitgeber, eine Baufirma, an der Errichtung einer von den Nazis geplanten Alpenstraße auf den »Tatzelwurm« in den nahen Bergen beteiligt war. Der Vater Stoibers war inzwischen in der Verwaltung beschäftigt und nannte sich Prokurist. Er soll streng gewesen sein, hatte nach Stoibers eigenen Angaben auf die Nazis gesetzt und war bei Kriegsende in Gefangenschaft geraten. Wie in vielen Familien, denen der Vater über Jahre fehlte, war die Mutter der Mittelpunkt. Sie wird als äußerst warmherzig geschildert. Bei ihr fühlten sich auch Edmunds Freunde wohl, etwa der Nachbarsbub Josef Widmesser, ein Bauernsohn.

Kinder schließen schnell Freundschaft, bei den Erwachsenen geht es komplizierter zu. Wer zugezogen ist, hat es nicht leicht.

Bis die Eltern und ihr Nachwuchs einmal zur Dorfgemeinschaft gehören, dauert es in diesem konservativen Landstrich am Fuß der Alpen einige Zeit. Man muss sich behaupten, auch schon als Kind, und entweder bleibt man später schüchtern, oder man hat gelernt, sich durchzusetzen.

Stoiber hat beides ins Leben mitgenommen: Er ist wie viele, die in solchen Verhältnissen aufgewachsen sind, eine Kämpfernatur geworden, kann aber sicher bis heute das eine oder andere Kindheitstrauma nicht abschütteln. Er ist skeptisch und misstrauisch geblieben, manchmal ist er sogar schüchtern. Er kann nicht so gut von sich aus auf fremde Menschen zugehen, die er für politische Gegner hält. Bei Festen an fremde Tische zu gehen, wo er sich vielleicht kontroversen Diskussionen aussetzen müsste, liegt ihm nicht. Lieber bleibt er an seinem Vorstandstisch, wechselt bestenfalls zu Freunden. Seine Personalpolitik ist von großer Unsicherheit gekennzeichnet, obwohl er bei den bayerischen, die CSU stabilisierenden Verhältnissen wirklich großzügiger sein könnte.

Auch seine Medienpolitik, in die er sich vor allem beim Bayerischen Rundfunk unentwegt einmischt, ist von außerordentlicher Engstirnigkeit und Provinzialität geprägt. Das Gleiche gilt für einige Leute, die er dort in den politischen Redaktionen hält. Da ihn seine Lieblingsjournalisten wie Gerhard Fuchs, Siegmund Gottlieb oder Andreas Bönte im Bayerischen Fernsehen lieber fördern statt fordern, tut er sich mit zupackenderen auswärtigen Fernsehjournalisten ausgesprochen schwer. Sein katastrophaler Wahlkampfauftakt als Kandidat in den Medien war die Folge der Unprofessionalität, die er von zu Hause gewöhnt ist. Stoiber betreibt unentwegt kleinliche Machtsicherung, und zwar überall, wohin seine Macht reicht.

So regiert er Bayern mit einem kleinen Küchenkabinett von engen Vertrauten, die schon lange Zeit um ihn herum sind. Was vielen als Besserwisserei erscheint, ist der aus der Kinderzeit übernommene Versuch, den Respekt des strengen Vaters zu erringen – so wie später die Anerkennung seines politischen Übervaters Franz Josef Strauß. Immer bleiben Selbstzweifel, die durch besonders forsches Auftreten kaschiert werden. Und es bleibt der Druck, immer bei den Besten zu sein, sich stets aufs

Neue beweisen zu müssen. Sich zurückzulehnen, das Erreichte für kurze Zeit zu genießen und ein paar Wochen andere machen zu lassen: das kann er nicht. Sie könnten etwas irreversibel Falsches machen oder was ganz Tolles, und er wäre nicht dabei gewesen.

Über Edmund Stoiber gibt es kaum Bücher, über seine Jugend hat er selbst nur wenig preisgegeben. Seine Parteifreundin Ursula Sabathil durfte ausnahmsweise in alten Familienfotos kramen und sich für ihr Buch die schönsten heraussuchen. Ihr ist es auch gelungen, den Stoibers und alten Freunden dies und das aus dem ersten Lebensabschnitt zu entlocken. Während die Münchner Kommunalpolitikerin der CSU mit ihrem Familienalbum bei der Vorstellung die Autorisierung durch Karin Stoiber erhielt, wird die bisher einzige Stoiber-Biographie, verfasst von Peter Köpf, in der Umgebung des Kanzlerkandidaten nicht geschätzt. »Unautorisiert, fehlerhaft, mit unzulässigen Schlussfolgerungen versehen«, lautet das strenge Urteil von Stoibers Parteisprecherin Dorothee Erpenstein. Immerhin hatte Stoiber intensiv mit Köpf geredet, und das Verdikt der CSU sagt nichts über die Qualität des Köpf-Buches. Auch er hat tief in der Kinder- und Jugendzeit Stoibers geschürft. Ursula Sabathils und Peter Köpfs Recherchen aus der Jugendzeit kann man unbesehen folgen.

»Sicher war ich eher ein defensives Kind, ein zurückhaltender Bub, sehr verspielt und nicht einer, der schon damals irgendwo vorn dran war«, hat Stoiber Ursula Sabathil anvertraut. Er selbst habe sich eindeutig als Oberaudorfer gefühlt. Als sein Vater 1948 aus der Gefangenschaft nach Hause kam, wurde er in Schwarzmarktgeschäfte verwickelt und bekam Probleme mit der Justiz. Im Dorf wurde wieder über die Stoibers getuschelt, es hieß, dass Nazigold verschoben worden sei. Genaueres lässt sich Stoiber bis heute nicht entlocken. Sein Vater war wohl nur eine Randfigur, das Verfahren gegen ihn wurde eingestellt. Aber die Familie hat in dieser Zeit sehr unter der Geschichte gelitten und in ärmlichen Verhältnissen gelebt.

Im Kindergarten der Dominikanerinnen von Mühlbach bei Oberaudorf blieb der kleine Edmund oft den ganzen Tag zum Kasperltheater, Klavierspielen und Beten. Die Grundschule absolvierte er ohne allzu großen Ehrgeiz, wie überhaupt nahezu alle

Jugendfreunde entschieden verneinen, dass Edmund Stoiber irgendwann als Streber aufgefallen sei. »Ein Streber? Nein, wirklich nicht«, sagt sein Freund Widmesser heute. Stoiber scheint ein normales Kind gewesen zu sein und er wurde ein fescher Bursch, dem bald die Töchter der Sommerfrischler in Oberaudorf nachschauten. Von wegen dicke Akte …

Edmund war dazu ausersehen, in der Kreisstadt Rosenheim ins Gymnasium zu gehen. Die Eltern legten Wert auf höhere Bildung, auch Edmunds Schwestern durften auf bessere Schulen gehen, was damals keine Selbstverständlichkeit war. Leicht ist dem Buben die Trennung von seinen Freunden nicht gefallen. Aber Edmund sollte ja nach dem Willen seiner Mutter so etwas wie Adenauer werden, und da musste man eben weg von Oberaudorf, weg von Josef Widmesser, der auf der Volksschule blieb. Bauernkinder gingen damals kaum aufs Gymnasium, sondern mussten in der Landwirtschaft hart arbeiten.

Stoiber hat den Kontakt zu seinem Spezi nie abgebrochen. Als der Josef später in der Landwirtschaftsschule ein Referat zur »Machtergreifung Adolf Hitlers« halten musste, hat ihm sein Freund Edmund geholfen, damit es ein guter Vortrag wurde. Bei der Gelegenheit hat Stoiber offensichtlich Hitlers Evangelium *Mein Kampf* gelesen und danach erst recht nicht mehr verstanden, warum sein Vater auf die Nazis gebaut hatte. »Da stand doch alles drin, habt ihr das denn damals nicht gelesen?«, fragte er zu Hause.

Stoiber war Fahrschüler und hatte mit den anderen ein effizientes System zur Komplettierung fälliger Hausaufgaben entwickelt. Meistens gab es im überfüllten Zug nur Stehplätze. Einer musste seinen Buckel hinhalten, der andere fetzte die Aufgabe ins Heft. Sie wurden nach Fächern verteilt, jeder machte das, was er am besten konnte. Danach schrieben die anderen das Resultat in ihre Hefte – und übertrugen natürlich auch die Fehler. Manchmal fiel die Teamarbeit den Lehrern auf, dann wurde die »Arbeitsgemeinschaft Morgenzug« geschimpft.

Nach wie vor war Edmund Stoiber ein mittelmäßiger Schüler, in der siebten Klasse blieb er sogar sitzen. Da sich die Familie die höhere Bildung für die Kinder vom Mund absparte und der Sohn das Gymnasium eigentlich in kürzester Zeit hätte absolvieren sollen, war das eine ziemliche Katastrophe. Der Vater, von dem es auch manchmal »Watschen«, also Ohrfeigen, gab, war enttäuscht, und der junge Stoiber muss sich geschworen haben, dass er nie mehr im Leben versagen würde. Er übertrug sein Versprechen auch auf seine politische Vaterfigur Strauß, dem er nie Anlass zur Unzufrieden geben wollte. Strauß erkannte und nutzte diese Nibelungentreue aus.

Damals war Stoiber, folgt man den Erzählungen, bei jedem Spass dabei; die unangenehme Eigenschaft, Pläne anderer, die er mitbekam, zu verraten und für Ahndung zu sorgen, hat er erst unter Strauß entwickelt. Sonst wäre der Streich, an den sich die Stoiber-Klasse bei ihren Treffen gern erinnert und den Ursula Sabathil überliefert, nicht gelungen. Er galt einer nicht sonderlich beliebten Deutschlehrerin.

Ein in der Literatur bewanderter Klassenkamerad verfasste zusammen mit den Mitschülern ein Nonsens-Gedicht:

Stimmen
Der Wind träumt in Netzen
Ikarus
Stimme ohne Widerhall
Ein Wille geht nie daran
Die Kugel rollt
Antennen-wüstenarm-spreizen
Gegen den Himmel
Fraglicher Schlaf
Das schwangere Laub warnt
Oft ergrünen Sonnen
Der Rosenkranz ist zerrissen
Du blühst noch.
Grauen-kirschenbehangener Tag
Abgrund ist schonungslos.

Unter den Text wurde der Name des bekannten Lyrikers Karl Krolow gesetzt. Stoibers Mitschüler lernte das Poem auswendig und trug es auf einem der damals üblichen »Konzentrationstage« mit Pathos dem gesamten Lehrerkollegium vor.

Die Lehrerin war begeistert und lieferte anschließend eine tiefschürfende Interpretation dieses Juwels der Lyrik des 20. Jahrhunderts. Alle hielten dicht, erst in der Abiturzeitung wurde der Scherz aufgedeckt. Die Lehrerin soll davon so getroffen gewesen sein, dass sie sich beurlauben ließ.

Hätten etwa Abgeordnete der CSU-Landtagsfraktion 15 Jahre später, sagen wir mal, ein Spottgedicht auf FJS verfasst und es beim nächtlichen Umtrunk vorgetragen, wäre Stoiber erstens nicht dabei gewesen, weil er Wichtigeres zu tun gehabt hätte. Zweitens aber steht zu befürchten, dass er, wenn er davon erfahren hätte, nicht gezögert hätte, Strauß Verfasser, Inhalt, Begleitumstände des Vortrags und Intensität des Applauses brühwarm zu hinterbringen. So hat die Politik den liebenswürdigen Gymnasiasten Edmund Stoiber verändert, der seine Kumpels nie verraten hätte.

Stoiber soll seine Lehrer auch mit eher linken Sprüchen provoziert haben, berichtet sein Biograf Peter Köpf. Eines Tages beeindruckte er die Klasse zusammen mit einem Freund, weil die beiden in Jeans in der Schule aufkreuzten. Sein Mitschüler Michael Skasa berichtet, dass Stoiber es zu einer besonderen Kunstfertigkeit gebracht hatte. »Er beherrschte die Kunst des künstlichen Rülpsens wie kein anderer, da war er unschlagbar.« Später, als Stoiber schon Politiker war, hat er Skasa düpiert, der damals beim Bayerischen Rundfunk arbeitete. Der wollte mit ihm diskutieren, warum ein bestimmter Kollege, dessen Fähigkeiten zweifelhafter waren als seine Anwanzerei bei der CSU, von diesem für einen herausragenden Posten vorgesehen war. Da sei Stoiber ausgerastet und habe im besten CSU-Stil gesagt: »Wenn dir was nicht passt, geh halt zum Hessischen Rundfunk.« Der galt damals der CSU als rote Kaderschmiede.

In der Schule war Stoiber ein As in einer Art Mini-Fußball, die auch auf den Schulbänken gespielt werden konnte. Das Spiel ist auch unter dem Namen »Zicken« bekannt. Man ritzte an den Längsseiten der Tischplatte oder der Bänke zwei Tore ein und nahm zwei Zehn-Pfennig-Stücke und einen Pfennig als Ball. Mit einem Kamm oder einem Lineal wurden dann die größeren Münzen so gegen den Pfennig geschossen, dass eine günstige Situation zum »Torschuss« entstand. Dabei musste der Gegenspieler mit beiden Daumen in den Ritzen »einhalten« und dann wurde der Torschuss versucht. Gelungene Aktionen habe Stoiber mit dem Schlachtruf »Ruhm! Ruhm!« abgeschlossen, hat Köpf bei ehemaligen Gegenspielern Stoibers ermittelt.

Es konnte vorkommen, dass Lehrer Geld, Kamm oder Lineal einkassierten, wenn sie die Schüler beim Tischfußball nach dem Ende der Pause erwischten. Da hat Stoiber bereits seine juristischen Fähigkeiten bewiesen. Es gelang ihm einmal, die Konfiskation mit dem Hinweis abzuwenden, dass es sich um Schülereigentum handle, das die Lehrer keineswegs an sich nehmen dürften. Zwar sei das zum Spiel nötige Material zum falschen Zeitpunkt und am falschen Ort verwendet worden, was aber nicht heiße, dass es dem Lehrer gehöre. Dieser soll sehr beeindruckt gewesen sein.

Bis auf den Hinweis, dass der junge Stoiber seine Wirkung auf Urlaubermädchen nicht verfehlte, sind Mädchengeschichten nicht überliefert. Es soll in einer Parallelklasse eine Arzttochter aus Brannenburg namens Traudlinde gegeben haben, in die Stoiber verliebt gewesen sei. Er habe sie mit dem Fahrrad besucht, und sie habe ihm den ersten Kuss gegeben, heißt es. Doch bald nach dem Abitur hat die Traudl dann einen anderen geheiratet.

In der Abiturzeitung seiner Klasse ist Edmund Stoiber folgende Eintragung gewidmet: »Als blonder blauäugiger Recke Favorit bei allen nordgermanischen Sommerfrischlerinnen, die er durch kernig bayuwarische Sitten und Geräusche betört.« Je näher das Abitur gerückt war, desto besser wurden Stoibers Leistungen. Die Lektion mit der »Ehrenrunde« hatte er sich gemerkt, ohne dass deswegen seine Freizeitaktivitäten darunter litten. Sie waren geprägt von der herrlichen Bergwelt, in der er aufwuchs und in der man schon ein starkes Gefühl für die Heimat entwickeln kann. Skifahren, oft ohne Lifte, weil die, wenn es sie überhaupt gab, viel zu teuer für den jungen Stoiber waren, Schwimmen in den Badeseen und faul in der Sonne liegen, Fußballspielen im Nachbarort Kiefersfelden, weil es in Oberaudorf noch keinen Verein gab, abends um die Wirtshäuser und Cafés herumstreichen, um zu sehen, ob die Urlauber neue »Hasen« mitgebracht haben: Das war die Zeit, als Stoiber noch Zeit hatte.

Sein Wunsch, Berufsfußballer zu werden, hatte freilich keinen realistischen Hintergrund. »Ich war zu langsam«, sagte Stoiber später. Er war auf dem Fußballplatz, wie er im richtigen Leben ist: Dank seiner Statur ein wuchtiger Zerstörer, aber kein Kreativer, kein Filigrantechniker, bienenfleißig, aber im Spielaufbau nicht sonderlich einfallsreich. Stoiber und einige Mitschüler hatten sich einen äußerst effektiven Lernstil angewöhnt: Niemals zu früh pauken, damit man das Gelernte nicht wieder vergisst, sondern auf Termine hin systematisch lernen und dann locker frisches Wissen präsentieren. Es galt als unschicklich, besonders viel für die Schule zu tun, was Stoiber aber nicht hinderte, ein sehr gutes Abitur hinzulegen.

Die Politik hat offenbar keine große Rolle in der Schule gespielt; natürlich war die vorherrschende Stimmung in Oberaudorf wie im ganzen bayerischen Alpengürtel konservativ. »Rote« kamen da nur sporadisch vor, und deshalb ist es erstaunlich, dass Stoiber von seinen Mitschülern zeitweise nicht unbedingt der CSU, eher schon jenen Roten zugerechnet wurde. Der bayerischen »Regierungspartei« ist er erst 1971 beigetreten, als sich die Karriere für den bayerischen Staatsdienst eröffnete. Allerdings hatte er schon 1957 Kontakte zur Jungen Union, der Nachwuchsorganisation der CSU, geknüpft, der man ohne Parteimitgliedschaft angehören konnte.

SPD-Abgeordnete erinnern sich früher Bekenntnisse des jungen Landtagsabgeordneten Stoiber, der erzählt haben soll, in den sechziger Jahren manchmal die SPD gewählt zu haben. Später hat Stoiber das kategorisch dementiert, aber in der Schule neigte er durchaus zum Widerspruch gegen konservative Lehrer. Mitunter hat er sie auch ziemlich geärgert. Peter Köpf berichtet in seiner Stoiber-Biographie vom Stoiber-Lehrer Karl Klingshirn, der zu Anfällen von Zorn neigte und dann vorsichtshalber das Klassenzimmer verließ. Das Schlimmste sei gewesen, dass er kurz bevor es soweit war und er gehen wollte, noch gesehen habe, wie Stoiber, ein begeisterter Schafkopfspieler, in der vorletzten Reihe schon die Karten für das Spiel nach dem Verschwinden des Lehrers gemischt habe, erzählte Klingshirn.

Mancher hat sich über Stoibers spätere konservative Karriere gewundert. Allerdings diskutierte Stoiber, wie Ursula Sabathil schreibt, damals auch heftig mit einem Mitschüler, den sie den »roten Ferdl« nannten. Ferdinand Wagner galt als der »Linke«

der Klasse. Da er aber leistungsstark und unentbehrlich beim Abschreiben war, wurde er voll respektiert. Der Freundschaft taten Streitgespräche ohnehin keinen Abbruch, es ging in diesem Alter mehr darum, sich zu messen. Wagner hat später Karriere im Auswärtigen Amt gemacht und ist 1997 im Jugoslawien-Krieg tödlich verunglückt.

Stoibers Vater hatte inzwischen beruflich Fuß gefasst und verdiente in der Bauträgerbranche gutes Geld. Die Familie Stoiber zog aus Oberaudorf nach Waldram bei Wolfratshausen. Die alten Bande zu den Freunden rissen aber nie ganz ab. Stoiber ging nach dem Abitur zu den Gebirgsjägern nach Mittenwald, um seinen Wehrdienst abzuleisten. In Waldram gefiel es ihm zunächst überhaupt nicht. Die Eltern hatten ein gepflegtes Landhaus gekauft, das neben anderen gepflegten Landhäusern stand. Gegen das dörfliche Oberaudorf, wo jeder jeden kannte und durch den Fremdenverkehr immer etwas los war, ging es in Waldram gepflegt öde zu. Der umtriebige Stoiber betrachtete den Umzug als Abstieg.

Bei den Gebirgsjägern blieb Stoiber nicht lange. Was damals passiert ist, weiß man nicht so genau. Einmal heißt es, Stoiber habe sich bei einem Offizierslehrgang eine schwere Knieverletzung zugezogen und den Dienst quittieren müssen. Andere Quellen behaupten, bei einem Gebirgsmarsch im Schnee hätten Stoibers Augen Schaden genommen, weshalb er lange Zeit getönte Brillen getragen habe. Im Herbst 1962 begann Stoiber jedenfalls in München das Jurastudium. Ein alter Spezi aus Oberaudorf, Heiner Hartmann, hatte sich für Betriebswirtschaft eingeschrieben. Auf seiner Bude fand sich nach Ursula Sabathils Recherchen der Student Stoiber jeweils am Donnerstag ein. Es habe Fleischsalat und Brezen gegeben, Stoiber habe sich häufig verspätet, weil er noch beim Repetitor oder in der Bibliothek hängen geblieben war.

Für den sozialen Kontakt in Wolfratshausen sorgte wieder einmal der Fußball – in diesem Fall sogar für einen, der für Stoibers Leben bestimmend war. Der Student kickte beim BC Farchet Wolfratshausen, allerdings meistens in der zweiten Mannschaft, weil er wegen des Studiums in München kaum am Training teilnahm. In der Nähe wohnte die Bankangestellte Karin Rudolf, die sich ab und zu ein Spiel des BC Farchet anschaute und ein Auge auf den großen Blonden mit dem Fußballschuh und dem breiten Lachen geworfen hatte.

Gefunkt hat es aber erst, als Edmund Stoiber einen Ferienjob bei einer Bank im nahen Geretsried gefunden hatte und von Karin Rudolf eingewiesen wurde. Die beiden hatten den gleichen Weg zur Arbeitsstelle und trafen sich auch in der Freizeit. Während des nächsten Semesters verloren sie sich wieder aus den Augen, dann jobbte Stoiber wieder in der Geretsrieder Bank. Es kam das, was Karin Stoiber Ursula Sabathil als »Intuition von beiden Seiten« schilderte. Der Student und die Bankangestellte wurden ein Paar; »in sein Lachen« habe sie sich verliebt, sagt Karin Stoiber.

Bald sei sie Stoibers Familie vorgestellt worden, an der ihr der Zusammenhalt und die Herzlichkeit gefallen hätten und wie sie so wie ein viertes Kind aufgenommen worden sei. Ihre Eltern waren geschieden und mit neuen Partnern verheiratet, da hat es wohl an Nestwärme gefehlt. Im Februar 1966 wurde im engsten Familienkreis Verlobung gefeiert.

Während des Studiums bemerkten Freunde und Bekannte eine Wandlung bei Stoiber. Er entwickelte im Gegensatz zur Schule starken Ehrgeiz und ging in der Rechtswissenschaft auf. Statt über »Hasen« oder über Sportereignisse diskutierte er am liebsten über »Fälle«. Selbst die Politik sei ihm damals noch als Zeitverschwendung vorgekommen, was er seinen Kommilitonen Klaus Arnold spüren ließ. Der war gleichzeitig Ortsvorsitzender der Jungen Union und Mitglied im Kreisvorstand der CSU, war aber Stoibers bevorzugter Diskussionspartner beim Knacken kniffliger Rechtsprobleme. Später wurde Arnold, ein Rechtsanwalt, Stoibers erster politischer Mentor, der ihn anstiftete, in Wolfratshausen einen Ortsverband der Jungen Union zu gründen.

Seine Professoren waren Erzkonservative, die zum Teil auch schon in der Nazizeit gelehrt und fatale Thesen vertreten hatten. Theodor Maunz gehörte dazu, der einerseits ein hoch gerühmter Kommentator des Grundgesetzes wurde, andererseits 1964 wegen seiner Nazivergangenheit das Amt des bayerischen Kultusministers aufgeben musste. Nach seinem Tod enttarnte ihn der rechtsextremistische Münchner Verleger und Chef der »Deutschen Volks-Union«, Gerhard Frey, als langjährigen juristischen Berater und Autor der *National-Zeitung*. Karl Larenz, Reinhart Maurach, Paul Bockelmann und Peter Lerche waren weitere Stoiber-Lehrer. Außerdem besuchte Stoiber Vorlesungen an der Hochschule für Politik, regelrecht studiert, wie in manchem Lebenslauf steht, hat er die Politischen Wissenschaften aber nicht.

Der Student stieß bald zum Ring Christlich-Demokratischer Studenten (RCDS) und zur katholischen Studentenverbindung »Trifels«. Dorthin trieb ihn wohl so etwas wie eine Abwehrhaltung gegen die »Achtundsechziger«, die ihm suspekt waren und mit ihren Sit-ins und Go-ins Anregungen für seine Doktorarbeit lieferten. Einmal soll Stoiber sogar mit Rudi Dutschke aneinander geraten und von Linken aus dem Hörsaal getrieben worden sein. Genaues findet man dazu aber nicht in den Archiven.

1967 machte er das Erste Staatsexamen, 1968 wurde geheiratet. Die Freunde Klaus Arnold und Heiner Hartmann waren Trauzeugen. Karin Stoiber hatte es vor und nach der Hochzeit nicht leicht mit ihrem Edmund, weil ihn das Studium so beschäftigte. An der Isar bei Wolfratshausen gibt es einen Pfad, den die Stoibers heute noch »Strafrechtswegerl« nennen. In dieser Gegend erzählte der Student und spätere Referendar seiner Karin wenigstens alles über das Strafrecht, die Doktorarbeit und die Gefahr, in die Oberpfalz ziehen zu müssen, wenn das Zweite Examen nicht gut ausfallen sollte.

Es ging darum, zumindest die Staatsnote – einen Durchschnitt von 3,5 – zu haben, um in München in der Staatsverwaltung Karriere machen zu können. Für eine akademische Laufbahn, die Stoiber auch gern absolviert hätte, wäre eine noch bessere Note erforderlich gewesen. Die abgelegeneren Gegenden Bayerns waren für die Schlechteren und angeblich für die Nicht-Schwarzen reserviert. Der langjährige SPD-Bundestagsabgeordnete Rudi Schöfberger sagte einmal auf einer Wahlkampftour in der Oberpfalz, als der Tross durch das abgelegene Städtchen Oberviechtach kam: »Wenn du ein Schwarzer bist, wirst du Oberstaatsanwalt, wennst ein Roter bist, kommst nach Oberviechtach.«

Stoiber promovierte über den »Hausfriedensbruch«, und zwar

beim Regensburger Professor Friedrich-Christian Schröder, der ihn auch als akademische Hilfskraft beschäftigte. Bei der Doktorarbeit über die »Achtundsechziger« sei er »intellektuell« redlich geblieben, schreibt sein Biograf Peter Köpf nach der Lektüre: »Stoiber machte sich im Zeitalter der Go-ins offenbar Sorge um den Frieden an den Unis. Befanden sich die Aktionen der Linken mit dem Recht im Einklang, oder handelte es sich um Hausfriedensbruch? 182 Seiten holt Stoiber aus, doch der erwartungsichere Leser wird enttäuscht: kein Hausfriedensbruch.«

Stoiber habe sich nicht dazu verführen lassen, einen juristischen Sachverhalt zu beugen, auch nicht, um linke Studenten zu verurteilen. Eher habe er sich an der herrschenden Meinung orientiert und bei seiner Arbeit auf neue Ansätze verzichtet. Stoiber habe allerdings in einer Sprache geschrieben, »die es heute selbst Juristen zur Qual geraten lässt, den Ausführungen des Autors zu folgen«, schreibt Köpf. Sprödes Juristendeutsch taucht auch immer wieder in seinen politischen Reden auf. An Wortgewalt war und ist er seinem großen Vorbild Franz Josef Strauß, einem Altphilologen mit Mutterwitz und der Fähigkeit, völlig ohne Manuskript zu sprechen, weit unterlegen. Auch heute gibt es in der CSU wesentlich bessere Redner, etwa Peter Gauweiler oder Horst Seehofer.

Professor Schröder machte es Stoiber mit der Doktorarbeit nicht leicht. Die erste Fassung nahm er nicht an, Stoiber musste ein paar Monate nacharbeiten, was dessen inzwischen schon ziemlich straffe Zeitplanung ziemlich durcheinander brachte. Zwischen erstem und zweitem Staatsexamen lagen vier Jahre, ausgefüllt mit dem Referendariat und der Promotion. Dann war es soweit: Examen glänzend geschafft, den Doktor »gebaut«. Ein »Einser-Jurist«, wie es manchmal heißt, ist Stoiber nicht geworden, von der Note her gibt es den Begriff eigentlich gar nicht. Aber er war unter den Besten. Die Spitzenleistung war in seiner Prüfung ein Durchschnitt von 2,8, Stoiber schaffte 3,0, »voll befriedigend«, ein Prädikatsexamen, das ihm fast alle Türen öffnete.

4 »Mir stinken die Linken«

Dem frisch gebackenen Juristen kam ein Kontakt zugute, den er während seiner Studienzeit im Repetitorium geschlossen hatte. Dort hatte auch Professor Werner Buchner mit den Studenten gepaukt und Stoiber nach dem zweiten Examen gefragt, ob er nicht Lust hätte, im neu geschaffenen bayerischen Ministerium für Landesentwicklung und Umweltfragen unter ihm und Minister Max Streibl zu arbeiten. Die Bayern hatten 1970 einen guten Riecher gehabt: Sie hatten als erstes deutsches Bundesland Ökologie und Landesentwicklung gebündelt und aus anderen Ministerien in ein eigenes Ressort eingebracht. Das Modell hatte Pilotfunktion.

Stoiber witterte seine Chance, denn in Behörden, die noch nicht fest gefügt, sondern erst noch im Aufbau sind, ist häufig Pionierarbeit zu leisten. Die hierarchischen Verhältnisse sind nicht so ausgeprägt, man kann schnell vorankommen und hat nicht ewig Konkurrenten vor sich, die man ausstechen muss. »Süß riecht die Leiche des Vordermanns«, heißt das diesbezügliche Motto in der Verwaltung; Stoiber konnte dagegen ohne Winkelzüge gleich hoch oben anfangen. Er wurde 1971 zunächst als Redenschreiber für den Minister und für Spitzenbeamte eingesetzt. Als 1972 zwei persönliche Referenten Streibls – der spätere Staatssekretär der Bundesregierung, Wolfgang Gröbl, und Fritz Ettengruber – zu Landräten gewählt wurden, rückte Stoiber, auf den Streibl schon aufmerksam geworden war, zum »Persönlichen« auf. Seit dieser Zeit sah man ihn auch öfter im Landtag im Gefolge Streibls, dessen dicke Tasche tragend. Der Umweltminister und seine Beamten hatten in der Aufbauphase besonders häufig im Landtag zu tun. Ein Landesentwicklungsprogramm wurde vorbereitet, das Naturschutzgesetz beraten, neue Behörden wie ein Landesamt für Umweltschutz wurden gegründet.

Stoiber schien damals oft übermüdet zu sein, sein blonder Haarschopf war verstrubbelt, manchmal wirkte er sogar desorientiert. Entweder brachte ihn seine 1971 geborene Tochter Constanze um die Nachtruhe, oder, was wahrscheinlicher ist, er machte Überstunden im Ministerium, wo es Arbeit noch und noch gab. Auch heute noch kann ihm seine Frau Karin die Erinnerung an einen Anruf von 1972 nicht ersparen. Sie erzählt, dass eines Tages die kleine Constanze ihre ersten Schritte tat und Papa Stoiber von seiner Frau im Büro angerufen wurde, um die freudige Botschaft zu hören. Der aber sei ungehalten gewesen: »Wegen so etwas rufst du mich an?«, habe er seine Frau angefahren.

Als Streibls Referent hatte Stoiber erste Kontakte zum späteren CSU-Parteivorsitzenden Theo Waigel, der in gleicher Funktion beim bayerischen Wirtschaftsminister Anton Jaumann arbeitete. Weil dieser von den neuen Auflagen, die das Umweltministerium erarbeitete, wenig hielt, hatten Stoiber und Waigel immer wieder zu schlichten und zu vermitteln. Damals konnten sie noch besser miteinander als später. Ziemlich schnell zeichnete sich ab, dass Stoiber kein »Ministerialer« bleiben würde.

»Sein« Minister Max Streibl, den er zwanzig Jahre später in der Amigo-Affäre schmählich im Stich ließ, hatte im CSU-Bezirk Oberbayern das Sagen und förderte intensiv und gegen Strömungen in der Oberbayern-CSU Stoibers Wechsel in die Politik. Im damaligen Stimmkreis Miesbach/Bad-Tölz/Wolfratshausen wollte sich der CSU-Landtagsabgeordnete Anton Staudacher 1974 nicht mehr zur Wiederwahl stellen. Interessenten für die Nachfolge gab es genug, doch mit Geschick, Protektion und langem Atem steuerte Stoiber zielstrebig auf das für die CSU absolut sichere Mandat zu. Für Stoiber muss es wie ein Traum gewesen sein: Innerhalb von drei Jahren nach Beendigung des Studiums stand er ohne lange Ochsentour dicht davor, mit dem Landtag ein solides politisches Sprungbrett zu erreichen.

Die Stimmung war um jene Zeit aufgeheizt. 1969 hatte die Union in Bonn die Macht verloren. CSU-Chef Franz Josef Strauß hatte zuvor als Finanzminister einer Großen Koalition mitgeholfen, die SPD als regierungsfähig erscheinen zu lassen, die SPD hatte ihn im Gegenzug politisch nach der *Spiegel*-Affäre und dem erzwungenen Rückzug aus Konrad Adenauers Bundesregierung quasi rehabilitiert, indem sie ihn als Partner akzeptierte. Sein Opfer von 1962, der stellvertretende *Spiegel*-Chefredakteur Conrad

Ahlers, war in diesem seltsamen Verbund stellvertretender Regierungssprecher geworden.

Die Stimmen, die 1969 die NPD dem konservativen Lager entzogen hatte, ohne selbst den Einzug in den Bundestag zu schaffen, brachten CDU und CSU in die Opposition. Die traumatische Erfahrung hatte bei Strauß dazu geführt, dass er die Parole ausgab, rechts von der CSU dürfe sich niemals eine bei Wahlen aussichtsreiche Partei bilden. »Mit Hilfstruppen darf man nicht zimperlich sein«, war eine weitere Schlussfolgerung, mit der Strauß beschrieb, dass es nie mehr als eine begrenzte, von der CSU kontrollierte Zusammenarbeit mit der äußersten Rechten geben dürfe: »Man muss sich der nationalen Hilfstruppen bedienen, und wenn sie noch so reaktionär sind.« Stoiber hat solche Maximen als gelehriger Schüler übernommen und später auf die »Republikaner« wie auch auf die wieder erstarkende, sich noch extremistischer als in den sechziger Jahren gebärdende NPD angewendet.

Strauß hatte die Niederlage von 1969 ins Mark getroffen. Er hatte gedacht, die Union werde Nutznießer der Großen Koalition sein, mit der die konfuse Regierungszeit von Ludwig Erhard und auch seine eigene unrühmliche Vergangenheit vergessen gemacht werden könnte. An einen sozial-liberalen Pakt, wie ihn Willy Brandt und Walter Scheel schmiedeten, glaubte er lange Zeit nicht. Als es passiert und die Union in der Opposition war, reagierte Strauß besonders aggressiv.

Die CSU hatte er ohnehin schon längst mit diktatorischen Methoden geführt. »Ich bin die Stimme der Partei. Bringen Sie das Geld mit, dann dürfen Sie auch mitreden«, fuhr er einen Kritiker an. Andere bekamen von Strauß zu hören: »Ich lasse mir von so charakterlosen Burschen wie ihr die Partei nicht kaputtmachen. Juso-Methoden wird es bei uns nicht geben. Der Erste, der damit anfängt, der kriegt von mir persönlich einen Kinnhaken, dass es ihn raushaut.« Einen Zwischenrufer schrie Strauß an: »Jetzt halten Sie den Mund, Sie hirnloser Schreier. Sonst fliegen Sie hinaus, Sie Pfifferling, Sie.«

Als der bayerische Ministerpräsident Alfons Goppel seiner Auffassung nach gegen Demonstranten zu lasch vorgehen ließ, telegrafierte ihm Strauß: »Die Außergesetzlichen haben in gröbster

Weise die öffentliche Ruhe und Ordnung gestört. Diese Personen nützen nicht nur alle Lücken der Paragrafen eines Rechtsstaates aus, sondern benehmen sich wie Tiere, auf die die Anwendung der für Menschen gemachten Gesetze nicht möglich ist.« Und über linke Studenten sagte Strauß, das seien »verdreckte Vietcong-Anhänger, die da öffentlich Geschlechtsverkehr treiben«.

Das war der vom Vorsitzenden vorgegebene Ton in der CSU, als sich Stoiber ihr annäherte. Ob er das alles gut fand oder nicht, ist nicht bekannt. Es hat ihn jedenfalls nicht abgehalten. Die CSU war Strauß, und Strauß war die CSU. Stoiber erlebte, wie die Bierzelte tobten, wenn Strauß Salven solcher Sprüche abfeuerte. Während Linke sagten: »Wer so redet, der schießt auch«, hielt die CSU das Geschrei für ehrenvoll und für die Grundvoraussetzung im »Verein für deutliche Aussprache«, dem Stoiber auch angehören wollte. Weder in der Gemeinheit noch in der Originalität hat er es aber mit Strauß aufnehmen können.

Die sozial-liberale Regierung mit ihrem versöhnlichen Kurs gegenüber den von den Nazis unterjochten Völkern sollte nach dem Willen von Strauß eine Episode bleiben. Schon 1970 berichteten Touristen, die in New York in einem Wienerwald-Restaurant zufällig nahe bei Strauß und seiner Entourage zu sitzen gekommen waren, dass der Bayer dort getönt habe: »Wer mich daran hindern würde, an die Macht zu kommen, den würde ich umbringen.« Das Zitat machte in Deutschland Furore. Der Wienerwald-König Friedrich Jahn und der Strauß-Intimus Walter Schöll bezeugten, dass Strauß etwas ganz anderes gesagt habe: »Den möchte ich kennen, der mich entführt, den bring ich um«, soll der Kraftausspruch plötzlich gelautet haben. Dass der offene Hass, den Strauß bisweiligen predigte, sich in offen skandierten neonazistischen Morddrohungen (»Wehner und Brandt an die Wand«) der NPD-gelenkten »Aktion Widerstand« verstärkte, nahmen der CSU-Vorsitzende und seine rhetorischen Mittäter in Kauf.

Die erste große parlamentarische Machtprobe ging 1972 verloren. Willy Brandt überstand ein Misstrauensvotum, Rainer Barzel (CDU) blieb auf der Strecke. Weil Abweichler der FDP durch CDU-Abgeordnete, die für Brandt stimmten, kompensiert wurden, gab es Anhaltspunkte für Bestechung im Parlament, vor allem gegen den CDU-Abgeordneten Julius Steiner. Strauß, der auch für sich selbst eine neue Herausforderung suchte, die er im Amt des deutschen Bundeskanzlers zu finden hoffte, schäumte und polemisierte weiter. Zwar wollte er zunächst der Ostpolitik von Brandt und Scheel zustimmen, verwarf aber dann für die Union die Verträge und bewog die CDU zur Stimmenthaltung im Bundestag. Die Verträge mit Moskau und Warschau fanden aber dennoch eine Mehrheit. Strauß zwang den bayerischen Ministerpräsidenten Alfons Goppel, für die bayerische Regierung gegen den Grundlagenvertrag mit der DDR beim Bundesverfassungsgericht Klage zu erheben, obwohl eine große Mehrheit im bayerischen Kabinett dagegen war. Stundenlang bearbeitete daraufhin Strauß den nur selten zur Scharfmacherei neigenden Goppel.

Als eine neue Abstimmung in der Landesregierung ein Patt ergab und damit das Begehren von Strauß nach den Regeln der Geschäftsordnung wieder abgelehnt war, wurden die positiven Voten Goppels und des Innen- und damit »Verfassungs«-Ministers Bruno Merk doppelt gezählt. Auf diese fragwürdige Art kam die Klage zustande, die eingereicht zu haben sich die CSU bis heute rühmt. Sie wurde zwar in Karlsruhe abgewiesen, die Bayern erreichten aber eine Begründung, die ihren Bedenken zum Teil Rechnung trug und die Bundesregierung zu restriktiverer Deutschlandpolitik zwang.

Weiteren politischen Zündstoff bildeten die Untaten der Roten-Armee-Fraktion (RAF). Strauß warf allen Ernstes den Sozialdemokraten vor, ihr das Feld bereitet zu haben. Die Destruktion, in die Strauß die CSU hineinzog, gipfelte 1974 in der Rede von Sonthofen, einer parteiinternen Bestandsaufnahme im Allgäuer Hotel »Sonnalp«, die im Dezember des gleichen Jahres dem *Spiegel* zugespielt wurde. Dort blieb das Dokument der Zeitgeschichte, wie Strauß-Biograph Wolfram Bickerich berichtet, erst einmal liegen, weil man es für nicht mehr und nicht weniger als einen »typischen Strauß« hielt. Im Frühjahr 1975 erreichte ein zweites Exemplar der Strauß´schen Generalabrechnung mit der Bundesregierung unter ähnlich konspirativen Umständen das *Spiegel*-Büro in der damaligen Bundeshauptstadt Bonn.

Dort erst sei die Brachialepistel, die in Schriftform noch verwegener daherkommt als für die Zuhörer aus dem Mund eines wutschnaubenden Parteivorsitzenden, in ihrer ganzen Dimension erkannt und präsentiert worden. Strauß forderte, die Regierung in den Staatsbankrott schlittern zu lassen, und kündigte im Kampf gegen den RAF-Terror die Gemeinsamkeit der Demokraten auf. Wörtlich sagte er laut Mitschrift: »Und jetzt hier in demokratischer Gemeinsamkeit zu sagen, wir Demokraten in SPD/FDP und CDU/CSU, wir halten also jetzt nun zusammen in dieser Situation, hier müssen wir den Rechtsstaat retten – das ist alles blödes Zeug! Wir müssen sagen, die SPD und FDP überlassen diesen Staat kriminellen und politischen Gangstern. Und zwischen kriminellen und politischen Gangstern ist nicht der geringste Unterschied, sie sind alle miteinander Verbrecher. Und wenn wir hinkommen und räumen so auf, dass bis zum Rest des Jahrhunderts von diesen Banditen keiner es mehr wagt, in Deutschland das Maul aufzumachen. Selbst wenn wir es nicht ganz halten können. Aber den Eindruck müssen wir verkörpern.«

Der Begriff der »Sonthofener Strategie« war geboren: Sie ist die Reduzierung der parlamentarischen Opposition auf eine nur destruktive Kampfeinheit, der es nichts ausmacht, wenn das Land im politischen Kampf schwersten Schaden nimmt. Einziges Motiv war Machtrausch, einziges Ziel die Ablösung der sozial-liberalen Regierung, koste es, was es wolle. Mit Jahrzehnten Abstand lässt sich sagen, dass eigentlich um diese Zeit der Niedergang von Strauß begonnen hat. Selbst in der CDU löste der Wutausbruch Entsetzen aus, Strauß hatte sich als Kanzlerkandidat für 1976 disqualifiziert. Der von ihm verachtete Helmut Kohl wurde von der CDU gekürt, Kurt Biedenkopf forcierte die Nominierung. »Dem Bürscherl hätte man rechtzeitig Kunstdünger in die Schuhe schütten müssen«, schnaubte Strauß über den etwas klein geratenen Professor und CDU-Politiker.

Das alles muss Stoiber damals in sich aufgesogen haben, als er sich entschloss, in die Politik zu gehen und es dort möglichst weit zu bringen. Als klugem Beobachter muss ihm aufgefallen sein, dass in der CSU alle Wege zu wichtigen Ämtern immer noch über Strauß führten und dass man, wenn man einmal für Strauß arbeiten wollte, den Kopf wirklich dort hinhalten musste, »wo es denselben kosten kann«. In Bayern konnte auch eine verantwortungslose Brandrede wie die von Sonthofen die CSU-Mehrheit nicht beeinträchtigen – im Gegenteil. Der wertkonservative Flügel der CSU schwieg pikiert, der militante Anhang, der jährlich in Passau zum politischen Aschermittwoch der CSU zusammenkam und dessen Gusto die Sonthofener Tonlage von Strauß voll traf, jubelte. Stoiber wusste also von Anfang an, worauf er sich einließ.

Doch erst einmal hieß es, sich für das Landtagsmandat zu qualifizieren. Der ernsthafteste parteiinterne Konkurrent, der Miesbacher CSU-Kreisvorsitzende Gerhard Maier, wäre eigentlich »dran« gewesen, fiel aber der eingespielten »Oberland-Connection« von Streibl und seinem inzwischen zum Miesbacher Landrat gewählten Ex-Referenten Wolfgang Gröbl zum Opfer, mit dem sich Stoiber angefreundet hatte. Schon Anfang 1974 stand Stoiber als Kandidat fest. Im Gasthaus »Moser« zu Otterfing war die Aufstellungskonferenz. 25 Delegierte stellte Miesbach, 15 Delegierte Bad Tölz/Wolfratshausen, von wo Stoiber nominiert worden war. Mindestens sieben Miesbacher stimmten gegen Maier und für Stoiber, der mit 23 : 17 Stimmen zum Landtagskandidaten gewählt wurde.

Der Geretsrieder CSU-Ortsvorsitzende Helmut Gänßbauer ahnte schon, dass von Stoiber mehr zu erwarten war als ein Dasein als parlamentarischer Hinterbänkler. Stoiber sei »ein Vorreiter der CSU über unseren Kreis hinaus«, sagte der Förderer in Otterfing. Eine Lokaljournalistin wand dem Neuling, beeindruckt von der engagierten Personaldebatte, die sonst in der CSU keineswegs an der Tagesordnung war, eine kleine Girlande: Stoiber sei »in Auftreten und Habitus, in Diktion wie Offenheit des Geistes, aber auch durch die Schwerpunkte des persönlichen Interesses nicht unbedingt in die Klischeevorstellung vom voralpenländischen Vertreter im bayerischen Landtag einzuordnen«. Ohne ein »Linker« in seiner Partei zu sein, sehe er im »S« der CSU die größte Herausforderung.

In seinem Wahlaufruf, den er am 25. Oktober 1974 veröffentlichte, gab sich Stoiber bescheiden: »Auf parlamentarisch geleistete Arbeit, die einen wichtigen Anhaltspunkt für Ihre Wahl bietet, kann ich noch nicht verweisen. Aber angesichts der Leistungen, die meine Partei in den letzten 17 Jahren erbracht hat … kann ich nicht ohne Grund um einen Vertrauensvorschuss bitten.« Der fiel am Wahlsonntag Ende Oktober überwältigend aus. Stoiber bekam 44513 Erststimmen, sein Konkurrent Martin Erhard von der SPD erhielt 20169.

Damit war Stoiber eindeutig direkt gewählt und lag noch vor dem Zweitstimmenanteil der CSU, der 43178 Stimmen betrug. Das war erstaunlich für einen Neuling. Die CSU hatte sich trotz – oder gerade wegen – der bundespolitischen Aufregungen um 4,7 Prozent von 56,4 auf 61,1 Prozent gesteigert, die SPD hielt sich bei 30,2 Prozent, die FDP schaffte mit 5,2 Prozent gerade noch den Sprung in den bayerischen Landtag. In Bayern blieben die Sozial-Liberalen im Gegensatz zu Bonn chancenlos. Als Stoiber nach der Wahl mit seinem Auto in den Hof des Landtags fährt, schmückt ein Aufkleber die Heckscheibe. Die Junge Union hatte damit im Wahlkampf geworben. Er zeigt eine attraktive Boxerin in Angriffshaltung, und der Text dazu heißt: »Mir stinken die Linken.«

Der Auftakt im Landtag ist eher langweilig, auch spätere Riesen müssen klein anfangen, und die Zwerge, die schon da sind, wachen eifersüchtig über ihre Pfründe.

Am Anfang stand die Absicherung des Mandats durch Arbeit für den Stimmkreis. Die großen Reden hielten zunächst einmal noch die Konkurrenten. Also hieß es, den Lehrermangel an den Gymnasien in Icking und Geretsried durch einen Bittgang ins Kultusministerium beheben zu helfen, nachdem sogar schon ein Inder die Kinder in Englisch unterrichten musste. Da das Kultusministerium freilich mit solchen Bitten von allen 204 Abgeordneten aus ganz Bayern bedrängt wurde, hielt sich der individuelle Erfolg in Grenzen.

Ernst war es dagegen Stoiber mit einem Übelstand, den er an der schönen Isar bei Wolfratshausen ausgemacht hatte. Dort tummelten sich in den Auen an den Gestaden des Wildflusses Heerscharen Erholungssuchender aus München, die im Naturreservat schon genug Probleme machten. Stoiber selbst fehlten inzwischen die Bewegung, die frische Luft und die sportlichen Aktivitäten aus der Jugend. Er sah aus wie ein bleicher Landvogt, dem ein Sonnenbad ganz gut getan hätte. Auf eine spezielle

Gruppe von Badegästen hatte er es abgesehen. Die »Nackerten« regten ihn auf, die ganze Abschnitte des Isarufers für sich okkupiert hatten.

Da musste im Interesse aller rechtschaffenen Wolfratshauser, für die nur »Dreckbären« auf Badehose und Bikini verzichten, ein Antrag her: Er findet seinen Niederschlag in der Landtagsdrucksache 6685, »Maßnahmen zur Erhaltung des Naturschutzgebiets in der Pupplinger Au und Ascholdinger Au«. Im Fachausschuss erläuterte Stoiber als Antragsteller, die nach Aussagen von Fachleuten schönen und bedeutenden Gebiete lägen sehr nahe bei der Landeshauptstadt und seien damit in den Massennaherholungsverkehr einbezogen.

Ein Problem stellten »u.a. die dort zahlreich vertretenen Nacktbadebewegungen dar. Aufgrund der intensiven Nutzung als Naherholungsgebiete droht eine schleichende Zerstörung dieser Landschaften.« Das Landratsamt und den Naturschutzbeauftragten, die Stoibers Mission nicht recht unterstützen wollten, unterzog der Abgeordnete herber Kritik. Beim Innenstaatssekretär Erich Kiesl forderte Stoiber sogar Polizeieinsätze gegen die Textilfreien und zog sich damit den Spott der Landtagsopposition zu. »Diese Leute sind schon so unverschämt geworden, dass es den Naherholungssuchenden immer häufiger verwehrt wird, dort spazieren zu gehen. Außerdem kann man da ja schon nicht mehr normal, also mit Hose, baden«, zeterte der CSU-Abgeordnete, obwohl niemand etwas von Zusammenstößen gehört hatte.

Kiesl musste von Schwierigkeiten berichten, eine Personalienfeststellung bei Nackten vorzunehmen, »die sich noch dazu gegenüber Polizeistreifen in der überwältigenden Mehrheit befänden«. Tauchten die Beamten auf, sprängen die meisten ins Wasser, »wohin ihnen die Polizei kaum folgen könne«. Schließlich, so Kiesl schon unverhüllt spöttisch über das Anliegen des Wolfratshausers, habe die Polizei »vordringlichere Aufgaben wie Bekämpfung der schweren und schwersten Kriminalität und die Verkehrslenkung während der Hauptreisezeit« zu leisten.

Was Stoiber übrigens mit »Nacktbadebewegungen« meinte, blieb im Dunkel, denn die kollektive Entblößung an der Isar geschah und geschieht unorganisiert und nicht kontrolliert von Freikörperkultur-Vereinen. Es kam, wie es kommen musste: Stoiber hatte den Finger in die Wunde gelegt und es allen wieder einmal gesagt; es änderte sich aber nichts, und das war gut so.

Stoiber kümmerte sich um Skateboardfahrer, die zu wenig Platz und kaum Verständnis bei anderen Verkehrsteilnehmern vorfanden, legte sich mit den Denkmalschützern an, die den Gemeinden angeblich zu hohe Schranken entgegenstellten, und wollte Bauern im Außenbereich schneller zu einem Austragshäusl verhelfen. Alles blieb ziemlich folgenlos.

Besser lag der Jungpolitiker da schon mit dem Buch *Politik aus Bayern*, das er zusammen mit dem Münchner Abgeordneten Kurt Faltlhauser 1976 im erzkonservativen Seewald-Verlag herausbrachte. Die Autoren, fast alle 1970 oder 1974 in den Landtag gekommen, hatten sich zu einer Art Arbeitsgemeinschaft »Pro Strauß« formiert und beschlossen, keine Regierungsmitglieder schreiben zu lassen. Da 1974 ein größerer Schub neuer Abgeordneter in die CSU-Fraktion gekommen war, gab es bald Murren über den altväterlichen Stil Alfons Goppels, der sich nur wenig um die Landtagsfraktion der CSU scherte.

Die Innovation der Regierung hatte sich dagegen in Grenzen gehalten. Sie stützte sich auf die alten Haudegen Ludwig Huber (Finanzen) und Bruno Merk (Inneres), Franz Heubl, Minister für Bundesangelegenheiten und wegen seiner exzellenten Kontakte zu den anderen Parteien von Strauß beargwöhnt, den soliden Landwirtschaftsminister Hans Eisenmann, der von der Bayernpartei gekommen war, den unauffälligen Justizminister Karl Hillermeier und den wegen seines Ressorts von Strauß als »Bruder Kolping« titulierten Arbeits- und Sozialminister Fritz Pirkl. Neue Kräfte waren zuletzt 1970 in die Ministerrunde aufgenommen worden: Anton Jaumann kam als Wirtschaftsminister, der mit seinen Kontakten den bayerischen Export ankurbelte und zum Vater des »Bayernwunders« wurde. Hans Maier, ein leibhaftiger Professor, der erst später der CSU beitrat, verlieh der Regierung den lang vermissten intellektuellen Glanz, Max Streibl baute das Umweltministerium auf.

Noch Ende der sechziger Jahre waren Regierung und Fraktion dadurch verzahnt, dass ein Minister – die graue Eminenz der CSU, Ludwig Huber – den Vorsitz im Landtag führte und die CSU-Abgeordneten bei der Stange hielt. Der 1974 neu gewählte Fraktionsvorsitzende Gustl Lang, ein bauernschlauer Rechtsanwalt aus Weiden in der Oberpfalz, nahm die Stimmung der Rebellen auf und versuchte, der Parlamentsriege mehr Gewicht zu geben. Allerdings scheute er auch nicht davor zurück, sich mit dem Parteivorsitzenden Strauß anzulegen. Legendär sind seine Funk-Telefongespräche, die er mit Strauß in kritischen Situationen zu führen hatte. Immer, wenn der erboste Strauß die Stimme heben wollte, um den »Gustl« niederzumachen, sagte der: »Du, Franz Josef, ich hör dich nur ganz schlecht, da kommt ein Tunnel.« Nachdem sich die »technischen Schwierigkeiten« mehrfach wiederholt hatten, soll Strauß entnervt aufgelegt haben.

Als Herausgeber von *Politik aus Bayern* schrieben Stoiber und Faltlhauser, Ziel der Veröffentlichung sei es, »unbeeinflusst von Kabinettsrücksichten und Ressortdenken verschiedene Probleme aufzugreifen und zielgerichtet zu formulieren«. Das Buch wolle »den Anspruch der CSU-Fraktion im bayerischen Landtag auf weitgehende Mitgestaltung der Landespolitik dokumentieren. Die Politik der bayerischen Staatsregierung soll von der CSU-Fraktion in gleichem Umfang mitgestaltet sein, wie sie von dieser Fraktion öffentlich dargestellt und verteidigt wird.«

Das war deutlich, und es ist anzunehmen, dass sich die Jungparlamentarier diesen Affront gegen die eigene Regierung von Strauß absegnen ließen. Wirklich diskussionsbereit war die CSU damals insgesamt nicht, und von Straußens Wüten in Bonn waren die eigene Regierung und die Landtagsfraktion nicht ausgenommen. Zu den Versagern wollte Stoiber natürlich nicht gezählt werden, sondern bei Strauß positiv auffallen. Darum sammelte er diese Seilschaft für das Bayern-Buch um sich.

Der CSU-Vorsitzende schrieb auch das Vorwort und reklamierte für seine Partei schon damals, was auch Stoiber für sie in Anspruch nimmt. Gerade mit der Sonthofener-Strategie des unversöhnlichen Strebens nach der Macht hervorgetreten, fixierte Strauß den Standort der CSU: Sie sei und bleibe »eine Partei der demokratischen Mitte, die selbstverständlich auch eine Verflechtung zur demokratischen Linken hat und haben soll, die aber dann auch die Legitimation hat, die demokratische Rechte in diesem Lande anzusprechen und sich gegen ihre Diffamierung zur Wehr zu setzen«.

Damit die Breitseite gegen die Altherrenriege in der CSU Goppel nicht so auffiel, durfte dessen 1974 in den Landtag gewählter Sohn Thomas einen Beitrag zum Thema »Berieselung und Manipulation. Die Medien als Gefahr oder politische Aufgabe« verfassen. Wahrscheinlich hat der spätere Generalsekretär wieder einmal nicht gemerkt, was gespielt wurde.

Mit dem Buch wollte Herausgeber Stoiber »das eindrucksvolle Niveau, die Dynamik und die richtungsweisende Kraft der politischen Diskussion in der CSU« zeigen und von den »Südstaaten« aus die »Nordstaaten« zum Wettbewerb herausfordern. Auch andere Machtschattengewächse von Strauß waren dabei: Der damalige Generalsekretär Gerold Tandler, der gerade die CSU organisatorisch auf Vordermann brachte und ihr das im Grunde noch heute benutzte werbetechnische Outfit verpasste. Der bullige, rothaarige Bauernsohn Otto Wiesheu, ein talentierter Polemiker wie der frühe Strauß, der spätere Bundestagsabgeordnete Klaus Rose, der Kulturpolitiker Hans Zehetmair, aber auch eigenständige Leute wie Theo Waigel, Alois Glück oder eben der schwer auszurechnende damalige Fraktionsvorsitzende Lang, den Stoiber später heftig attackierte, als er Strauß in die Quere kam. Auch die übrigen Autoren, Hans Spitzner (heute noch Staatssekretär für Wirtschaft im Stoiber-Kabinett), Gerhard Merkl und Georg von Waldenfels, nahmen später Regierungsposten ein, Klaus Kopka schließlich brachte es immerhin zum Vorsitzenden des Landesmedienrats.

Wichtig war nicht, was in dem Buch stand. Es waren brave, zum Teil sehr theoretische Aufsätze. Wichtig war das Signal, das von der Veröffentlichung ausging. Da waren nach vorn strebende Jungtürken, die mit der Honoratiorenpolitik der Münchner Hauptstelle der CSU nicht mehr zufrieden waren, obwohl Goppel 1974 bei der Landtagswahl ein nie mehr übertroffenes Rekordergebnis von 62,1 Prozent eingefahren hatte. Der Strauß-Flügel, zu dem an vorderster Stelle bereits Stoiber gehörte, argumentierte aber, das Ergebnis sei dem Bonner Kämpfer Strauß zu verdanken und »trotz Goppel« erzielt worden. Das Buch, zu dem Stoiber zwei ziemlich kryptische Beiträge – »Anmerkung zur politischen Auseinandersetzung« und »Planen und Verplanen. Inhalt und Grenzen staatlicher Planung« – beigesteuert hatte, kündigte eine Zeitenwende in der CSU an. Es war bewusst kurz vor der Bundestagswahl 1976 herausgebracht worden, bei der nach offizieller CSU-Version zwar »über den politischen Weg der Bundesrepublik und darüber hinaus Europas in den nächsten vier Jahren mit entschieden« werden sollte, die aber wegen des ungeliebten Unionskandidaten Helmut Kohl insgeheim bereits abgeschrieben worden war.

Schon in seiner Sonthofener Rede hatte Strauß auf die Unzuträglichkeiten mit der CDU hingewiesen, die keine gute Voraussetzung für die Ablösung der sozial-liberalen Koalition bildeten. Dort hatte inzwischen der Pragmatiker Helmut Schmidt das Heft übernommen, der schnell die Luft aus den Attacken der CSU nahm und auch dem haushaltspolitischen Sachverstand von Strauß gewachsen war.

Vorausdenkenden CSU-Politikern wie Stoiber war klar, dass man nach einer verloren gegangenen Bundestagswahl für Strauß eine Auffangposition schaffen musste. Weitere vier Jahre als einfacher Abgeordneter der Opposition würde Strauß politisch nicht mehr überstehen, zumal da er nach einer Niederlage Kohls für 1980 endlich selbst die Kanzlerkandidatur anstreben müsste. »Das kann er nicht vom Wohnzimmer aus machen«, sagte damals sogar der Strauß-Skeptiker August Lang.

Strauß würde eine neue Profilierungsmöglichkeit und einen funktionierenden Apparat brauchen. Welchen? Der einzige, welcher der CSU zu Gebote stand, war jener der bayerischen Staatskanzlei. Mochte Alfons Goppel 1974 noch so erfolgreich gewesen sein, 1978 hatte er das Feld für Strauß zu räumen, wenn nicht die Bundestagswahl 1976 noch einen Umschwung zugunsten der Union und einen herausgehobenen Kabinettsposten für Strauß in Bonn brächte. Stoiber wusste, was er zu tun hatte. Die Weichen waren gestellt.

Der Kandidat aus dem Herrgottswinkel: Stoiber bei sich daheim

Stoiber und der Kandidat von 1980

Auf eine Maß Bier mit dem CSU-Vorsitzenden

Eid auf das Ministeramt: Stoiber schwört 1986, neben ihm Heinz Rosenbauer und Peter Gauweiler (Staatssekretäre im Innenministerium)

Stoibers Chef mit Erich Honecker auf der Leipziger Messe. Links von Strauß Gerold Tandler, rechts Theo Waigel

1992 ist Stoiber Innenminister und hat schon das Amt des Ministerpräsidenten im Blick

Beherrschende Symbole im Ministerzimmer : Das Kruzifix und die Strauß-Büste

Machtschattengewächse: Die Strauß-Zöglinge Gerold Tandler und Edmund Stoiber 1993

Dem Ministerpräsidenten auf den Fersen: 1991 bittet Max Streibl zur Bergwanderung bei Oberammergau, um seine Fitness unter Beweis zu stellen.

5 Alfons Goppel steht im Weg

In den Jahren zwischen 1974 und 1978 gab es für den Parlamentsneuling Stoiber reichlich politischen Anschauungsunterricht. Ohne schon direkt beteiligt zu sein, konnte er lernen, was es bedeutete, sich Strauß zum Gegner zu machen, und was der seinen engsten Mitarbeitern abverlangte. Den Launen von Strauß waren auch die Politiker aus der engeren CSU-Spitze ausgesetzt, ob sie nun Fritz Zimmermann, Hermann Höcherl, Richard Stücklen oder Franz Heubl hießen. Wenn es den Ohrenbläsern von Strauß aus dessen politischem Umfeld, aus der Industrie oder aus dem Kreis der privaten Spezis gelungen war, missliebige Parteifreunde oder Beamte beim Vorsitzenden nachhaltig anzuschwärzen, war stets Gefahr im Verzug.

Den gewandten, in Bonn angesehenen Bundesratsminister der bayerischen Regierung und stellvertretenden Vorsitzenden der CSU, Franz Heubl, hatte Strauß schon seit Jahren im Verdacht, gegen ihn zu intrigieren. Der Münchner Heubl, dem liberal-konservativen Flügel der CSU zuzurechnen, wurde immer wieder mit kessen Sprüchen über Strauß zitiert, die er aber umgehend als frei erfunden oder aus dem Zusammenhang gerissen dementierte. Einmal stand unter Berufung auf ihn im *Spiegel*, den Strauß aus alter Passion besonders sorgfältig las und mit dem er in einer Art unauflöslicher Hassliebe verbunden war: »Für den bayerischen Ministerpräsidenten braucht's einen Herrn, und Strauß ist kein Herr.« Ein anderes Mal wurde Heubl der im *Stern* wiedergegebene Satz zugeschrieben: »Strauß ist out, jetzt ist er besoffen.« Andererseits ließ sich Heubl bei offiziellen Anlässen in der Würdigung des Großen Vorsitzenden von niemandem übertreffen. Zum 60. Geburtstag von FJS 1975 wählte er folgende Worte: »Wir feiern die Stärke deiner Persönlichkeit, ihre Unwiederholbarkeit, Einmaligkeit, Besonderheit – einen Mann, auf den die Politiker der Welt schauen, wenn sie auf die CSU schauen. Denn alles wird bestimmt in der CSU, die du bist. Du bist ein Urtalent der Politik, ein Herkules der Geschichte.«

Im Mai 1976 kam es in einer Präsidiumssitzung der CSU zum

entscheidenden Zusammenstoß. Heubl, als Landesminister Mitglied des bayerischen Landtags, strebte in den Bundestag und beanspruchte auf der Landesliste einen Platz unter den ersten fünf Bewerbern, die namentlich aufgeführt werden. Strauß, der insgeheim glaubte, Heubl wolle ihm den CSU-Vorsitz streitig machen, weigerte sich. »Ich will meinen Namen nicht neben dem Heubls auf dem Stimmzettel sehen. Entweder er oder ich!«, schimpfte er. Zuvor hatte Strauß schon heftig mit Heubl gestritten und ihm alle echten und vermeintlichen Aussprüche und Missetaten der letzten Jahre vorgehalten. Friedrich Voss, damals Büroleiter von Strauß, schrieb unter Berufung auf Sitzungsteilnehmer in seinem Tagebuch *Den Kanzler im Visier*, der Parteivorsitzende habe Heubl angeschrien: »Mir reichts! Du dementierst jetzt zum 777. Mal Zitate von dir!« Andere Quellen berichteten, Strauß habe in der CSU den Befehl gegeben: »Schafft mir den Heubl vom Hals.«

Heubl sollte erst ab Platz sechs kandidieren dürfen, damit sein Name nicht auf dem Stimmzettel steht. Der Minister verließ beleidigt die Sitzung und wurde tagelang nicht mehr gesehen. Am 25. Juni war Parteitag in München, Strauß und seine Büchsenspanner konnten nicht ausschließen, dass Heubl Strauß den Vorsitz streitig machen und der jahrelange Zwist vor aller Augen ausbrechen würde. Was im Vorfeld jenes Parteitags geschah, sagt mehr über Strauß, über seinen Umgang mit Parteifreunden, über die Abgebrühtheit seiner Helfer und die politische Kultur in der CSU der siebziger Jahre aus als drei Dissertationen.

Der Parteitag hatte noch nicht begonnen, da war Heubl schon erledigt. In Parteikreisen kursierte ein rosa Hefter, in dem, vom Vorsitzenden instruiert, Helfer den ganzen Strauß-Hass gebündelt hatten. Details waren zum Auftakt des Parteitags in den Zeitungen zu lesen, Strauß selbst und seine Entourage hatten sie tüchtig gestreut. Auf Nachfrage bekamen die auf dem Parteitag akkreditierten Journalisten das Heubl-Dossier anstandslos zur freien Verwendung ausgehändigt.

Darin stand völlig wahrheitswidrig, dass der Minister Kontakte zum tschechoslowakischen Geheimdienst unterhalte und ein fauler Trunkenbold sei, der sich nach zwei Stunden Arbeit ermattet zum Gesundheitsschlaf niederlege, zu dem er von Mitarbeitern in Decken gehüllt werden müsse. Heubl paktiere in Bonn mit CDU und SPD und habe in betrunkenem Zustand Strauß aus der bayerischen Landesvertretung in Bonn werfen wollen, nachdem er zuerst dem bayerischen Sozialminister Fritz Pirkl untersagt habe, dort einen Empfang zu geben. »Nachdem H. fast alle Anwesenden aufs Ärgste beschimpft und beleidigt hatte, wurde er aus der Vertretung entfernt«, hieß es.

Seine Beamten, von denen einer, der spätere Präsident des Bayerischen Obersten Rechnungshofs, Walther Spaeth, ein Informant von Strauß war, klagten laut Dossier »sehr über seine Behandlung, wissen aber nicht, wie sie sich helfen sollen, und bitten deshalb händeringend um Verschwiegenheit. Sie sagen, auch die kleinste Menge Alkohol sei für H. eine enthemmende Plauderdroge und führe in einen Zustand, in dem er zu allem fähig sei, vor allem zu den unqualifiziertesten Aussagen.«

Alle Anti-Strauß-Zitate, die Heubl zugeschrieben wurden, sind in dem Sündenregister aufgeführt, auch ein Briefwechsel zwischen dem Delinquenten und dem Parteivorsitzenden ist enthalten. 34 Punkte umfasst die Anklage, der Hauptvorwurf lautet auf Illoyalität und Parteiverrat. Penibel ist vermerkt, wann sich Heubl wo mit wem getroffen und was er mit einzelnen Journalisten gegen Strauß angezettelt habe. 1000 Exemplare des Dossiers liegen auf dem Parteitag bereit, jeder Delegierte soll eines haben und jeder Journalist, der danach fragt. Man beschränkt sich aber dann darauf, nur rund vierzig ausgewählte CSU-Politiker mit der Schmähschrift zu versorgen. Stoiber gehörte damals noch nicht zu diesem erlesenen Kreis, aber die Kopierer auf dem Parteitagsgelände liefen heiß, und sicher war auch er, der an allem, was in der CSU lief, brennendes Interesse hatte, bald im Besitz eines Exemplars. Einer aus der Jungtürkengarde, die sich Strauß im Buch *Politik aus Bayern* angedient hatte, nämlich Gerold Tandler, war immerhin bereits Generalsekretär und sicher in die Attacke eingebunden.

Jeder halbwegs Eingeweihte hat damals geahnt, wer diese an stalinistische Schauprozesse erinnernde Aktion mit anschließender öffentlicher Hinrichtung angezettelt hatte: der Meister persönlich mithilfe seines Bonner Büroleiters Friedrich Voss. Wie wäre sonst jener legendäre neunseitige Brief in das Konvolut geraten, den Strauß am 28. Juni 1972 an Heubl geschrieben hat? Antwortbriefe Heubls waren mit der Paraphe von Strauß abgezeichnet, die Helfer bei der Aktion hatten sich mit Billigung von Strauß gar nicht erst die Mühe gemacht, die Herkunft der Papiere zu verschleiern.

Der Strauß-Brief gehört – unbeschadet seiner bösen Absicht – zu den Glanzstücken deutscher Politprosa. Harmlos näherte sich FJS seinem Opfer, indem er es auf einen Artikel ansprach, der in der Zeitung *Die Welt* erschienen war. Darin ging es um einen »Senkrechtstarter auf dem Bildschirm« – um Franz Heubl natürlich. »Ich habe dann diesen Artikel mit Aufmerksamkeit gelesen und bin über diese Bereicherung meines politischen Wissensstandes und Horizontes sehr froh«, schrieb Strauß. Heubl hatte sich beim Journalisten mit Bezug auf Strauß über einen gewissen Stillstand in seiner Karriere beklagt und das auf drei hervorstechende Charaktereigenschaften des »Altbayern« geschoben. Dazu zählen die Ober- und Niederbayern sowie die Oberpfälzer, während die Schwaben und die Franken eigene Stämme im weißblauen Verbund bilden. Strauß gehörte wie Heubl als Münchner natürlich zu den Altbayern, so wie auch Stoiber ein klassischer Altbayer ist, und die seien eben – so Heubl – »vital, brutal, sentimental«.

Strauß mokierte sich darüber, dass sich sein Stellvertreter als »Mann der Mitte« bezeichnet habe, ohne zu definieren, wo diese Mitte denn sei:

»Aber auch hier wird wenigstens eine Deutung gegeben, wenn schon eine Auskunft nicht möglich ist. Denn heute ist das nicht mehr Mitte, was früher Mitte war, eröffnet sich dem Leser als lichtvolle Interpretation.

Aber umso unklarer ist es ihm, ob der Mann, der nach Selbstzeugnis gemäß Wesen oder Selbstverständnis ganz sicher ein Mann der Mitte ist, nunmehr als Mann der alten Mitte oder als Mann der neuen Mitte angesehen werden muss. Als Mann der alten Mitte stünde er heute rechts, als Mann der neuen Mitte hätte er sich selbst mit dem beweglichen Koordinatensystem automatisch von der Stelle gerückt und wäre somit nach dem alten Koordinatensystem als Linker zu verstehen, aber nach dem neuen Koordinatensystem als Mann der Mitte.

Das Gleiche gilt natürlich für Franz Josef Strauß. Wenn er nach dem alten Koordinatensystem in der Mitte ist, dann ist er nach dem neuen Koordinatensystem, das sich links des alten Koordinatensystems etabliert hat, als jemand anzusehen, der als Reaktion auf die Linken sich nach rechts bewegt hat. Und somit verfügt die CSU über eine außergewöhnliche Reichhaltigkeit des politischen Sortiments in der Führung.«

Ein solches Schreiben vom Parteivorsitzenden entsprach in etwa der seidenen Schnur, die frühere Potentaten in Ungnade gefallenen Untergebenen zu schicken pflegten, damit sie sich von dieser Welt machten.

Dass es nicht bei der Übersendung im Januar 1972 blieb, was ja noch keine Affäre gewesen wäre, sondern das Schreiben viereinhalb Jahre später in einem mit weiteren Interna gespickten Dossier veröffentlicht wurde, lässt hinter der amüsanten, sarkastischen Diktion den Willen von Strauß zur politischen Vernichtung interner Widersacher deutlich werden.

Heubl freilich dachte nicht daran, sich still vom Acker zu machen. Er war ein geübter Stichler und Einfädler mit starkem Rückhalt in der CDU. Wurde es gefährlich, trat er einen Schritt zurück, meistens durch ein Totaldementi jener Äußerungen, die Strauß aufgebracht hatten, und lobte anschließend den Parteivorsitzenden überschwänglich.

Das alles und noch mehr konnten die Delegierten des Juni-Parteitags 1976, die Journalisten und in der Folge die Öffentlichkeit über Heubl lesen und hören. Protest gegen die Vorgehensweise ist in der CSU nicht laut geworden, natürlich auch nicht von Stoiber. Er hat damals den Anschauungsunterricht genutzt und, bereits vom Wunsch beseelt, näher an Strauß heranzurücken, gewusst, was ihn im Fall einer Beförderung erwartete.

Während sich Stoiber damals ostentativ zu Strauß bekannte, planten andere führende CSU-Politiker bereits ihre Flucht auf andere Posten. Dazu gehörten der erzkonservative bayerische Finanzminister Ludwig Huber, der schon 1962 als Vertreter des klerikalen, ultramontanen Flügels mit dem Parteivorsitzenden die Klingen gekreuzt hatte und ihn vordergründig wegen der *Spiegel*-Affäre, eigentlich aber wegen seiner im Kern antiklerikalen Haltung in der CSU entmachten wollte, und der honorige, CDUnahe Innenminister Bruno Merk. Sie zogen aus der Tatsache, dass Strauß die Bundestagswahl 1976 von vornherein wegen des Kandidaten Helmut Kohl verloren gegeben hatte, den richtigen Schluss. Strauß würde sich nach der Wahlniederlage grollend nach München zurückziehen und bald versuchen, mit dem Apparat der Staatskanzlei und der CSU-Landesleitung seine Kanzlerkandidatur für 1980 vorzubereiten. Als Abgeordnetem der Opposition fehlten Strauß die Möglichkeiten, sich zum Kandidaten zu entfalten.

Dazu musste er den amtierenden Ministerpräsidenten Alfons Goppel davon überzeugen, dass es besser wäre, wenn dieser seinen Stuhl freimache. Die »jungen Wilden« um Stoiber sollten ihn dabei unterstützen. Damit fiel ihnen die Rolle zu, die sie mit ihrem Buch schon angestrebt hatten: Sie sollten im Landtag weiterhin auf die Rechte der Parlamentarier pochen und durch vermeintlich innovative Anträge dafür sorgen, dass die Landesregierung als rückwärts gewandt dastand. Das ließ sich zusätzlich als selbstbewusstes, zur Kontrolle bereites Parlamentsverständnis verkaufen.

Unpopuläre Entscheidungen wie eine Gebietsreform, die Innenminister Merk auf den Weg gebracht hatte, durften intern durchaus problematisiert werden, zumal da sich aufgelöste Kreise und Gemeinden bitter bei Strauß beklagten. Goppel indes war nicht rückzugswillig, und man brauchte noch etwas Zeit. Ohne Aufsehen erregenden Putsch konnte der Wechsel erst nach der turnusmäßigen bayerischen Landtagswahl 1978 funktionieren. Stoibers Interessenlage war eindeutig: Selbst wenn er auf Distanz zu Strauß gegangen wäre – er stand am Anfang seiner Karriere, während Huber und Merk ihren Zenit überschritten hatten.

Für Stoiber war ein Wechsel von Strauß nach Bayern und dessen mögliche Kanzlerkandidatur 1980 eine große Chance, wie sie jeder grundlegende Wechsel in der Politik bietet. Zunächst würde Strauß Vertrauenspersonen in München brauchen, 1980, wenn er als Kanzler nach Bonn zöge, gäbe es erst recht Ämter über Ämter zu besetzen. Die Altgedienten, Ludwig Huber und Bruno Merk, dagegen wollten es sich nicht mehr antun, in einer Landesregierung unter Strauß zu dienen, zumal beide die Goppel-

Nachfolge durchaus für sich hätten beanspruchen können. Für beide fanden sich – noch mit Goppels Hilfe – auch schnell angenehme Plätzchen: Huber wurde für zehn Jahre Präsident der Bayerischen Landesbank, die zur Hälfte dem Freistaat und zur anderen Hälfte den Sparkassen in Bayern gehört; deren Präsident im Zentralverband »Bayerischer Sparkassen- und Giroverband« wurde Merk. Merk blieb skandalfrei, Huber nicht.

Voss, der langjährige Büroleiter von Strauß, der später als CSU-Bundestagsabgeordneter, parlamentarischer Staatssekretär im Bundesfinanzministerium und Vorstandsmitglied bei der Kreditanstalt für Wiederaufbau in Frankfurt reiche Ernte für seine Hand- und Spanndienste einfahren durfte, hat in seinem Buch im Jahr 2000 gebeichtet, der Verfasser der »Punktation«, wie er das Heubl-Dossier verniedlichend nannte, gewesen zu sein. Erst habe FJS-Ehefrau Marianne Strauß mächtig über Heubl geschimpft, dann habe Franz Josef Strauß ihm im Vorfeld des Parteitags an einem Samstag bei einem nächtlichen Gespräch auf dem Balkon seines Hauses am Tegernsee Heubls Sündenregister Punkt für Punkt erzählt und ihm anschließend aufgetragen, davon eine Niederschrift zu machen.

Das habe er noch in der gleichen Nacht besorgt und das Manuskript Strauß in den Briefkasten geworfen. Strauß sei begeistert gewesen und habe am Montag darauf seinem Büro Anweisung gegeben, das handgeschriebene Dossier in Maschinenschrift zu übertragen und mehrere Kopien anzufertigen. Eine Kopie habe Strauß in eine Vorstandssitzung der CDU/CSU-Fraktion mitgenommen, eine zweite habe er, Voss, dem Vorsitzenden der CSU-Landesgruppe, Richard Stücklen, aushändigen müssen. Strauß habe seine Kopie nicht mehr zurückgebracht. »Die habe ich doch Stücklen zum Lesen gegeben oder irgendwo vergessen und liegen gelassen«, habe ihm Strauß unschuldig erklärt. »Mir wird endgültig klar, dass er sie einem Journalisten gegeben hat, dass die Veröffentlichung und damit der Skandal vorprogrammiert ist. So ist es auch. Das Timing passt für den Parteitag. Daher war die Eile notwendig gewesen«, schreibt Voss, ein Düsseldorfer, der sich in der CSU nie großer Beliebtheit erfreute.

Das Konvolut war mit Originalbriefen und Kopien von Zeitungsberichten und Rundfunkkommentaren angereichert worden. Da von den 1000 Exemplaren nur etwa 100 zur Verteilung kamen, wurde der Rest laut Voss auf dem Dachboden einer Münchner Villa gelagert, wo sie auch heute noch liegen sollen. Der frühere Strauß-Hiwi versuchte, sich in seinem Buch reinzuwaschen. Das Dossier habe ja seine Wirkung getan, auch ohne dass man es derart massiv hätte zum Einsatz bringen müssen. Heubl kandidierte nicht gegen Strauß.

»Damit ist ein wichtiges parteipolitisches Ziel erreicht. FJS bleibt unangefochten Parteivorsitzender der CSU. Die Partei steht voll hinter ihm. Es gibt weder Flügelbildungen noch Flügelkämpfe. Die Partei bleibt eine geschlossene Kampftruppe. Offen bleibt jedoch die Frage, ob dieser zweifelsfreie Erfolg die Methode rechtfertigt, die angewendet worden ist. Ich habe mir diese Frage oft gestellt. Nach machiavellistischen Grundsätzen ist sie einwandfrei zu rechtfertigen. Wir sind freilich keine Machiavellisten, sondern christlich-soziale Demokraten«, schreibt Voss.

In einem Seminar habe er als Marburger Rechtsstudent in einer Arbeit über »Staatsräson« diese mit »Parteiräson« gleichgesetzt, erinnert sich Voss. Aber auch dieser Ansatz bleibe fragwürdig. Seine Rechtfertigung leitet der Strauß-Referent schließlich vom biblischen Prinzip »Aug um Aug, Zahn um Zahn« ab: »Bosheiten gegen FJS sind mit Bosheiten gegen Heubl erwidert worden. Und damit ist Ruhe. Aber ausgesprochen christlich, insbesondere im Sinne der Bergpredigt, ist es natürlich nicht. Diese Grundsätze jedoch vermögen die Politik ohnehin nicht zu regieren.«

Ohne Zweifel hätte sich Stoiber, wäre er damals schon an der Stelle von Voss gewesen, kein Deut anders verhalten. Etliche Aktionen, die er später als CSU-Generalsekretär und als Staatssekretär des Ministerpräsidenten Strauß in der Staatskanzlei verantwortet hat, beruhen auf genau dem rücksichtslosen Voss'schen Prinzip der Gleichsetzung von Staats- und Parteiinteressen und der Verballhornung des Bibelworts. Was nämlich bei Heubl ins Auge ging, hat Strauß nicht einen Zahn gekostet, und so war es auch immer bei seinen später von Stoiber unterstützen Rachefeldzügen. Besonders augenfällig wird das bei der Verfolgung von Beamten, die den Strauß'schen Meistbegünstigungsklauseln für

Spezis pflichtbewusst in die Quere gekommen waren. Sie wurden Opfer, Strauß ist nie etwas passiert.

Es war ein nahezu diktatorischer Ansatz: Was Strauß auch immer befahl, es war zu tun. Die späteren Ausreden folgten dem bekannten Muster: Man konnte sich Strauß nicht entziehen. Widerstand war zwecklos. Sonst hätten es andere gemacht. Man hat ja noch das Schlimmste verhindert und sich selbst niemals bereichert. Der immense geldwerte Vorteil einer politischen Karriere, die auf Vertuschen, Kuschen und, wenn es sein muss, auf Denunziation und der Mithilfe bei der Verfolgung Unschuldiger durch Behörden gründet, wird da leicht vergessen.

Heubl wurde übrigens noch weiter gedemütigt: Als die Wellen in der Öffentlichkeit wegen des Dossiers hochschlugen, sollte er es als »parteiinterne Materialsammlung« und als »Dokumentation« ausgeben, die auf seinen eigenen Wunsch zusammengestellt worden sei. Das immerhin dementierte der 2002 verstorbene CSU-Politiker damals. Statt die Partei, die so mit ihm umgegangen war, zu verlassen oder zumindest ihre undemokratische Grundstruktur zu thematisieren, gab er im Interview mit der *Augsburger Allgemeinen Zeitung* umgehend eine Unterwerfungserklärung ab:

»Mit dem Parteitag sind die Spannungen der letzten Woche eindeutig bereinigt. Jede Spekulation über künftige Spannungen oder Teilungen in der CSU haben keinerlei Grundlage. Es ist nach meiner Überzeugung das Verdienst von Franz Josef Strauß, in den 15 Jahren als Parteivorsitzender alle politischen Strömungen und alle politischen Kräfte zu einem gemeinsamen Wollen zusammengefasst und aus der CSU eine moderne Volkspartei gemacht zu haben. Unbestritten ist, dass der Parteivorsitzende von Anfang an die im Parteiprogramm der CSU herausgestellten Wesensmerkmale der Partei, nämlich sozial, liberal, konservativ, nach innen und außen am nachdrücklichsten vertritt.« Der Schauprozess war beendet, der Angeklagte durfte sich selbst verurteilen. Im bayerischen Landtag gab es noch ein Nachspiel. SPD und FDP beantragten einen Untersuchungsausschuss, um den »erschreckenden Einblick in die Innereien der CSU«, wie es SPD-Fraktionschef Volkmar Gabert nannte, zu vertiefen. Der Sozialdemokrat Jürgen Böddrich, der Heubl gewogen war, lenkte im Ausschuss die Untersuchung geschickt in Richtung einer Verteidigung des CSU-Politikers durch die Opposition gegen den »undemokratischen« Strauß und seine Hintermänner. Stoiber musste im Landtag miterleben, wie die CSU wochenlang vorgeführt wurde. Strauß verweigerte die Aussage und erteilte Voss auf dessen Wunsch keine Aussagegenehmigung. Vernehmungen von Heubl-Beamten ergaben keine Anhaltspunkte für Verfehlungen, der Bonner Amtsleiter des Ministers nannte die Anschuldigungen eine »glatte Lüge«.

Nur Heubls Mitarbeiter Walther Spaeth musste sich in einem Widerruf einer früheren Aussage dazu bekennen, dass er gegenüber Strauß »kritische Bemerkungen über das Wirken des Herrn Staatsministers für Bundesangelegenheiten« gemacht habe. Strauß brachte ihn später im Rechnungshof unter, wo Spaeth als Präsident der CSU-Regierung von Nutzen sein konnte. Ausnahmsweise waren sich CSU, SPD und FDP im Ausschuss einig: Die Vorwürfe gegen Heubl, sofern sie überhaupt relevant waren, hätten sich nicht bestätigt.

Heubl wollte auf seine alten Tage nicht mehr auf die Vorgänge von 1976 angesprochen werden. Seine bundespolitischen Ambitionen endeten in jenen Junitagen, im Strauß-Kabinett von 1978 war für ihn kein Platz mehr. Er durfte Präsident des bayerischen Landtags werden und hat dieses Amt durchaus mit Erfolg noch zwölf Jahre versehen. Eng wurde es für ihn noch einmal, als er 1982, aus Südostasien kommend, beim Schmuggeln von Schmuckstücken erwischt wurde. Die Sache ging glimpflich aus, er erstattete Selbstanzeige und zahlte die Einfuhrsteuern nach. Delikte dieser Art schadeten im Gegensatz zu Insubordination bei Strauß kaum. Er mokierte sich höchstens darüber, dass sich Heubl hatte erwischen lassen. Sogar im legendären »Franzens-Club« von FJS, einer Art mobilem Küchenkabinett, dessen Mitglieder aus Politik, Verwaltung und Wirtschaft sich auf Reisen amüsierten und die personellen und politischen Weichen für Bayern stellten, durfte Heubl wieder dabei sein. Warum eigentlich, wollte damals Franz Schönhuber, ebenfalls noch Mitglied im Club, ehe er wegen der Gründung der »Republikaner« verstoßen und von Strauß ein »Arschloch« genannt wurde, vom Clubchef wissen. »Mei, lass ihn doch, der richtet keinen Schaden mehr an, der ist erledigt«, hat Strauß laut Schönhuber geantwortet.

In den Franzens-Club ist Stoiber nie vorgedrungen, solch bumsfidele Männerrunden waren auch nichts für ihn. Er galt laut Schönhuber in diesem Kreis als »humorlos und von finsterer Art«. Strauß habe dieser Einschätzung nie ausdrücklich widersprochen, sondern in Stoiber eine Art »Hausmeister« gesehen, der bei seinen zahlreichen Reisen in München für Ordnung zu sorgen hatte. Stoiber wird nicht allzu betrübt gewesen sein, dass ihm der Club verschlossen blieb. Was diese Leute wussten, erfuhr er als Generalsekretär und Leiter der Staatskanzlei allemal, und was sie ausheckten, konnte er als engster Mitarbeiter von Strauß befördern oder verwerfen. Weshalb also kostbare Zeit mit Lustreisen verschwenden, Bars leersaufen, Frauen anbaggern und bei Sonnenuntergang an der spanischen Küste deutsch-nationale Lieder grölen, wie es Strauß mit seinen Kumpanen tat?

Finanzier war meistens der Strauß-Freund und Hühnerbrater Friedrich Jahn. »Wenn man morgens am Hoteltresen seine Rechnung begleichen wollte, war alles schon erledigt«, erinnert sich Franz Schönhuber. Jahn, genannt Fritz, hätte wegen seines nicht auf Franz lautenden Vornamens eigentlich nicht Clubmitglied sein dürfen. Beim Chef der Wienerwald-Kette, den Strauß gerne als seinen »Bundesgeflügeladjutanten« bezeichnete, wurde, solange er zahlungsfähig und -willig war, eine Ausnahme gemacht.

Jahn konnte damals die Franzens-Club-Tourneen locker sponsern, denn bei der bayerischen Finanzverwaltung sparte er ein Vielfaches ein. Auch er beherzigte das Zwick-Motto der Direktabführung eines Bruchteils der Steuerschuld an die CSU und glaubte, damit genug gezahlt zu haben. Als sein unterfinanzierter Konzern unter Hinterlassung von einer halben Milliarde Mark Schulden zusammenkrachte, war es natürlich aus mit dem Franzens-Club. Ab und zu hat Jahn später gesagt, er brauche sich ja nur in München auf den Marienplatz zu stellen und mit seinem österreichischen Charme ein paar Couplets über die damalige Zeit zu singen. Er hat es dann doch nicht getan und war froh, bei seinen bescheidenen Versuchen, wirtschaftlich wieder Fuß zu fassen, in Ruhe gelassen zu werden.

Jahns offensichtliche Begünstigung durch den Fiskus war Stoiber wohl bekannt, die Affären und Untersuchungsausschüsse über die bayerische Art, CSU-Gönner über Steuernachlässe zu refinanzieren, zogen sich bis in seine Amtszeit als Ministerpräsident hin. Erst 1999 wurde der Aufdecker der Steueraffären, Regierungsdirektor Wilhelm Schlötterer, ein exzellenter Steuerexperte des bayerischen Finanzministeriums, halbwegs rehabilitiert. Er hatte bereits 1977 als Chef der zentralen Steuerfahndung dem bayerischen Landtag über die Machenschaften zugunsten prominenter Steuerverweigerer wie Jahn, Franz Beckenbauer und anderer berichtet und wurde dafür 22 Jahre im Ministerium völlig isoliert. Auch Stoiber, von Schlötterer immer wieder eingeschaltet, hat zum Gelingen dieses Langzeit-Racheakts jahrelang beigetragen.

Beim Franzens-Club abseits gestanden zu sein und bei Straußens Spießgesellen als ungeselliges Arbeitstier gegolten zu haben, hat Stoiber nicht weiter gekränkt. In seiner späteren Waschzwang- und Saubermannphase hat es durchaus seinen Vorteil gehabt, den Kopf und andere Körperteile doch nicht überall hingehalten zu haben. Da macht es schon mehr her, stattdessen im bigotten Gegenstück dieser Bayernloge, dem »Katholischen Männerverein Tuntenhausen« aktiv zu sein. Dieses Bollwerk gegen Antichrist und Niedergang der öffentlichen Moral war 1945 vom militanten Katholiken, CSU-Mitbegründer und frühen Strauß-Widersacher Alois Hundhammer errichtet worden.

Stoibers früher Förderer Max Streibl, auch nicht gerade ein glühender Fan von Strauß – was sich einmal darin äußerte, dass er wutentbrannt zu ihm sagte: »Du bist das größte Arschloch, das ich kenne« – hatte Hundhammers Vermächtnis fortgeführt. Der Männerverein steht historisch für das Verbot von Lippenstift, zweiteiligem Badeanzug und Antibabypille und hat sich dem Zeitgeist nur unwesentlich geöffnet. Heute geht es gegen Abtreibung, schändliche Darstellungen im Fernsehen, Genforschung und mangelnden Respekt der Kinder vor den Erwachsenen. Seinen Namen hat der Männerverein vom Wallfahrtsort Tuntenhausen bei Bad Aibling in Oberbayern, wo es in der Basilika Unserer Lieben Frau alle Jahre einen Festgottesdienst gibt. Bei der anschließenden Kundgebung wird dann das katholische Glaubensleben vertieft, unter anderem auch durch Ansprachen von Edmund Stoiber.

6 Der Traum von der vierten Partei

Nur sechs Mandate fehlen der Union am Wahlabend 1976 zur Macht. Helmut Kohl erreicht mit fast 49 Prozent ein Ergebnis, mit dem kaum einer gerechnet hat. »Knapp verloren ist auch verloren«, sagt Strauß und zürnt. Die CDU hat 190 Mandate erzielt, mit 53 Mandaten hat Bayern aber einen ausgezeichneten Beitrag zum Unionsergebnis geleistet – ein Beweis für den CSU-Vorsitzenden und seine Anhänger, dass er die sechs fehlenden Mandate zur absoluten Mehrheit geholt hätte. Doch wie man das Ergebnis auch dreht und wendet, es hilft nichts. Es reicht nicht zum Regieren – da die Union keinen Koalitionspartner hat. Die FDP bleibt an der Seite von Helmut Schmidt, der den zurückgetretenen Willy Brandt abgelöst hat.

Den Sieg haben nach CSU-Lesart nur die Zauderer und Zögerer in der Union verspielt, die Kohl statt Strauß gerufen haben und dem Bayern bei seiner Brachialopposition nicht folgen wollten, »die politischen Pygmäen der CDU, die nur um ihre Wahlkreise bangen, diese Zwerge im Westentaschenformat, diese Reclam-Ausgabe von Politikern«, wie Strauß bald in seiner berüchtigten »Wienerwald-Rede« vor der Jungen Union der CSU lästern wird. Wieder einmal ist in der CSU niemand da, der die Wut des Chefs in positive politische Energie umzuwandeln hilft.

Gleich in der Wahlnacht polterte Strauß los, und die Illustrierte *Quick*, die es damals noch gab und die es stets gut mit Strauß meinte, schrieb mit: »Wenn es anderswo weiterhin so aufgeblasene Arschlöcher gibt, die nicht in der Lage sind, Wahlkampf zu führen, dann werden wir auf dreißig Jahre hinaus keine Mehrheit mehr bekommen ... Die Kameraden da oben, diese Nordlichter, haben doch versagt. In Niedersachsen, in Hamburg in Schleswig-Holstein ... zum Teil auch in Rheinland-Pfalz und dann noch in Saarbrücken.«

Kein Gerold Tandler, kein Friedrich Zimmermann, kein Stoiber, der ohnehin noch nicht nahe genug dran ist, kann oder will Strauß bremsen. Wer an ihn herankommt, bestärkt ihn noch und macht ihn damit umso wütender. Der Rest der Münchner Fraktion, die jetzt weiß, dass Strauß auf alle Fälle in absehbarer Zeit seine Zelte in Bayern aufschlagen wird, hofft insgeheim, der Vorsitzende werde sich so aufführen, dass er auch nicht mehr als Ministerpräsident in Frage kommt oder die Lust an der Politik ganz verliert. Das war eine Selbsttäuschung. Was hätte Strauß auch sonst machen sollen? Als Altphilologe oder Airbus-Manager arbeiten? Eher schon als Lobbyist wie seine Freunde Dieter Holzer und Karlheinz Schreiber oder als Professor für destruktive Rhetorik.

Mit einer vierten Partei, so denkt Strauß wieder einmal, wäre das nicht passiert. Eine Dependance der CSU in den anderen Bundesländern oder die CSU selbst bundesweit ausgedehnt: Das ist ein alter Traum von ihm. Dass die CDU in diesem Fall sofort nach Bayern einmarschieren und die CSU mit Sicherheit der absoluten Mehrheit berauben würde, verdrängt Strauß meistens. Man braucht sich nur die Handbücher des Bundestags und des bayerischen Landtags vorzunehmen und kursorisch die Abgeordneten von damals in Kern-CSUler und in CDU-Nahestehende einzuteilen, und man kommt auf ein Potenzial von mindestens 25 Prozent für die CDU, dem nur wenige CDU-Dissidenten gegenüberstehen, die von der CDU stante pede zur CSU wechseln würden. Dazu ist das »Unternehmen vierte Partei« viel zu ungewiss. Stoiber und seine Musketiere aus der Fraktion wären natürlich dabei mit Ausnahme vielleicht des Münchner Abgeordneten Kurt Faltlhauser, der es sich irgendwann mit Strauß verdorben hat. Als dieser dann bayerischer Ministerpräsident wurde, floh er vor ihm in den Bundestag.

Der Arm der CDU würde bis in das bayerische Kabinett von 1976 hineinreichen: Die Minister Bruno Merk (Inneres), Hans Maier (Kultus), Anton Jaumann (Wirtschaft), Franz Heubl (Bundesangelegenheiten) und Hans Eisenmann (Landwirtschaft) kann man sich neben etlichen Staatssekretären, die in Bayern Kabinettsrang haben, auch bei einer bayerischen CDU vorstellen. Besonders in Franken hat Helmut Kohl großen Anhang, auch die an Württemberg grenzenden Schwaben sind der CSU nicht unbedingt sicher. Altbayern ist dagegen eine CSU-Bastion, und da sich Strauß, wenn er nicht in Bonn oder im Ausland ist, überwiegend dort aufhält, hat sich bei ihm der Eindruck festgesetzt, die CSU wäre auch bei einer Ausdehnung ungefährdet. Trotzdem ist und bleibt die Ausweitung für ihn ein heißes Eisen, das er nur mit der Zange anfasst und hin und her wendet. Geschmiedet wird dann doch nicht. In entscheidenden Situationen ist Strauß häufig ein Cunctator gewesen, einem aufbrausenden Stammtischbruder gleich, der dem anderen Schläge androht und, wenn der andere Anstalten macht zurückzuhauen, schnell erklärt, die Sache sei für ihn erledigt.

Stoiber glaubte schon damals an die Chance der Ausdehnung der CSU, auf welche Weise auch immer. Er hat miterlebt, wie sein Idol Strauß nach dem Bekanntwerden der Sonthofener Rede in der CDU abgemeiert und zurückgesetzt worden ist, und er wird mit der CDU noch mehr erleben. Bis in die neunziger Jahre hinein hat er, zum Teil zusammen mit einem von Strauß geförderten Münchner Kommunalpolitiker und späteren Landesminister, diese Idee verfochten, die nach der deutschen Wiedervereinigung von 1990 noch einmal brandaktuell wurde. Der Mann heißt Peter Gauweiler, ist ein glänzender Redner und noch glänzenderer Selbstdarsteller, der sich wenig um Parteidisziplin kümmert, in der Münchner Schickeria verkehrt und Strauß mindestens genauso verehrt wie Stoiber. Gauweiler agiert am äußersten rechten Rand der CSU. Erst 1991, auf einer Krisensitzung in Irsee (Schwaben), wird es Helmut Kohl im Verein mit dem CSU-Vorsitzenden Theo Waigel gelingen, die »Ausweiter« Stoiber und Gauweiler endgültig zu unterwerfen.

Vor diesem Hintergrund berief die CSU-Landesgruppe in Bonn, also die Versammlung der CSU-Bundestagsabgeordneten, sechs Wochen nach der so knapp verlorenen Wahl für den 18. und 19. November 1976 eine Klausurtagung im neuen CSU-Bergdomizil Wildbad Kreuth ein. Es war die erste dieser Tagungen in dem idyllischen Landschloss weit hinten im Tegernseer Tal, das die Hanns-Seidel-Stiftung der CSU vom Adelshaus derer von Bayern erworben hatte. Vorher hatte die Landesgruppe ihre jährlichen Zusammenkünfte im Kloster Banz (Oberfranken) oder beim CSU-Bundestagsabgeordneten Fürst Fugger von Glött abgehalten. Dass an jenem Novemberwochenende ein Mythos entstehen sollte, ahnte kaum einer der Anreisenden. Die Wahl war verloren, die Stimmung war schlecht, die Konzepte, wie man weitermachen sollte, waren diffus.

Auch diese Tagung hat der Strauß-Vertraute Friedrich Voss, 1976 von seinem Chef mit einem CSU-Bundestagsmandat abgesichert, in seinem Buch ausführlich beschrieben. Darüber hinaus gibt es über deren Verlauf Berichte von den in die Debatte involvierten CSU-Politikern Fritz Zimmermann, der nach der Wahl von 1976 die Leitung der Landesgruppe übernommen hatte, und Richard Stücklen, Zimmermanns Vorgänger, der 1976 nur einer der Bundestagsvizepräsidenten geworden war, obwohl er es auf das Präsidentenamt abgesehen hatte. Dieses Amt musste er Karl Carstens von der CDU überlassen, da Franz Josef Strauß meinte, Stücklen sei auch so gut bedient.

Im Gegensatz zu Stücklen und Zimmermann hatte Voss als Parlamentsneuling noch kein großes Eigeninteresse an der weiteren Entwicklung; er war ein eindeutiger Parteigänger von Strauß. Da er schon früher als dessen Büroleiter mit der Aufgabe betraut war, Sitzungen stichwortartig festzuhalten, war er ein geübter Beobachter, weshalb seiner Schilderung dessen, was sich an diesen zwei Tagen hinter den Mauern des Kreuther Landsitzes ereignete, der Vorzug zu geben ist.

Klar scheint zu sein, und da widersprechen sich die Quellen nicht, dass ein Putsch gegen die CDU nicht von langer Hand vorbereitet worden war. Sonst wäre er wohl auch nicht so dilettantisch abgelaufen. Übereinstimmung herrscht auch, dass Strauß nach der Eröffnung der Tagung durch Fritz Zimmermann in einem Referat die Lage eher emotionslos schilderte. »Danach kommt jeder zu Wort, der sich meldet«, schreibt Voss, »und es melden sich alle redeberechtigten Anwesenden. Das Redemarathon dauert bis in die späten Abendstunden.« Voss, dem aus seiner vorherigen Tätigkeit die Einstellung nahezu aller CSU-Bundestagsabgeordneter zur vierten Partei geläufig ist, führt eine private Strichliste, auf der er das Pro und das Contra für eine Stärkung der Eigenständigkeit gegenüber der CDU verzeichnet. Er kommt zu einer klaren Mehrheit für die Trennung. Voss hatte richtig kalkuliert. Die Abstimmung darüber, ob in Bonn eine eigene Fraktion gebildet werden solle, endet mit 30:19 für die Befürworter. Zu den Gegnern der Aufkündigung einer gemeinsamen Unionsfraktion gehörte der spätere Parteivorsitzende und Kohl-Vertraute Theo Waigel. Die Strauß-Jünger der bayerischen

Landespolitiker sind in Kreuth durch den Generalsekretär Gerold Tandler vertreten, der zwar kein Stimm-, aber doch ein Rederecht hat.

Richard Stücklen berichtet in seinen Memoiren von 2001, im Gegensatz zur öffentlichen Wahrnehmung habe er in Kreuth nicht bedingungslos der Trennung das Wort geredet: »Der Fehler, der gemacht wurde, bestand darin, die Durchführung einer solchen Überlegung ohne Vorbereitung mit der eigenen Partei und mit der CDU-Führung abgestimmt zu haben. Ich habe vor der Beschlussfassung Folgendes festgestellt: Die CSU ist als Partei völlig unvorbereitet, sie wird kalt erwischt.« Daraufhin habe Strauß den neben ihm sitzenden Generalsekretär Tandler gefragt, wie er die Situation einschätze. Der habe geantwortet: »Das ziehen wir durch.« Dann sei sofort abgestimmt worden.

Niemand kommt noch an diesem Freitagabend auf die Idee, von der sich anbahnenden Entwicklung und dem Beschluss den CDU-Vorsitzenden Helmut Kohl zu unterrichten. Spätestens am Samstagmorgen, vor der Pressekonferenz zum Abschluss der Klausurtagung, hätte, wenn schon nicht Strauß selbst, so doch der neue Landesgruppenvorsitzende Zimmermann, der sich bereits als »Fraktionsvorsitzender« titulieren lässt, oder Generalsekretär Tandler Verbindung zu Kohl aufnehmen müssen. Das scheitert angeblich an den schlechten Telefonmöglichkeiten im noch nicht völlig renovierten Kreuther Konferenzgebäude. Strauß erteilt Voss am Samstagmorgen den Auftrag, den Verleger Axel Springer und den Chefredakteur der *Bild*-Zeitung, Peter Boenisch, zu instruieren.

Kohl ist trotzdem bald informiert, der Beschluss sickert am Samstagvormittag noch vor der offiziellen Mitteilung auf der Pressekonferenz durch. Dieser krasse Formfehler stärkte Kohls kategorische Abwehrposition gegen den CSU-Alleingang. Strauß hätte ja immerhin argumentieren können, die Union müsse sich nach der knappen Niederlage einer strategischen Diskussion stellen, wie sie künftig jene 1,2 Prozent zu holen gedenke, die ihr jetzt zur absoluten Mehrheit gefehlt hatten. Er hat aber mit Kohl nicht gesprochen, und der kann sagen, die CSU habe die Fraktionsgemeinschaft handstreichartig und hinterrücks aufgekündigt.

Der CDU-Vorsitzende ahnt sowieso, was Strauß vorschwebt: Ausdehnung der CSU auf zumindest einige aussichtsreiche Bundesländer wie Niedersachsen und Schleswig-Holstein, in denen die Union ihr Potenzial nicht richtig ausschöpfen kann, sowie eine Kanzlerkandidatur des CSU-Vorsitzenden bei der nächsten Bundestagswahl, nachdem dieser sich als Ministerpräsident des Freistaats Bayern noch weiter profiliert hat. Kohl weiß als gewiefter Taktiker aber auch, dass dem Kreuther Trennungsbeschluss schon bald der Katzenjammer folgen wird. Er braucht bloß glaubwürdig mit dem Einmarsch der CDU in Bayern zu drohen, um die CSU in die Knie zu zwingen, die bayerischen Mandatsträger schlottern zu lassen und seinem Kritiker Strauß einen weiteren schweren Stoß zu versetzen.

Die Rechnung ist ganz einfach: Kündigt die CSU das Unionsbündnis auf, wagt sie sich sogar über die weiß-blauen Landesgrenzen hinaus, wird die CDU unverzüglich in Bayern einmarschieren und mit dem Aufbau einer eigenen Organisation beginnen. Schon bei der Landtagswahl 1978, bei der Strauß sich das Votum als neuer bayerischer Ministerpräsident holen möchte, könnte die CDU in Bayern präsent sein. Damit wären auf einen Schlag viele Mandate der alteingesessenen CSU-Landtagsabgeordneten gefährdet.

In den Großstädten könnte der Zweikampf der Schwestern Sozialdemokraten nach vorn bringen, in der Schlussabrechnung könnte die CSU entscheidend dezimiert und um die absolute Mehrheit im Landtag gebracht werden. Dann würde sie erstmals seit 1957 einen Koalitionspartner akzeptieren und die Macht in Bayern teilen müssen, womöglich mit einer durch die Geschehnisse von 1976 immer noch aggressiven CDU. Nicht wenige CSU-Politiker würden zur CDU überlaufen, nicht wenige wertkonservative Bürger in Bayern, die das präpotente, auf den eigenen Vorteil bedachte Auftreten von Strauß und seinen Amigos zutiefst abstößt, weil diese ihr Beziehungsgeflecht wie Mehltau über das Land gelegt haben, wären über eine christlich-demokratische Alternative froh gewesen. Bei der Bundestagswahl 1980 würde sich die Situation für die CSU-Bewerber in Bayern nicht anders darstellen, und ob sich die Verluste in der eigenen Festung durch Erfolge außerhalb Bayerns egalisieren lassen würden, konnte keiner garantieren. Die Parteienforscher waren eher skeptisch.

Niemand in der CSU hat das vor dem Beschluss bedacht, geschweige denn rational analysiert, auch keiner von den »jungen Wilden« um Tandler und Stoiber. Niemand war willens oder in der Lage, Strauß aus seiner Selbstbeweinung herauszuholen und seinen politischen Instinkt wieder zu schärfen, der ihn damals aus Wehleidigkeit und Wut im Stich ließ. Kreuth I ist deshalb mitnichten ein Mythos, sondern eine der dunkelsten Stunden der CSU, die ihr den Zugriff auf die Macht im Bund bis ins Jahr 2002 verstellt und das Taktieren Stoibers bis zur Vergabe der Kanzlerkandidatur an ihn nachhaltig beeinflusst hat. In jenen Jahren hat er seine politische Sozialisation erlebt, ohne dass er schon frühzeitig Manns genug war, seine Partei vor gravierenden Fehlern zu bewahren.

Er kann zwar für sich in Anspruch nehmen, dass er erst seit 1971 CSU-Mitglied und seit 1974 in hervorgehobener Position für seine Partei tätig war und sich nicht frühzeitig aufspielen wollte. Es ist aber nicht überliefert, dass er damals in seiner Umgebung klar Stellung bezogen hätte, obwohl er sich eine klare Meinung gebildet hatte. Das Problem der Ausdehnung war ihm durchaus bewusst, die Lösung ordnete er aber wie sonst auch seinem politischen Stellenwert bei Strauß unter. Sein ausgeprägter analytischer Verstand hätte dazu führen können, dass sich sein im Zusammenhang mit der Bundestagswahl verfasster Beitrag in seinem Bewerbungsbuch *Politik aus Bayern* – und notabene »Politik für Strauß« – von 1976 nicht auf wohlfeile Thesen zur Grundsatzdiskussion in der Union beschränkte. Er hätte auch den Titel haben können: »Der Irrtum mit der vierten Partei«. Das hätte aber Strauß erzürnt und Stoibers Karriere in der CSU beendet. Also glaubte er lieber an die Ausdehnung, so fest, dass er bald selbst davon überzeugt war. Seine Lektion musste er 2001 und 2002 nachholen. Die Lehre aus dem Debakel der CSU von 1976, das sich mit der Bundestagswahl 1980 fortsetzte, lautet: Ohne enge Absprachen mit der CDU geht auf Bundesebene gar nichts, Alleingänge isolieren die CSU und ihre Kandidaten.

Nach den Vorgängen von Kreuth konnte Kohl sogar offen lassen, ob die CDU in Bayern automatisch Koalitionspartner der CSU sein müsse oder ob sie sich angesichts der Verschleißerscheinungen, die Strauß, aber auch die Landespolitik der CSU in Bayern zeigte, nicht der SPD zuwenden könnte. Für einen solchen Umbruch standen damals CDU-Politiker wie Heiner Geißler, ein rotes Tuch für Strauß und Stoiber, der ebenso unbeliebte Kurt Biedenkopf und etliche andere. Kohl musste das nicht im November 1976 entscheiden, als ihm – vor der offiziellen Verständigung durch die CSU – die Kunde vom Kreuther Beschluss durch bayerische Vertraute hinterbracht worden war. Die Einmarsch-Drohung genügte, um in der CSU eine Panik auszulösen und den ruhmlosen Rückzug von Strauß einzuleiten.

»Die strammen Prophezeiungen, die gesamte CSU werde hinter ihrer Landesgruppe im Deutschen Bundestag und ihrem Beschluss stehen, sich aus der Fraktionsgemeinschaft mit der CDU zu lösen und in Zukunft eine eigene Fraktion zu bilden, erweisen sich als vollkommen falsch«, schreibt Friedrich Voss in seinem Tagebuch. »In der CSU begrüßen nur diejenigen diesen Beschluss, die des strategischen Denkens fähig sind und keine Nachteile persönlicher oder sonstiger Art für sich erwarten. Alle anderen sind dagegen. Leider ist dies die größere, lautstärkere und durchsetzungsfähigere Gruppe. Gegen Betroffenheit sind rationale strategische Argumente wirkungslos. Im gesamten Parteigefüge brodelt es mächtig. Die Gruppe der Contras steht den Befürwortern immer unversöhnlicher gegenüber. Wo Pro und Contra aufeinander treffen, kommt es zu offenen Feindschaften«, hält Voss fest.

Die Front der Ablehner zeigt auf einer gemeinsamen Sitzung aller CSU-Kreisvorsitzenden Flagge, und auch in der Jungen Union, die der Stoiber-Freund Otto Wiesheu führt, regt sich Widerstand. Vor allem wird dort die Forderung nach einem Sonderparteitag der CSU unterstützt, auf der der Kreuther Beschluss debattiert werden soll. Der Zorn von Strauß auf die eigenen Leute wächst. In dem Maß, in dem sie ihn attackieren, schwächen sie seine Position gegenüber der CDU. Kohl bleibt kompromisslos. Strauß ist bereit, mit dem Vorstand der Jungen Union zu sprechen. Am Morgen vor dem Treffen in der Zentrale des Wienerwald-Konzerns in München – eine Woche nach dem Kreuther Beschluss – habe Strauß mit ihm telefoniert, berichtet

Voss. Sein Zorn sei unüberhörbar gewesen, mehrfach habe er gesagt: »Denen werde ich es zeigen.«

Das tat er dann auch, und zwar auf eine Weise, die ähnlichen Schaden mit sich brachte wie die Sonthofener Rede. Strauß trifft schon leicht angeheitert in der Wienerwald-Zentrale ein und lässt sofort seinem Groll freien Lauf. »Wenn ich alles sagen würde, was ich weiß, dann kann die CDU/CSU einpacken, dann brauchen wir die nächsten zehn Jahre zu keiner Wahl mehr anzutreten. Und wenn man mir das nicht glaubt, dann sucht euch einen besseren Parteivorsitzenden ... Wenn das ein Haufen wäre, und wir in der CSU sind doch heute die Hoffnung von Millionen außerhalb Bayerns, und dann streitet man und rauft man herum in Resolutionen, ich hätte beinahe gesagt vom sozialpolitischen Arbeitskreis des Ortsverbands Tipfelhuberhausen, ob das, was die Landesgruppe beschlossen hat, richtig ist oder nicht richtig. Lernen S' doch endlich mal wieder, die Kleiderordnung zu erkennen, Größenordnungen zu unterscheiden ...Wenn jetzt endlich mal das Maß an Disziplin einkehrt, dass man begreift, dass die Einheit nur mit mir und gegen mich die Spaltung unwiderruflich ist. Es ist nicht mein vorletztes Wort, es ist mein letztes Wort«, sagt Strauß zu den völlig eingeschüchterten Jung-Unionisten.

Den CDU-Vorsitzenden Kohl und seine Partei vergleicht Strauß mit einem Rentner, der mit fünf Dackeln unterwegs ist, von denen jeder etwas anderes macht. »Wenn ein Rentner mit fünf Dackeln spazieren geht, der eine hebt's Bein, der andere läuft dem Wurstzipfel nach, der dritte verschwindet in der Kantine, der vierte legt sich im Straßengraben schlafen und der fünfte jault durch die Gegend. Und wenn man ihn dann fragt: ›Ja, was ist denn da los‹, sagt er: ›Ja, das ist mein Führungsstil.‹« Außerdem prophezeit Strauß, durch den Alkohol beim Satzbau schon etwas beeinträchtigt: »Ich halte Herrn Kohl, den ich nur im Wissen, den ich trotz meines Wissens um seine Unzulänglichkeit um des Friedens willen als Kanzlerkandidat unterstützt habe, wird nie Kanzler werden. Er ist total unfähig, ihm fehlen die charakterlichen, die geistigen und die politischen Voraussetzungen. Ihm fehlt alles dafür. Aber man kann unter Umständen mit jedem regieren. Aber nicht mehr in dem Zustand. Das Kapitel ist mit dem 3. Oktober abgemeldet.«

Und weiter gehts: »Und dieselben Kerle, die in der CDU die Anpassung an die Ostverträge propagiert haben, à la Leisler Kiep, werden dann sagen, jetzt müssen wir uns anpassen an die unaufhaltsame Entwicklung. Und wer immer – ich weiß, dass man hier wie ein Herkules beinahe den Weltball auf den Schultern trägt – sich dagegen wendet, der muss dann tausende Stunden diskutieren, warum ein Ausbruchsversuch aus dieser Pygmäen-Ideologie, aus dieser Zwergen-Mentalität dann nicht verbrecherisch ist, nicht eine Sünde an der Gemeinschaft ist.«

Wie schon die Brandrede von Sonthofen ist auch die Wienerwald-Rede eine Art exhibitionistische Vorstellung. Sie findet wieder ihren Weg an die Öffentlichkeit. Diesmal geht es noch schneller, ein Mitschnitt muß den *Spiegel* unmittelbar nach der Veranstaltung in der Wienerwald-Zentrale erreicht haben. Die Redaktion schätzt den Gehalt sofort richtig ein, schon am 29. November wird die Rede gedruckt. Einer der Teilnehmer an der Schimpfkanonade von Strauß hat offenbar in einer Aktentasche ein Band mitlaufen lassen und dann das Magazin bedient. Später gibt es sogar eine Tonkassette, die der Münchner Sozialdemokrat Jürgen Heckel als »Dokument der Zeitgeschichte« veröffentlicht. Wie schon bei der Sonthofener Rede macht Strauß geltend, sein Beitrag in der Wienerwald-Zentrale sei nicht komplett abgedruckt und deshalb verfälscht. Wer das Band gehört hat, weiß, dass das eine windige Ausrede ist.

Heckel fällt den Häschern von Strauß in die Hände, für den um diese Zeit mehrere Staatsanwälte von der Schülerzeitung bis zum Boulevardblatt alles filzen, was Beleidigungen oder sonstige Schandtaten gegen den CSU-Vorsitzenden enthalten könnte. Anschließend wird Strauß gefragt, ob er Ermittlungen wünsche, und wenn er ja sagt, wird fleißig abgestraft. Heckel soll sich durch die Veröffentlichung des Tondokuments der »Verletzung der Vertraulichkeit des Worts« schuldig gemacht haben und muss 5000 Mark Buße zahlen. Opposition in Bayern war schon immer teurer als anderswo. Die Strauß-Geschichten aus dem Wienerwald sind noch heute ein gern gehörter Party-Gag.

Es kam zu einer weiteren Krisensitzung, diesmal im Münchner Maximilianeum, dem Sitz des bayerischen Landtags, wo sich Strauß und die Landesgruppe mit der Landtagsfraktion trafen.

Wieder ging es hoch her, Voss berichtet, dass Befürworter und Gegner wie »undisziplinierte Heerhaufen« aufeinander geprallt seien und er als friedlicher Mensch fast in eine Prügelei mit Erich Kiesl, dem aus Niederbayern stammenden, aber in München gewählten und dort auch der CSU vorsitzenden Landtagsabgeordneten und Staatssekretär im bayerischen Innenministerium geraten wäre. Kiesl, wegen seiner Vorliebe für Hubschrauber-Flüge »Propeller-Erich« genannt, war als Großstadt-Abgeordneter ein militanter Gegner des Abgrenzungsexperiments und führte in der Landtagsfraktion die Front der Rebellen gegen Strauß an. Auch er fand später keinen Platz mehr im bayerischen Strauß-Kabinett und musste in der SPD-Hochburg München als Oberbürgermeister antreten. Zu aller Überraschung gewann er, weil die SPD tief zerstritten war. Er schaffte aber nur eine Amtszeit. Später ließ er sich als Rechtsanwalt in dunkle Immobiliengeschäfte ein und musste seine Karriere unrühmlich beenden.

In München wird nämlich klar, dass der Kreuther Beschluss in der CSU nicht durchsetzbar ist. Von Stoiber, der der CSU-Landtagsfraktion angehört, ist kein in der Erinnerung bleibender Redebeitrag überliefert. Womöglich hat er, obwohl eindeutig auf Strauß-Linie, abgewartet, auf welche Seite sich die Waage senkt. Um die Niederlage zu kaschieren, wird der Kreuther Beschluss nicht einfach zurückgenommen, sondern durch einen neuen Fraktionsvertrag zwischen CDU und CSU für erledigt erklärt. Die parlamentarischen Mitwirkungsrechte der CSU werden der Kosmetik halber etwas verstärkt, außerdem bekommt die Landesgruppe etwas mehr Geld für ihre parlamentarischen Aktivitäten. Aber es gibt nichts herumzudeuteln: Ein weiteres Mal ist Strauß mit seiner von Jähzorn wie auch von Zaghaftigkeit wirkungslos gemachten Taktik bei Kohl böse aufgelaufen. Freunde wurden die beiden nicht mehr.

Obwohl Theo Waigel zu den besonnenen, fairen Gegnern der Trennung gehörte, bleibt sein Verhältnis zu Strauß distanziert und auch zwischen ihm und Stoiber verläuft seit dieser Zeit eine klare Trennungslinie. Zwischen Stücklen und Strauß ist der Ofen auch aus, aber das kann der CSU-Vorsitzende leicht verschmerzen. Sogar der langjährige getreue Eckart von Strauß, Fritz Zimmermann, muss sich den Argwohn des Vorsitzenden gefallen lassen. Hat er Strauß in diesen Beschluss gejagt und sogar insgeheim mit Kohl paktiert, um nach dem Abzug von Strauß nach Bayern in Bonn gut dazustehen?

7 Dieter Huber ist verschwunden

Immer wenn Strauß am Boden ist, kehrt er Deutschland den Rücken und begibt sich auf Reisen. Von den Tiefschlägen des Jahres 1976 erholt er sich beim Rassisten-Regime in Südafrika und im damaligen Rhodesien. Da er schon einmal in Afrika ist, schaut er auch in Zaire und Togo nach dem Rechten, wo seine Bekannten aus Rosenheim, die Fleischbarone Gebrüder März, Farmen und Fabriken besitzen. In Togo hat die CSU mit ihrer Hanns-Seidel-Stiftung alles im Griff, die Einhaltung der Menschenrechte ist zweitrangig. Hauptsache, die März-Geschäfte funktionieren, das dürfte auch nicht zum Schaden von Strauß selbst und der CSU gewesen sein.

Ähnlich intensiv wie in Togo hat sich Strauß später in der bayerischen Staatskanzlei um die lukrativen Geschäfte der Gebrüder März mit der DDR gekümmert, was seinem Staatssekretär Edmund Stoiber natürlich nicht entgangen ist. Dass dadurch den bayerischen Bauern großer Schaden entstand, weil sie mit den durch den Interzonenhandel auch noch subventionierten Fleischpreisen der DDR nicht konkurrieren konnten, war Strauß und Stoiber egal.

Am 13. Februar 1978 kommt es in der CSU zu einem dramatischen Zwischenfall. Der Auslandsreferent von Franz Josef Strauß, Dieter Huber, wegen seiner exzellenten Beziehungen zu China auch »Peking-Huber« genannt, verschwindet auf mysteriöse Weise spurlos. Tags darauf erreicht das Münchner Büro der Deutschen Presse-Agentur ein Brief, der nur zwei mit einer Prägemaschine gestanzte Sätze enthält: »Wir haben den Auslandsreferenten von Franz Josef Strauß entführt. Jetzt kann Strauß zeigen, wie viel ihm die Freiheit und ein menschliches Leben wert sind.« Der vermeintliche Entführungsfall erregt größtes Aufsehen.

Zwei Tage später, in der Nacht zum 15. Februar, ist Huber wieder da. Er ruft von einer Notrufsäule an einer Autobahn bei München die Polizei an. Nachdem er abgeholt worden ist, sagt er aus, er sei in der Tiefgarage seines Wohnhauses entführt worden, als er frühmorgens seinen Hund habe ausführen wollen. Maskierte hätten ihn in einem VW-Bus stundenlang herumgefahren und »verhört«, vor allem über seine Tätigkeit für Strauß. Sie hätten sich insbesondere für die Nahost-Aktivitäten von Strauß interessiert. Das würde, glaubt man Hubers Version, für eine Entführung durch den israelischen Geheimdienst Mossad sprechen; Strauß ist ein Befürworter unbeschränkter Waffenlieferungen an Saudi-Arabien. Strauß ist der Traum der Rüstungsindustrie: Belieferung aller Spannungsgebiete, Hochrüstung rund um die Welt. »Leopard II« für die Saudis, die notwendigen Abwehrraketen für die Zerstörung an die Israelis. Als die Bewacher im Laderaum des Kombis einmal kurz eingenickt seien, habe er aus dem Auto springen und fliehen können, berichtet Huber weiter. Seine Aussagen stoßen allenthalben auf Misstrauen. Die CSU lanciert, der Auslandsreferent von Strauß habe sich möglicherweise selbst entführt, aus welchen Gründen auch immer. Der Polizeireporter der *Süddeutschen Zeitung*, Johann Freudenreich, ein unbeeinflussbarer Journalist mit besten Beziehungen zur Kripo, kommt nach genauem Studium der Akten zum gleichen Ergebnis. An Hubers Kleidung werden nämlich Ziegenhaare gefunden, deren Herkunft mit den Aussagen des CSU-Referenten nicht in Einklang zu bringen ist. Von einem Aufenthalt in einem Stall hat Huber bei seiner Aussage nichts erwähnt, aber vielleicht sind in dem Transporter vorher Ziegen befördert worden.

Allerdings bringt sich die CSU selbst in ein ungünstiges Licht, weil sie Huber vor Polizei und Staatsanwaltschaft abschirmt und den Geheimnisträger in den Bergen südlich von München versteckt, ob aus Fürsorge oder aus Angst vor den Ermittlungen ist nicht klar. Die Staatsanwaltschaft legt den Fall als ungelöst zu den Akten. Huber überwirft sich mit der CSU und taucht nach Schweden ab. Vorher wird er aber noch ein Fall für den bayerischen Staatsschutz. Dort hat sich, eingekauft vom früheren Kultusminister Ludwig Huber, ein merkwürdiger Geselle etabliert. Angeblich gegen den Widerstand von Strauß ist der erstklassige Agent des Bundesnachrichtendienstes mit dem Decknamen »Lückrath«, Hans Langemann, von Huber eingekauft worden, um die Sicherheit der Olympischen Spiele, die 1972 in München stattfanden, zu gewährleisten. Mit welchem Erfolg, ist bekannt.

Das Treffen der Sportler aus aller Welt wird von palästinensischen Extremisten zu einem blutigen Terroranschlag mit Geiselnahme gegen israelische Sportler missbraucht. Die deutschen Sicherheitsbehörden und die Politiker geben bei der Befreiung der Geiseln ein inferiores Bild ab, und vom Sicherheitsbeauftragten Hans Langemann ist überhaupt nichts zu sehen.

Trotzdem kann sich der BND-Agent auf Dauer im bayerischen Staatsdienst als Ministerialdirigent und geheimnisumwitterter Chef der Abteilung I F im Innenministerium festsetzen und ist bald damit beschäftigt, die bundespolitischen Ambitionen von Franz Josef Strauß geheimdienstlich abzusichern. Im Fall des Strauß-Freundes Eduard Zwick, der 1976 mit seinem Weinstuben-Auftritt angeblich die Wachsamkeit des Sicherheitsapparats testen wollte, indem er sich als Kommunist im Umfeld von Strauß ausgab, hat Langemann schon auf sich aufmerksam gemacht, wenn auch nicht in der von ihm erhofften Weise. Er hat beim CSU-Vorsitzenden einiges gutzumachen.

Der Strauß-Referent Dieter Huber, so hat Langemann mit seinen nach wie vor noch funktionierenden Quellen aus der BND-Zeit ermittelt, habe sich nach der Entführung mit einem früheren Undercoveragent des Bundeskriminalamts, Frank Heigl, der inzwischen in der Medienbranche als Nachrichtenhändler arbeite, zusammengetan, um Strauß und die CSU »fertigzumachen«. In einer »streng vertraulichen« Notiz an den CSU-Politiker Gerold Tandler über Dieter Huber und Gespräche mit *Spiegel*-Redakteuren lieferte Langemann der CSU das, was er für die Hintergründe der Huber-Entführung hielt, und scheute nicht davor zurück, den *Spiegel* zu verdächtigen, Huber zu einer Selbstentführung überredet zu haben.

In dem Vermerk vom 24. September 1980 heißt es – zum Teil in distanziertem Konjunktiv:

»Huber unterhielt bereits während seiner Tätigkeit für H. MPr. [Herrn Ministerpräsident Strauß – der Autor] informationsgebundene Kontakte zum *Spiegel*. Nach seinem spektakulären Weggang hatte er die Absicht, ein Buch über seine ›brisanten FJS-Einblicke‹ zu schreiben und dessen Vorabdruck als *Spiegel*-Serie zu vermarkten. Sicherheitshalber wollte er das nicht allein machen, sondern wandte sich an Heigl … Huber habe sich eines ›grandiosen‹ Sachwissens der kompromittierendsten und decouvrierendsten Art gerühmt, insbesondere zu dem Thema Waffenhandel und Finanzmanipulationen (einschließlich Bestechungen und dubioser Kontenbewegungen), worin H. MPr. oder, mit seiner Billigung, HSS [Hanns-Seidel-Stiftung der CSU – der Autor] oder ›seine Freunde‹ verwickelt seien. Togo, Zaire, Uganda stünden dabei u. a. in Frage.

Huber habe geprahlt, jeden Beweis erbringen zu können. Er habe weiters behauptet, Teile von HSS arbeiteten rein geheimdienstlich, wozu er auf HSS-Aktivitäten in Portugal, Spanien, Frankreich, Ägypten und Südamerika, sogar in Hongkong und Manila verwiesen habe. Einer der Köpfe der geheimen Aktivitäten des H. Mpr. in Afrika sei neben Walter Schöll dessen Partner W., insbesondere und wiederum mit Schwerpunkt ›Waffenhandel‹.

Der *Spiegel* (Dirk Koch) habe die Huber-Story geschluckt und Huber für (sage und schreibe!) DM 280 000 eingekauft und diese Summe auch gezahlt. Bei diesem Sachstand habe sich Ferenczy [Josef von Ferenczy, Presseagent, bei dem Huber-Partner Heigl unter Vertrag stand – der Autor] massiv eingeschaltet und Heigl aus dem Verkehr gezogen, soweit die Huber-Angelegenheit betroffen gewesen sei. Der *Spiegel* wiederum hätte ›zähneknirschend‹ (Geld weg) erkennen müssen, dass sich Hubers Erzählungen publizistisch in die Gestalt eines Windeis reduziert hätten und ohne zusätzliche, vom Ergebnis her aber höchst zweifelhafte, z.T. faktisch unmöglich erscheinende Nachrecherchen wertlos seien.

Huber habe sich zwar von Anfang an anheischig gemacht, ehemalige Mitarbeiterinnen anzulaufen und nach Zusatzerkenntnissen auszuforschen, indes erfolglos. Alles, was von seinem Bericht verwertbar geblieben sei, habe Eingang in den bekannten *Spiegel*-Artikel und später in den ›*Titanic*-Quatsch‹ gefunden. Er bastele zwar immer noch an seinem Buch, sei aber ›fix und fertig‹. Substanziell Neues sei von ihm nicht mehr zu erwarten …

Anmerkung: Dass Huber im ND-Sinn (KGB,MfS) feindgesteuert gewesen ist, konnte nicht einmal indiziell erhärtet werden.

Ich möchte es nach den mir zuteil gewordenen Intimschilderungen fast auch ausschließen. Vielmehr erscheint nunmehr die Annahme schlüssig, dass ihm die Entführungsversion von seinen *Spiegel*-Auftraggebern suggeriert worden ist, um durch den so erzeugten psychologischen Breitbandeffekt umso leichter ans ›Große Geld‹ zu kommen – und sie selber einen phantastischen Werbeeffekt hätten.

Am 3. September 1980 brachte mich Heigl unaufgefordert in St. Tropez mit dem Chefredakteur des *Spiegel,* Erich Böhme, zusammen. In seiner Begleitung fand sich der vorgenannte Dirk Koch. Anmerkung: Ich glaube mich erinnern zu sollen, Böhme gelegentlich der sog. *Spiegel*-Affäre flüchtig kennen gelernt zu haben, als ich im Auftrag Gehlens den die Aktion leitenden Oberstaatsanwalt in den beschlagnahmten Räumen der *Spiegel*-Redaktion aufsuchen musste.

In der Tat bewegte sich das bei einem Mittagessen stattfindende Gespräch auch alsbald um die *Spiegel*-Affäre. Böhme fragte u.a. unter Bezugnahme auf das damals noch unveröffentlichte neue Gehlen-Buch (›Verschluss-Sache‹), ob der BND nicht doch den *Spiegel* gewarnt habe, was Becker [vermutlich: Hans Detlev Becker, früherer Chefredakteur und Verlagschef beim *Spiegel* – der Autor] zunächst bejaht, später aber in Abrede gestellt habe, und, wenn ja, es das Ziel Gehlens hätte gewesen sein können, den damaligen BMVtg. [Bundesverteidigungsminister Strauß – der Autor] ›abzuschießen‹. Koch sagte, Beckers Engagement mit BND-Vizepräsident Worgitzky sei ›dichter‹ gewesen, als es den Anschein hätte.

Er fragte dann, wer der ›Haupt-V-Mann‹ des BND in der *Spiegel*-Redaktion gewesen sei und ob beispielsweise Conrad Ahlers vom BND 16 000 Mark erhalten habe. Also reichlich erstaunliche Dinge.

Diese Fragen habe ich offen gelassen. Als ›meine rein subjektive Meinung‹ habe ich allerdings gesagt, dass ich die gegen den damaligen BMVtg. gerichtete Abschuss-These in Kenntnis der damaligen Zusammenhänge ›für nicht gänzlich aus der Luft gegriffen‹ erachtete. Böhme sagte, das sei auch seine Meinung …«

So sah seinerzeit Staatsschutz auf bayerisch aus: Beschatten und Denunzieren von kritischen Journalisten, Schutz vor und Hilfe bei der Abwehr von gefährlichen Enthüllungen, deren Veröffentlichung zwar dem Staat als Gemeinwesen, nicht aber der CSU von Nutzen wäre. Später, als Langemann auf bizarre Weise hochging, werden Strauß, Gerold Tandler, Edmund Stoiber und andere CSU-Politiker, um ihre eigene Verwicklung zu vertuschen, den Ex-Agenten und »Staatsschutz«-Chef zum »psychiatrischen Fall« erklären, zum »Herrn mit dem Dachschaden«. Das ist eine Methode, die Strauß und seine Helfer Tandler und Stoiber öfter angewendet haben, wenn eine Geschichte aus dem Ruder gelaufen war.

Die Sache mit der Hanns-Seidel-Stiftung (HSS), die mit den jährlichen Millionen aus Bundes- und Landeszuschüssen zu einer Art CSU-internem Auslandsnachrichtendienst ausgebaut worden ist, hat Langemann in Vermerken dokumentiert. Er hatte den Stiftungsdirektor und Strauß-Vertrauten Siegfried Lengl, der wie Stoiber seine Karriere im bayerischen Umweltministerium begonnen hat und später CSU-Staatssekretär im Bundesministerium für Entwicklungshilfe wurde, darauf angesprochen, dass 1979 ein Mitarbeiter für das Regime von Idi Amin in Uganda Abhörgeräte aller Art beschaffen sollte. Wegen der Wirren im Land wurden die Gerätschaften aber nicht mehr nach Uganda geliefert. Sie sollen später dem Strauß-Freund Gnassingbe Eyadema, dem blutrünstigen Dikfator von Togo, überlassen worden sein. Von einem Spitzenbeamten des Innenministeriums bekam der in die Beschaffung bei der Firma Siemens und einer Münchner Spezialfirma für Wanzen und für Verschlüsselung von Nachrichten eingeschaltete Langemann die Zusage: »HSS wird das bezahlen.« Geldforderungen wurden an den leitenden HSS-Mitarbeiter Rainer Gepperth gerichtet und laut Langemann auch von der Stiftung beglichen.

Lengl distanzierte sich vordergründig gegenüber dem Staatsschutzchef sofort von dieser Art von Stiftungsarbeit. Die Hanns-Seidel-Stiftung führe »auch nicht im Entferntesten eine quasi nachrichtendienstliche Tätigkeit aus«, habe er ihm erklärt, schrieb Langemann auf. Als Beamter bürge er dafür, »dass durch die HSS nichts Unlauteres geschehe«, habe Lengl versichert. Der in die

»Beschaffungsangelegenheit Uganda« involvierte Mitarbeiter Gerhard A. [Name bekannt – der Autor] habe nicht im Namen der Stiftung gehandelt und werde dies auch bestätigen. Er werde umgehend versetzt werden. Einen »Sicherheitsbruch« könne es höchstens bei Rainer Gepperth im Stiftungsinstitut »für internationale Begegnung und Zusammenarbeit« geben, den man »sicherheitsmäßig« überprüfen solle, habe Lengl gesagt.

Das scheint nichts ergeben zu haben, Gepperth hat seinen Spitzenjob bei der Stiftung, bei der inzwischen Edmund Stoiber großen Einfluss hat, immer noch. Auffällig ist, dass sich die CSU in Bundesregierungen, an denen sie beteiligt war, nach Möglichkeiten immer das für die Auslandsarbeit wichtige Ministerium für wirtschaftliche Zusammenarbeit gesichert hat und mit Hans Klein, Jürgen Warnke und Carl-Dieter Spranger Leute zu Ministern machte, die mehr ihre Partei als die Prinzipien der Entwicklungshilfe im Auge hatten. Kohl ließ Strauß auf diesem Feld gewähren.

Hinweise auf nachrichtendienstliche Einsätze der CSU-Stiftung – diesmal in Zentralamerika – hat der nach Kanada geflohene Waffenhändler Karlheinz Schreiber in einem Brief vom 9. Oktober 1997 an Edmund Stoiber gegeben. Der frühere Vorsitzende der Hanns-Seidel-Stiftung, der bayerische Sozialminister Fritz Pirkl, Schreiber selbst, Siegfried Lengl, Rainer Gepperth, Ex-Bundesminister Jürgen Warnke und die ehemaligen Strauß-Referenten Wolfgang Maurus und Wolfgang Held seien an der »Angelegenheit Costa Rica während der Nicaragua-Krise« zugunsten der Contras beteiligt gewesen. Das Thema sei »geeignet, großen Schaden für Deutschland, Bayern und insbesondere die CSU und die Hanns-Seidel-Stiftung hervorzurufen«, wurde Stoiber damals von Schreiber gewarnt, der sich im kanadischen Exil der Strafverfolgung in Deutschland entzieht. Er ist dem Ministerpräsidenten gram, weil dieser ihn nicht vor den Nachstellungen der Justiz und der Steuerfahndung schützt. »Strauß hätte das anders gemacht«, grollte der Waffenhändler, dem die Staatsanwaltschaft Augsburg Betrug, Untreue, Steuerhinterziehung in zweistelliger Millionenhöhe und Beihilfe zu diesen Delikten vorwirft. Ermittelt wird auch gegen den Sohn von FJS, den Schreiber-Intimus und Münchner Rechtsanwalt Max Strauß, wegen Steuerhinterziehung im einstelligen Millionenbereich. Der teilt Schreibers Auffassung über Stoiber, wartet aber erst einmal den Ausgang seines Verfahrens ab, ehe er sich eventuell an Stoibers Rolle zu Lebzeiten von Franz Josef Strauß erinnert. Um sich weiter gut mit dem Strauß-Clan zu stellen, hat Stoiber die Strauß-Tochter Monika Hohlmeier systematisch in der Regierung und in der CSU aufgebaut. Sie ist in Bayern Kultusministerin und stellvertretende CSU-Vorsitzende.

Dem Bundesnachrichtendienst (BND) hatte Schreiber, zeitweise Inhaber eines costa-ricanischen Diplomatenpasses und BND-Mitarbeiter mit dem Tarnnamen »der Hunne«, in einem Drohbrief etwa zur gleichen Zeit, als er Stoiber anging, erklärt, es gehe um »Hilfen, Zahlungen und Lieferungen an mittelamerikanische Politiker«. Schreiber, der in Kaufering (Oberbayern) eine Firma für die Markierung von Straßen, Supermarkt-Parkplätzen und Flugplätzen führte, schleuste nach Bedarf auch BND-Agenten, getarnt als Firmenmitarbeiter, in Länder ein, in denen er Aufträge zu erledigen hatte.

Sollten Schreibers Andeutungen einen realen Hintergrund haben, dann hat sich die CSU mit ihrer Parteistiftung damals für den Sturz der Sandinisten in Nicaragua und für die Unterstützung der Contra-Rebellen einspannen lassen. Ein globales Projekt seines Freundes Henry Kissinger im »Hühnerhof« der USA, wie diese Mittelamerika herablassend nennen, wäre sicher nach dem Geschmack von Franz Josef Strauß gewesen. Allerdings weiß man bei Schreiber nie genau, wo die Wahrheit in Dichtung und Angeberei übergeht.

Immerhin: In Costa Rica waren Schreiber und und sein Freund, der Mittelamerika-Experte des BND, Werner Ströhlein durch ihre Komparsin Rita Santaya (oder auch Santalla) bestens eingeführt. Die Frau, die zeitweise von der Hanns-Seidel-Stiftung Geld bezog, hatte Zugang zu Präsident Luis Alberto Monge. Der musste damals von den USA und befreundeten Ländern bei Laune gehalten werden, um den Contras Operationsbasen gegen Nicaragua auf costa-ricanischem Territorium zu ermöglichen.

Schreiber hat dem BND in München-Pullach vor allem deshalb geschrieben, weil er Werner Ströhlein helfen wollte. Der hatte

Ärger mit dem BND bekommen, der inzwischen auch zu Ströhleins Abgang geführt hat. In seinem Brandbrief erläuterte Schreiber genauer, was er Stoiber nur angedeutet hatte. Werner Ströhlein habe mit seiner Hilfe »aufgrund von Vereinbarungen zwischen Franz Josef Strauß, Henry Kissinger und Luis Alberto Monge, Präsident von Costa Rica, versucht, auf der Höhe der Nicaragua-Krise den Vorstellungen der genannten Herren zu entsprechen ... Involviert in die Gesamtzusammenhänge waren die Hanns-Seidel-Stiftung, die bayerische Staatsregierung, die CSU-Parteiführung, das Ministerium für wirtschaftliche Zusammenarbeit und einige andere Personen und Organisationen, die ich im Moment in diesem Schreiben nicht nennen möchte«, schrieb der Waffenhändler am 2. Dezember 1997. In seinem Kalender ist in diesem Zusammenhang ein Name erwähnt, der aufhorchen lässt: Der langjährige Außenminister und costa-ricanische Ehrenbürger Hans-Dietrich Genscher (FDP) soll auch mitgemischt haben, was dieser aber entschieden bestreitet. Der BND reagierte überraschend prompt auf Schreibers Brief, was den Schluss nahelegt, dass der Waffenhändler einen wunden Punkt getroffen hatte.

Der Nachrichtendienst beauftragte schon einen Tag nachdem das Schreiben in Pullach eingetroffen war, seinen Abteilungsleiter »Sicherheit/Abwehr«, Volker Foertsch, damit, den damals schon mit Haftbefehl gesuchten Schreiber in der Schweiz zu besänftigen. Am 16. Dezember 1997 kam es zum Treffen in Bad Ragaz. Foertsch berichtete später dem Bundeskanzleramt, es sei »ein entspanntes und für mich interessantes Gespräch« gewesen. »Wir haben beide vereinbart, dass wir beide versuchen, Ströhlein zu rationalem Verhalten zu bewegen. Schreiber ist auch bereit, Ströhlein an die Hanns-Seidel-Stiftung zu empfehlen, wenn er aus dem BND ausscheiden will«, hielt der BND-Abteilungsleiter fest. Dass die von Stoiber kontrollierte CSU-Stiftung als Auffangbecken für aus dem Ruder gelaufene BND-Agenten angesehen wird, lässt tief blicken.

Was der bayerische Staatsschutzchef Hans Langemann in seinem Vermerk vom 24. September 1980 über seine Gespräche über und mit dem *Spiegel* merkwürdigerweise nicht erwähnte, obwohl es um diese Zeit bereits allgemein bekannt war: Die dem *Spiegel* von Huber und Heigl überlassenen Unterlagen aus den Geheimtresoren der CSU, die im Februar und März 1980 zu einer Aufsehen erregenden zweiteiligen Strauß-Geschichte verarbeitet worden waren, waren durch eine schwer erkennbare Fälschung eines Dokuments aus dem Bundeskriminalamt angereichert. Das machte es der CSU damals leichter, die *Spiegel*-Enthüllung über Waffengeschäfte, Geheimdienstkontakte und Beziehungen von Strauß zu rechten Regimen insgesamt zu diskreditieren.

Der damalige Strauß-Büroleiter Wilhelm Knittel hatte schon Wochen vor den *Spiegel*-Veröffentlichungen Langemann beauftragt, den Ex-BKA-Mann Frank Heigl zu überprüfen. Heigls Presseagent Ferenczy hatte dessen Projekt mit Huber und dem Magazin dem Strauß-Büro gesteckt, das nach Möglichkeiten suchte, die bevorstehenden Veröffentlichungen vielleicht mit einer einstweiligen Verfügung zu stoppen. Immerhin war Strauß damals Ministerpräsident und Kanzlerkandidat der Union. Wenigstens habe Ferenczy die von Heigl vorbereiteten Manuskripte nicht an die CSU herausgegeben, berichtete nach der Enttarnung von Langemann als Informant der Medien 1982 Jürgen Saupe, der zusammen mit dem Ex-*Stern*-Autor und späteren Chefredakteur der inzwischen eingestellten Zeitung *Woche*, Manfred Bissinger, für das linke Magazin *Konkret* arbeitete. Mit dem Abdruck von Langemanns Agentenbeichte landeten die beiden 1982 einen starken Wirkungstreffer bei Strauß und der CSU.

Für rechtliche Schritte, im Voraus gegen den *Spiegel* vorzugehen, fand sich kein Grund, dafür lag im Strauß-Dossier des *Spiegel* trotz sorgfältigster Gegenrecherche plötzlich das Kuckucksei in Form einer Fälschung. Dass »Staatsschützer« Langemann, der die Vorgänge für die CSU Monate nach der Publikation zusammenfasst, dabei überhaupt nicht auf diese für Heigl, Huber und den *Spiegel* ungute Geschichte eingeht, nährt den Verdacht, eine mit ihm operierende Strauß-Seilschaft habe damals die Informanten des *Spiegel* und anderer Medien mit gezinktem Material hereingelegt, um die Wucht der Strauß-Enthüllungen entscheidend zu vermindern. Heigl und Huber hätten es nicht nötig gehabt, ihr reichhaltiges echtes CSU-Material mit einer Fälschung anzureichern, schrieb Saupe 1982 in dem zusammen mit Heigl verfassten Buch *Operation EVA*. Als ihnen der Fake von einem BKA-Informanten untergejubelt und sie es dem *Spiegel* nachgeliefert hätten, sei das Honorar schon geflossen. Der gleiche BKA-Informant soll später auch dafür gesorgt haben, dass der *Stern* mit Nachrichtenschrott beliefert wurde und das Fernsehmagazin »Panorama« Probleme mit getürkten Akten hatte.

Um Huber wurde es bald still, er sei mit seiner schwedischen Frau, einer Stewardess, in Skandinavien untergetaucht und versuche, über die Entführung hinwegzukommen, hieß es. 1998 war er plötzlich wieder da. Ein Sprachwissenschaftler, der als Professor Dieter Huber unauffällig an der Mainzer Johannes-Gutenberg-Universität arbeitete, entpuppte sich als der ehemalige Strauß-Referent. Einer Frau, mit der er eine Beziehung hatte, war sein Verhalten merkwürdig konspirativ vorgekommen und sie begann, seine Herkunft zu recherchieren. Ein Mittelsmann, der ihr dabei half, wandte sich an die Zeitung. Es dauerte nicht lange, und es war klar, dass es sich beim Professor um den 1977 entführten oder – je nach Sichtweise – vorübergehend verschwundenen Strauß-Referenten Huber handelte.

Der fand es höchst ärgerlich, aufgestöbert worden zu sein. Man solle ihn doch bitte mit den alten Geschichten in Ruhe lassen, sagte er bei einem ersten Kontakt mit der Presse, den er merkwürdigerweise sogleich der Staatskanzlei von Ministerpräsident Edmund Stoiber offenbarte. Den Vorschlag, sich zu einem Gespräch zu treffen, wollte er sich überlegen, meldete sich dann aber nicht mehr. Zu einem Treffen mit Stoiber reichte es aber schon, der nach der Affäre um die »Entführung« bereits Generalsekretär an der Seite von Strauß war und zu den schärfsten Widersachern des CSU-Geheimnisträgers zählte. Huber und Stoiber trafen sich in einer Klinik am Tegernsee, die der inzwischen zum Wissenschaftler avancierte Ex-Referent wegen einer Erkrankung aufgesucht hatte. »Reiner Zufall«, beteuerten beide damals, Stoiber sei nur dort gewesen, weil er eine Bekannte seiner Familie besucht habe. Man habe sich in der Halle der Klinik getroffen. Stoiber will Huber zunächst nicht einmal erkannt haben. Zeugen berichteten dagegen, die beiden seien gezielt aufeinander zugegangen, als ob sie verabredet gewesen wären, und hätten angeregt miteinander parliert.

Was sich die zwei zu sagen hatten, ist nicht überliefert. Es ist seltsam genug, dass sie nach der Vorgeschichte überhaupt miteinander geredet haben. Die Zufälligkeit dieses Treffens in der Klinik am Tegernsee entspricht der Wahrscheinlichkeit, im Lotto einen Fünfer mit Zusatzzahl zu erzielen. Wenn einer wie Huber mit diesem Vorleben, diesem Insiderwissen und diesem brutalen Bruch mit Strauß und der CSU, nach dem Verkauf kompromittierenden Materials an die Medien, nach Jahrzehnten plötzlich wieder in Deutschland als C4-Professor auftaucht und freundlich mit dem bayerischen Ministerpräsidenten Stoiber parliert, liegt der Gedanke nahe, dass er nicht ohne Hilfe an einen solch begehrten, lukrativen Posten gelangt ist und vielleicht Frieden mit seiner früheren Partei geschlossen hat. Andererseits hätte man ihn dann eher im weitläufigen Herrschaftsbereich der CSU als im sozial-liberalen Bundesland Rheinland-Pfalz untergebracht; doch der Arm geheimer Helfer ist lang. Die wissenschaftlichen Voraussetzungen für eine Berufung hatte Dieter Huber selbst geschaffen.

1988 hatte er in Schweden im Fach Computer-Linguistik promoviert und sich 1990 habilitiert. Nach einer Lehrtätigkeit in Kyoto (Japan), Leipzig und Göteborg hatte er 1994 das Institut für die »Mensch-Maschine-Kommunikation« am Institut für Allgemeine Sprach- und Kulturwissenschaften in Germersheim übernommen. Dass er einmal der »Peking-Huber« war, für die CSU gearbeitet hatte und was er in der Zeit alles erlebt hatte, kam allerdings im Lebenslauf, den die Universität Mainz zu seiner Berufung verbreitete, nicht vor. Anfragen im rheinland-pfälzischen Landtag, wie es zur Berufung gekommen war, brachten keine Aufklärung.

Die Vorbereitungen zur Inthronisation von Strauß in Bayern liefen 1977 und 1978 auf Hochtouren. Ministerpräsident Alfons Goppel, der durchaus noch eine Amtsperiode angehängt hätte, war bald zermürbt. Immerhin ließ er sich nicht darauf ein, schon vor Ablauf seiner Amtszeit das Feld zu räumen, was die Strauß-Putztruppe um Stoiber am liebsten erreicht hätte. Strauß selbst hat seinen Wunsch, Ministerpräsident zu werden, nie offen erklärt, sondern nur gesagt, wenn er gerufen werde, stehe er bereit. Goppel sprach stets distanziert von »dem, der nach mir kommen wird«, bis er schließlich auf dem CSU-Parteitag im September 1977, als er Strauß zur Wiederwahl als Parteivorsitzenden vorschlug, in Bezug auf seinen Nachfolger sagte: »Es ist der.« Goppels Stützen im Kabinett, Finanzminister Ludwig Huber und Innenminister Bruno Merk, waren schon im Mai 1977 abgesprungen und wurden durch Max Streibl und den früheren Verteidiger von Rudolf Hess in den Nürnberger Prozessen, Alfred Seidl, ersetzt, dessen Ernennung rätselhaft blieb.

Wie vom Ex-Kultusminister Theo Maunz hat später der rechtsextremistische Verleger Gerhard Frey (*National-Zeitung*) auch von Seidl gesagt, er habe ihn häufig beraten. Seidl, der zeitweise auch Fraktionsvorsitzender der CSU im Landtag war und bei Protesten gegen die Gebietsreform im unterfränkischen Rebellendorf Ermershausen die aufsässige Bevölkerung mit der Bereitstellung von Leichenwagen durch die Polizei ängstigen ließ, hatte mit Strauß diverse Scharmützel ausgetragen. Sie gipfelten in einer legendären Beschimpfung, die der nicht sehr groß gewachsene, aber sportliche und einst als Boxer gefürchtete Jurist Alfred Seidl über sich ergehen lassen musste.

Als Seidl im Landtag nicht massiv genug dagegen vorging, dass in einer Münchner Galerie als Objektkunst getarnte eingedoste Exkremente eines italienischen Provokateurs gezeigt wurden, trat Strauß auf den Plan, der sich ansonsten in kulturellen Angelegenheiten nicht sonderlich engagierte, weil ihm solche Kunsteskapaden meist gleichgültig waren: »Alfred, du bist so klein wie du dumm bist, und beides ist unkorrigierbar.« Auch Gerold Tandler war in diese als »Scheißdosen-Affäre« in die bayerische Nachkriegsgeschichte eingegangene Posse verwickelt, welche ihn und die CSU über die Maßen erregte. Der Galerie-Vorstand sollte nämlich bayerischer Chef-Denkmalpfleger werden. Beinahe wäre er über diese Konserven gestolpert, das bayerische Kultusministerium hat ihn schließlich vor dem Zorn von Strauß gerettet.

Stoiber blieb beim Kabinettsrevirement, das noch Regierungschef Goppel vorzunehmen hatte, in Reserve. Er stand zwar schon in der ersten Reihe, aber es war unklar, was Strauß mit ihm vorhatte. Im Landtagswahlkampf 1978 redete Stoiber vorsichtshalber zu nahezu allen Themen, um politische Breite zu demonstrieren und sich für alle denkbaren Ämter zu empfehlen. Der damals in der CSU schon als »Karrierebolzen« gehandelte Landtagsabgeordnete konnte innerhalb einer Stunde den Bogen von der Verteidigungsbereitschaft der Nato über die Finanzpolitik bis hin zur Schul- und Familienpolitik und zum Apothekennotstand auf dem Land schlagen.

Bisweilen war sein Publikum überfordert und er samt seiner Familie, die ihn kaum noch zu Gesicht bekam, auch. »Manchmal sitze ich bis nachts um zwei da, um mich in die immer kompliziertere Gesetzesmaterie einzuarbeiten. Aber ich mache das aus Leidenschaft«, sagte Stoiber seinem Publikum mit Längs- und Querfurchen auf der Stirn und gab sich noch friedlich: »Persönliche Angriffe auf die Gegenkandidaten versuche ich auszusparen.« Dass er inzwischen zum inneren Kreis der CSU gehörte, war unabhängig von der Qualität seiner Ansprachen offenkundig.

Die Landtagswahl 1978 brachte nicht die von der bayerischen Opposition erwartete Chance, aus dem eigennützigen Wechsel des Brachialpolitikers Strauß nach Bayern Kapital zu schlagen. Der CSU-Vorsitzende erreichte zwar nicht das Traumergebnis Goppels von 1974, der es auf 62,1 Prozent der Stimmen gebracht hatte. Aber 59,1 Prozent waren auch ein glänzendes Resultat, das zweitbeste der CSU seit 1946. Immerhin hatten alle übrigen Parteien einen harten Anti-Strauß-Wahlkampf zu führen versucht.

Die Mehrzahl der Wahlberechtigten in Bayern findet zum Verdruss der Opposition aber immer einen Grund, die ihnen seit Jahrzehnten vertraute CSU zu wählen, das ist heute noch so wie 1978. Erstens war und ist ein großer Teil mit der Landespolitik zufrieden. Das Land ist schön, die CSU hat es verstanden, den Eindruck zu erwecken, dass das ursächlich mit ihr zusammenhängt. »Wenn morgens früh die Sonne lacht, dann hats die CSU gemacht, gibts aber Pest und BSE, wars sicherlich die SPD«, heißt ein Spottgedicht in Bayern.

45 Jahre lang, mit Ausnahme vielleicht einer ganz kurzen Zeit 1993 auf dem Höhepunkt der Amigo-Affäre, die Stoiber dann aber in den Griff bekam, hat sich in Bayern nie eine für die CSU gefährliche Wechselstimmung breit gemacht. Ihre pfiffige Strategie, in Bayern Eigenstaatlichkeit vorzugaukeln und, solange sie

in Bonn und Berlin an der Regierung war, das Beste für Bayern herauszuschlagen und sich als Opposition aufzuspielen, findet Beifall bis weit in die SPD hinein. Der CSU war es längst gelungen, sich in Organisationen, Vereinen und Verbänden zu engagieren und die Kirche hinter sich zu vereinen, als Sozialdemokraten in den Hinterzimmern bis nach Mitternacht noch die Lage des Sozialismus in der Welt diskutierten. Damit schlugen sie die Arbeiter, die um halb sechs Uhr aufstehen mussten, in die Flucht.

»Du kommst als Freund und gehst als Fremder«, hat der im März 2002 mit einem Rekordergebnis im ersten Wahlgang wiedergewählte und längst über der Parteien Gunst und Hass schwebende Münchner Oberbürgermeister Christian Ude (SPD) einmal zutreffend den unwirtlichen Eindruck beschrieben, den ein Sympathisant beim ersten Kontakt mit seinem SPD-Ortsverein empfindet. Während die CSU in den kleinsten Dörfern präsent ist, bekommt die SPD ihre Organisation nicht auf die Reihe; man kann zu Wahlzeiten ganze Landstriche durchfahren, ohne auf eine Spur der in Bayern so traditionsreichen Sozialdemokratie zu stoßen, und sei es nur auf ein Wahlplakat.

Versuche des bayerisch-sudetendeutschen SPD-Gewächses Peter Glotz, die durchaus vorhandenen CSU-Gegner als Repräsentanten eines »anderen Bayern« zu sammeln, also eines vermeintlich besseren, weltläufigeren, liberaleren Landes, verfingen in den siebziger Jahren bei ein paar Intellektuellen und Kabarettisten, aber nicht bei breiten Wählerschichten. Die nämlich wollen eigentlich gar kein »anderes Bayern«, selbst wenn sie die CSU endlich einmal in der Opposition wünschen. Mit der Machtübernahme von Helmut Schmidt in Bonn war der traditionell linken Partei, die im Widerstand gegen die Nazis groß gewordenen Politikern (viele davon aus dem Sudetenland) dominiert wurde, auch der von Willy Brandt noch vermittelte Schwung nach und nach abhanden gekommen. Unzufriedene Wähler schöpften später die Grünen ab.

Die FDP war jahrzehntelang eine unverzichtbare Kraft in Bayern und mit ihrer Ausnahmepolitikerin Hildegard Hamm-Brücher ein kultur- und bildungspolitischer Motor der Landespolitik sowie ein Garant für rechtsstaatliche Verhältnisse. Es war verständlich, dass diese ständig von Hinterbänklern und Vorturnern der CSU je nach intellektuellem Leistungsvermögen angegriffene Frau Bayern irgendwann satt hatte. »Man kann nicht immer nur den Mond anbellen«, sagte sie vor ihrem Abschied nach Hessen und in die Bundespolitik.

Die FDP in Bayern zerbrach weniger an den reaktionären National-Liberalen um den bayerischen Bundeslandwirtschaftsminister Josef Ertl, der sogar als Garant der sozial-liberalen Koalition in Bonn wirkte, weil er den rechten FDP-Flügel bei der Stange hielt. Den Garaus hat den bayerischen Liberalen das bundespolitische Wendemanöver der FDP von 1982 gemacht. Im Land der machtbewussten CSU war liberalen Wählern die im Bund besiegelte Konstellation überhaupt nicht vermittelbar. Erst mit der unverdrossenen Ex-Bundesjustizministerin Sabine Leutheusser-Schnarrenberger, die nie die Flinte ins Korn geworfen und obskure Heilsbringer in der bayerischen FDP abgelöst hat, geht es wieder aufwärts.

Der CSU-Anhang hatte sich mit solchen Sorgen nie zu plagen. Er ist – zumindest in der Bundes- und Landespolitik – stets hoch motiviert. Was immer als Linie ausgegeben wird, wird befolgt. Dafür hat Strauß das Fundament gelegt. Wie er da kämpfte und schwitzte und räsonierte und die anderen niedermachte: das war für seine Verehrer stets ein ehrliches Stück Arbeit, auch wenn ihn die Gegner einen Brunnenvergifter und Luftverpester nannten. Hätte die Linke in Bayern jemals einen Tribun vom Zuschnitt eines Strauß gehabt, sie hätte ihm auch zugejubelt und ihm manches, wenn auch nicht alles nachgesehen. Doch Strauß war kein Linker, und wenn er in Passau beim politischen Aschermittwoch tobte, SPD und FDP hätten in Deutschland einen »Saustall« angerichtet, wirkten die Proteste gegen die Wortwahl bei den an Derbheiten gewohnten, ja sie geradezu herbeisehnenden CSU-Sympathisanten kaum.

Wie immer es in Bonn gerade zuging, Strauß verstand es, seine Wähler zu begeistern. Einmal musste Bayern gegen eine sozial-liberale, von Strauß natürlich im Bierzelt als Vorhut der Kommunisten diffamierte Bundesregierung gestärkt werden. Dann wieder galt es, das Gewicht der CSU innerhalb der Union zu stärken, die nach Auffassung des Strauß-Anhangs seit Jahren schofel mit ihrem Idol umging. CSU-Wähler hatten, von einigen

Wertkonservativen im gehobenen Bürgertum der Großstädte abgesehen, ein pragmatisches Verhältnis zu den dunklen Seiten des neuen Ministerpräsidenten, die sie zwar zur Kenntnis, aber nicht weiter tragisch nahmen. »A Hund is er scho«, hieß es bewundernd, was soviel bedeutet wie: »Er ist ein schlauer, durchtriebener Kerl.«

Ob ihm nun eine Prostituierte im New Yorker Central Park die Brieftasche zwickte oder ob er zur Abwehr von Erpressung durch Terroristen deren gefangene Gesinnungsgenossen erschießen lassen wollte, ob Regierungsdirektor Wilhelm Schlötterer vom Finanzministeriums dem Landtag haarsträubende Begünstigungsfälle aus der vom Strauß-Getreuen Lothar Müller geleiteten Steuerabteilung meldete oder ob Strauß mit Besuchen und Sympathiebekundungen Diktatoren aller Schattierungen von Augusto Pinochet über Antonio de Oliveira Salazar, Nioçolae Ceauşescu, János Kádár bis Erich Honecker hofierte: Die Hälfte der Bayern – wenn man das Wahlergebnis um die Nichtwähler bereinigt – war nicht weiter beunruhigt, blieb affärenresistent und glaubte fest daran, dass es die anderen auch nicht anders machen würden. Sie ließ nichts auf den »Franz-Pepperl« kommen, wie einer seiner Kosename in Abwandlung seines zweiten Vornamens Josef lautete. Sie war und ist sogar bereit, ihre Sympathie von Strauß auf seine eher spröden Mitstreiter vom Schlag eines Gerold Tandler oder eines Edmund Stoiber auszudehnen.

Amigo-Aktivitäten, Gerüchte über ein neunstelliges Vermögen, das der Strauß-Clan zusammengerafft haben soll, lassen die Parteigänger kalt: Wer gut für sich selber sorgen kann, wird auch gut für die Bürger und das Land sorgen, sagt der CSU-geneigte Bayer. »Wer zu dumm zum B'scheißn ist«, wird nach dieser Lesart wenig erreichen. Da es Strauß und seinen Vertuschern gelang, die einträglichsten Geschäfte seiner Familie – zu denen auch die von der Augsburger Staatsanwaltschaft behaupteten Transaktionen seines Sohnes Max mit dem Waffenhändler Karlheinz Schreiber zählen – zu Lebzeiten geheim zu halten, hatte er die Wiederkehr der dürren Jahre nach der *Spiegel*-Affäre von 1963 nicht mehr zu fürchten.

Kein Wunder also, dass SPD und FDP in Bayern bei der Landtagswahl 1978 von der harten Konfrontation mit Strauß nur unwesentlich profitieren konnten. Sie verbesserten sich um je einen Prozentpunkt auf 31,4 beziehungsweise 6,2 Prozent. Stoiber, der den psychologischen Hintergrund des Erfolgsrezepts der CSU genau studiert hat, steigert in seinem Stimmkreis sein persönliches Ergebnis sogar noch auf über 62 Prozent; nur wenigen anderen CSU-Abgeordneten gelingt es wie ihm, das Gesamtergebnis der CSU zu übertreffen. Mit 1,9 Prozent hat 1978 eine Vorläuferpartei der Grünen, die »Aktionsgemeinschaft Unabhängiger Deutscher«, auf sich aufmerksam gemacht. Die CSU bekommt 129 Mandate im 204 Abgeordnete zählenden Landtag, die SPD 65, die FDP 10.

8 Hauptrolle im weiß-blauen Puppenküchentheater

Am 6. November 1978 stellte Strauß seine neue Regierung vor. Stoiber war wieder nicht dabei, aber der neue bayerische Ministerpräsident vergaß im Landtag nicht zu erwähnen, dass er den CSU-Abgeordneten aus Wolfratshausen für eine andere verantwortungsvolle Tätigkeit ausersehen habe. Stoiber wurde Generalsekretär, weil Strauß den bisherigen Inhaber dieses Postens anderswo brauchte. Die Entscheidung von Strauß zugunsten Stoibers fiel äußerst knapp aus, wie der CSU-Chef den Journalisten erzählte: Er habe sich »gefühlsmäßig« entschieden, und zwar mit »50,1 gegen 49,9 Prozent« für Stoiber. Strauß hatte auch an den aufstrebenden Vorsitzenden der Jungen Union, Otto Wiesheu, gedacht. Der hatte sich bei Strauß große Verdienste erworben, weil er in der Folge des Kreuther Beschlusses von 1976 das Auseinanderdriften der Unions-Jugendverbände verhindert hatte. Wer weiß, wie Stoibers weiterer Lebensweg verlaufen wäre, wenn er damals nicht so nahe an Strauß herangerückt wäre. Vielleicht wäre er bayerischer Sozialminister ohne bundespolitische Ambitionen, vielleicht hätte er längst eine eigene Anwaltskanzlei.

Für das hochsensible Innenministerium wollte Strauß einen hartgesottenen CSU-Mann und fand ihn in Gerold Tandler. Der war schon Bankangestellter, Zahntechniker, Gastwirt und Hotelier; Jurist war er nicht, wie man es sich für dieses Ressort vorstellen würde. Tandler plagten bereits erhebliche Schulden, aber er hatte keinerlei Skrupel, Staatsinteressen mit Partei- und Privatangelegenheiten zu vermengen. Die Verantwortung für Polizei, Verfassungsschutz und Verwaltungsgerichtsbarkeit übernahm er bereitwillig. Wenn Strauß das so wollte, war es schon in Ordnung.

Sein Vorgänger Alfred Seidl, immerhin Rechtsanwalt mit Betonung auf »rechts«, aber auf dem Posten des Innenministeriums in den 15 Monaten seiner Tätigkeit selbst für Strauß ein unkalkulierbares Risiko, musste weichen. Strauß wollte im Innenministerium einen »Hundertzehnprozentigen« haben, der ihm bei künftigen Wahlkämpfen loyal zur Seite stehen und Staats- und Verfassungsschutz in den Dienst der gemeinsamen Sache stellen würde. Nie mehr sollte etwas Ähnliches passieren wie unter Alfons Goppels Innenminister Bruno Merk, als Strauß höchstpersönlich zum Observationsobjekt des bayerischen Verfassungsschutzes wurde. Merk hatte die Stirn gehabt, Verdachtsmomenten nachgehen zu lassen, in Straußens Umgebung treibe ein kommunistischer Spion sein Unwesen.

Das kam so: 1976 hatte der Strauß-Spezi Eduard Zwick in den »Pfälzer Weinstuben« unweit des bayerischen Innenministeriums in München schwer gezecht und laut zu dozieren begonnen. Ein Informant meldete dem bayerischen Staatsschutzchef Hans Langemann, Zwick habe mehrfach geschrien, er sei Kommunist. Langemann war konsterniert: Die Vorstellung, im Jahr der Bundestagswahl sei womöglich ein Spion in unmittelbarer Nähe des CSU-Vorsitzenden platziert worden, ließ bei dem Ex-BND-Agenten im Innenministerium das Jagdfieber ausbrechen. War nicht auch Willy Brandt über einen Ostspion gestolpert? War nicht Zwick rumänischer Herkunft, hatte er sein vieles Geld wirklich aus heißen Quellen? Was konnte alles passieren, da sich Strauß doch regelmäßig im Zwick'schen »Johannisbad« in Bad Füssing zu Kurzkuren einfand, der Bäderunternehmer seinem Freund ständig Geld sowie sein Flugzeug zur Verfügung stellte und wilde Feste mit dem Politiker feierte?

Langemann schaltete das Landesamt für Verfassung ein, dessen Präsident Hans Ziegler zwei Beamte in Marsch setzte, um beim Finanzamt Passau mögliche Geldflüsse zwischen Zwick und Strauß zu untersuchen und zu eruieren, ob der CSU-Vorsitzende sich vielleicht sogar schon erpressbar gemacht habe. Kaum hatten die beiden Schlapphüte das Finanzamt betreten, war der Strauß-Vertraute im bayerischen Finanzministerium, Lothar Müller, Chef der Steuerabteilung, durch den Passauer Vorsteher schon von dem Vorgang informiert worden. Das Netz an Zuträgern war im Bayern der siebziger Jahre eng geknüpft.

Natürlich wurde sofort Strauß eingeschaltet, die Verfassungsschützer mussten unverrichteter Dinge wieder abziehen. So weit kommt es noch, dass bayerische Beamte den CSU-Vorsitzenden und seinen Amigo observieren. Verfassungsschutzchef Ziegler wurde nach zuverlässigen Berichten aus der CSU zu Strauß zitiert und von ihm minutenlang angeschrien und beschimpft. Erst als Ziegler den CSU-Chef konsterniert fragte, ob er sich denn erschießen solle, wurde Strauß wieder ruhiger und nahm großzügig davon Abstand, das Angebot anzunehmen.

Der Strauß-Gönner Zwick erklärte später seine Eskapaden in den »Pfälzer Weinstuben« zum Scherz. In einer Geheimakte des bayerischen Staatsschutzes ist festgehalten: »Darauf angesprochen, wieso er als Freund des Herrn Landesvorsitzenden in der Öffentlichkeit zu solch abstrusen Bemerkungen komme, habe er gesagt, das sei nur spaßeshalber geschehen, um die Reaktion seiner Umgebung zu testen.« Langemann, der sich mit seinem Verfolgungseifer bei Strauß einen ziemlichen Schiefer eingezogen hatte, notierte: »Und dann wundert der Depp sich, dass der Verfassungsschutz hinter ihm her ist.«

Zwick sann jedoch auf Rache und stellte Langemann noch länger nach. Vom Innenministerium verlangte der Strauß-Spezi Genugtuung, die ihm auch zuteil wurde. Amtschef Siegwin Süß schrieb Zwicks Anwalt am 14. Dezember 1976: »Aufgrund des Ergebnisses der durchgeführten Erhebungen teile ich Ihnen mit, dass keine Anhaltspunkte für die Einflussnahme eines gegnerischen Geheimdienstes auf Ihren Herrn Mandanten bestehen.« Strauß, Zwick und die anderen Kumpane dürften sich bei ihren Gelagen noch köstlich über die »Deppen vom Innenministerium« amüsiert haben. Mit Gerold Tandler in diesem Ressort sollten solche Eseleien ein Ende haben.

Das ganze Ausmaß der finanziellen Verwicklungen zwischen Zwick, Strauß, Tandler und der CSU lag damals noch im Dunkeln. Man wusste zwar, dass zwischen diesen Spezis allerhand lief und der CSU-Vorsitzende sich in Bad Füssing, wo Zwick sein Heilbad hatte, mit Kurzkuren fit und mit wilden Partys wieder erholungsbedürftig machte. Erst 1993, fünf Jahre nach dem Tod von Strauß, flogen die mafiosen Beziehungen auf. Die Mitwisser – Stoiber als rechte Hand von Strauß und gelegentlicher Zwick-Gast, Tandler als Schuldner von Zwick und Vertrauter von Strauß, weitere in Schutzmaßnahmen gegen den Steuerhinterzieher Zwick eingebundene Minister und Spitzenbeamte und natürlich die beteiligten Freunde – hatten jahrzehntelang dicht gehalten. Ohne diese Eckpfeiler hätte das gesamte »Beziehungsgeflecht Strauß«, das er als bayerischer Ministerpräsident noch perfektionierte, niemals funktionieren können. Wie er es absicherte, zeigten seine Personalrochaden, nachdem er 1978 Ministerpräsident geworden war.

Natürlich hätte Strauß viel lieber einmal ein Bundeskabinett zusammengestellt, dem er als Kanzler vorstand. Der Wechsel nach Bayern wirkte nur kurzzeitig befreiend, bald merkte er, worauf er sich eingelassen hatte. Bei der Kabinettsumbildung hielt er sich aber merklich zurück, um die CSU-Landtagsfraktion nicht gleich zu verprellen. »Nicht mit dem Schwert durch die Gegend, keine Nacht der langen Messer, keine abgehackten Köpfe«, sagte er zu den Journalisten. Vereidigt hat ihn und sein Kabinett sein Opfer von 1976, Franz Heubl, der sich aus dem Kabinett Goppel auf den Stuhl des Landtagspräsidenten gerettet hatte.

Der landespolitische Alltag langweilte Strauß bald. Er sprach zwar »vom schönsten Amt der Welt«, das er nunmehr innehabe, und dass er sich fühle »wie der Gouverneur von Texas«. Im Landtag bei der zweiten und dritten Garnitur der Parteien fühlte er sich aber nicht sonderlich wohl. In Bonn hatte er es mit Willy Brandt, Karl Schiller, Thomas Dehler, Helmut Schmidt, Herbert Wehner und anderen Kapazitäten zu tun gehabt und war bei aller Polarisierung, die von ihm ausging, als glänzender Debattenredner und überzeugter Parlamentarier anerkannt. In Bayerns Parlament ging es statt um Nahost-Strategien und völkerrechtliche Verträge häufig um den Aufguss von im Bundestag schon geführten Debatten, um Radwanderwege an der Donau, um die Flurbereinigung, die Gebietsreform und eine Feiertagsregelung, welche die CSU aufs Äußerste beanspruchte. Bei der anstehenden Reduzierung von Feiertagen verstanden die Bayern nämlich keinen Spass. Auch die Kirchen kämpften um jeden Festtag. Strauß musste der Industrie, die ihn weiter mit Spenden und mit der Ansiedlung von Betrieben unterstützte, klarmachen, dass ihre Wünsche nach mehr Arbeitstagen in Bayern nicht durchsetzbar waren.

Obwohl Strauß versuchte, sich auf Samtpfoten in die Landespolitik einzuschleichen, und sich im Landtag merklich zurückhielt, wollten sich natürlich alle Oppositionsabgeordneten an dem prominenten Neuzugang messen und reizten ihn mit frechen

Redebeiträgen und Zwischenrufen. Bald sagte Strauß, er sei offenbar in ein »weiß-blaues Puppenküchentheater« geraten, wo der Kasperl von der SPD dem Schutzmann von der CSU mit dem Nudelholz auf die Mütze haut. Häufige Reisen, immer mit den Auftragsbüchern seines Lieblingsprojekts »Airbus« im Gepäck, oder Empfänge ausländischer Staatsoberhäupter in Bayern boten vorübergehend Abwechslung.

Die landespolitische Enthaltsamkeit von Strauß, die er nur bei wirklich großen Gesetzesvorhaben aufgab, verhalf seinen Statthaltern Edmund Stoiber und Gerold Tandler zu einem weiten Betätigungsfeld und zu großem Machtzuwachs. Stoiber war eine Art geschäftsführender Parteichef, der Strauß den Rücken frei hielt und sorgsam darauf achtete, dass sich in der damals ziemlich lebendigen Landtagsfraktion nichts gegen die Regierung zusammenbraute. Tandler fungierte als Premierminister, der dafür sorgte, dass im Kabinett niemand einschlief oder Radau machte, wenn Strauß nicht da war.

Mit einer Unterbrechung von 1954 bis 1957, als der Sozialdemokrat Wilhelm Hoegner eine auf Dauer chancenlose Viererkoalition aus SPD, FDP, Bayernpartei und der Flüchtlingspartei Gesamtdeutscher Block/Bund der Heimatvertriebenen und Entrechteten geführt hatte, war die Verwaltung voll auf die CSU fixiert. Das garantierte reibungslose Abläufe. Vor allem Stoiber hielt Strauß über alles auf dem Laufenden, wenn dieser abwesend war. Im Gegensatz zu Tandler, der im persönlichen Umgang als äußerst kollegial galt, erwarb sich der CSU-Generalsekretär in der Landtagsfraktion schnell den Ruf eines Petzers und Zuträgers.

Was Strauß und ganz Bayern zustatten kam und woran er mit Wirtschaftsminister Anton Jaumann und dem neuen Finanzminister Max Streibl zielstrebig arbeitete, war die trotz Enttäuschungen ungebrochene Bereitschaft der Industrie, sich unter die Fittiche des neuen Ministerpräsidenten zu begeben und sich in Bayern zumindest mit Filialen und Teilbetrieben niederzulassen. Strauß schaffte die Wende Bayerns vom überwiegend agrarisch geprägten Notstandsgebiet, das von den industriell besser gestellten Bundesländern gepäppelt worden war, zum aufstrebenden, finanzstarken Industriestandort.

Darüber hinaus profitierte der Freistaat – ganz entgegen den privatwirtschaftlichen Postulaten von Strauß – auch noch von Staatsbeteiligungen im Wert von vielen Milliarden Mark, die Finanzminister Streibl hütete wie seinen Augapfel. Das waren, wie etwa die Landesbank oder der Stromversorger Bayernwerk, nicht etwa nur hoch rentable Geldanlagen, sondern auch Rückzugsgebiete für Politiker und verdiente Spitzenbeamte, die sich in den Vorständen solcher Unternehmen tummelten und gutes Geld verdienten. Bei den Bundesbehörden brachten die Bayern kaum Leute unter, da mussten sie eben die Anreize für loyale Staatsdiener im eigenen Bundesland schaffen. Dafür unterhielt sie ihre weit verzweigte Staatswirtschaft, mit deren Versilberung Edmund Stoiber später als Ministerpräsident seine meist zu Wahlzeiten aufgelegten Hochtechnologieprogramme finanzierte.

Wenig vertrauensbildend entwickelte sich der Kontakt von Strauß mit den Landtagsjournalisten. Im persönlichen Gespräch war Strauß von außerordentlicher Liebenswürdigkeit und Hilfsbereitschaft; traf man im Journalistenpulk oder bei Pressekonferenzen auf ihn, musste man sich die Fragen schon genau überlegen, um nicht das Opfer seiner Schlagfertigkeit, manchmal auch seiner oberlehrerhaften Penetranz zu werden. Stoiber nährte das Misstrauen seines Chefs nach Kräften. Auch im Umgang mit Abgeordneten wechselte Strauß blitzschnell zwischen Freundlichkeit und Sarkasmus. Im Haushaltsausschuss sagte er einmal zu einem SPD-Abgeordneten: »Ihr Beitrag ist für die bayerische Politik genau so wesentlich wie die Existenz des bayerischen Landwirtschaftsministeriums für das Wetter.«

Im Anschluss an eine Plenarsitzung sollte eines Tages ein Treffen mit den Landtagsjournalisten stattfinden. Im Plenum hatte sich Strauß aus nicht näher bekannten Gründen maßlos über den SPD-Abgeordneten Volker von Truchseß geärgert. Bei den Journalisten angekommen, wollte Strauß seinen Groll mit ein paar Gläschen Frankenwein der Marke »Nordheimer Vögelein« hinunterspülen, was ihm aber nicht gelang. Da er wie viele Bayern, die gern Bier trinken, den Wein zu schnell schluckte, war er bald besäuselt, was seinen Zorn über den Sozi wieder verstärkte. Schließlich nannte er ihn einen »Vollidioten des bayerischen Landtags«. Dass ihm das einige Journalisten, darunter der SPD-

Pressesprecher Günther Weinzierl, nicht durchgehen lassen wollten, brachte Strauß nur noch mehr auf die Palme. Der Abend endete unerfreulich.

Als dann der Ausraster von Strauß in den Zeitungen stand und von Truchseß Strafantrag wegen Beleidigung stellte, war der Eklat perfekt. Die Sache musste vor den Immunitätsausschuss. Unter Hinweis auf ein »politisches Delikt«, das der Strafverfolgung entzogen sei, wurde Strauß von der CSU herausgepaukt. Einen Termin mit dem Verein Landtagspresse hat Strauß dann lange nicht mehr gemacht.

In der Zeit des Eingewöhnens waren Strauß seine Vertrauten wichtig: Gerold Tandler, Edmund Stoiber und Otto Wiesheu. Der rothaarige »Rambo« aus Zolling bei Freising kopiert auch heute noch beim stoßweisen, von dumpf gesprochenen Vokalen geprägten Reden sein Vorbild bis hin zum Wippen mit den Zehen. Am besten wippt aber die Strauß-Tochter Monika Hohlmeier. Es muss an den Genen liegen. Strauß bleibt bis auf weiteres der Redechampion der CSU, keiner kann ihm heute das Wasser reichen, erst recht nicht der hektische, mit den Armen fuchtelnde Stoiber. Nach einer Stunde Redezeit vergisst er alles, was seine Berater sagen. Dann beginnt er unangenehm laut zu werden und die Verben zu vergessen.

Wilfried Scharnagl, der Chefredakteur des Parteiorgans *Bayernkurier*, war auch einer, der eine, wahrscheinlich sogar die Vertrauensposition schlechthin bei Strauß hatte. Nicht umsonst wurde er der Sachwalter des publizistischen Strauß-Nachlasses. Strauß sagte über »his masters voice«: »Scharnagl schreibt, was ich denke, und ich denke was Scharnagl schreibt.« Außerdem kümmerte sich Scharnagl mit Stoiber um die Medien, vor allem darum, dass beim Bayerischen Rundfunk nichts aus dem Ruder lief. Vertrauensstellungen hatten auch seine beamteten Mitarbeiter in der Staatskanzlei: Holger Pfahls, Wolfgang Held, Wilhelm Knittel, Friedrich Piller. Alle wurden mit der Zeit gut versorgt, Stoiber hat sie alle gut gekannt, nur Pfahls lief aus dem Ruder.

Stoiber arbeitete sich mit seiner schnellen Auffassungsgabe, seiner Belastbarkeit und mit der Hilfe seiner Frau, die alle häuslichen Probleme von ihm fern hielt, als Generalsekretär schnell ein. Zur Tochter Constanze war 1977 ein zweites Mädchen, Veronica, geboren worden. Mit Sohn Dominic war die Familie 1980 komplett, aber Papa Stoiber machte, um es profan zu sagen, herzlich wenig Gebrauch von seinen Lieben. Er war damit beschäftigt, die Chancen von Strauß zu verbessern, um bei der Bundestagswahl 1980 endlich dessen Kanzlerkandidatur zu erreichen. Er musste die Möglichkeiten der Union, die immer noch ohne Koalitionspartner war, sondieren, einen kleineren aussichtsreichen Partner zu finden. Er musste immer wieder aufflackernde Insubordination in der CSU-Landtagsfraktion gegen den neuen Ministerpräsidenten möglichst im Keim ersticken und nebenher auch noch seinen Stimmkreis pflegen. »Wir hoffen nur, dass durch den Posten/unsre Kontake nicht verrosten«, hatte ihm sein Wolfratshauser Ortsverband zur Gratulationscour gedichtet. Stoiber hatte versprochen, dass er »weiterhin da« sein werde.

Sofort legte sich Stoiber mit der CDU an, die für die 1979 angesetzte Europawahl den in der Tat absonderlichen Slogan »Politik für die Freiheit, Glück für den Menschen« erfunden hatte. Den Spruch werde er »sicher nicht mit tragen«, sagte Stoiber in einer Veranstaltung, weil die Politik dem Menschen das Glück nicht garantieren könne. Der Satz sei »verheerend, abwegig und falsch«. Die CSU setze weiter auf die Parole »Freiheit statt Sozialismus«. Aufseiten der CDU hatte es Stoiber mit dem damaligen Kohl-Vertrauten und Generalsekretär Heiner Geißler zu tun, einem harten Brocken, den Strauß nicht mochte, weil er den sozial eingestellten Politiker für eine Art »Herz-Jesu-Marxisten« hielt. Wegen Geißlers vom Bergsteigen meist braun gegerbten, faltigen Gesichts sagte Strauß: »Der schaut aus wie ein ungemachtes Bett.« Es war klar, dass Stoiber niemanden gut finden konnte, der bei Strauß unten durch war. Aber immerhin sollte er mit Geißler den Bundestagswahlkampf 1980 managen, möglichst mit einem Kandidaten Strauß.

Die erste Kopfnuss verpasste Geißler, der auch damals schon ein begnadeter, bisweilen bösartiger Polemiker war, dem neuen Kollegen von der CSU schon drei Wochen nach dessen Bestallung zum »General«. Die Kritik am Europawahl-Slogan wollte sich Geißler nicht gefallen lassen, außerdem ging es wie im Fußball darum, dem Gegenspieler – ein Team wurden die beiden nie – gleich am Anfang mit einem »Schreckfoul« zu zeigen, wo der Hammer hängt.

»Lieber Kollege Stoiber«, begann Geißler in seinem natürlich der Presse zum Abdruck überlassenen Fernschreiben gönnerhaft, »ich weiß aus eigener Erfahrung, wie arbeitsintensiv die ersten Wochen in einem neuen Amt sind. Dennoch bitte ich Sie um einige Minuten Aufmerksamkeit. Der Inhalt dieses Fernschreibens könnte übrigens auch den Redakteuren des *Bayernkurier* zu Nutz und Frommen sein. Anlass meines Schreibens ist, dass die kleinen Freiheiten, die Sie sich genommen hatten, als Sie sich mit dem Slogan der CDU für die Einstimmungsphase der Europawahl beschäftigten, zwar den Bekanntheitsgrad des Mottos wirkungsvoll noch weiter erhöhten, aber der Glückserwartung der Unionsfreunde nach herzlicher Eintracht nicht förderlich waren«. Geißler erinnerte Stoiber daran, dass Kohl und Strauß im gemeinsamen Wahlprogramm von 1976 formuliert hätten: »Jeder soll sich frei entfalten, wie es seinen Fähigkeiten entspricht. Wir wollen das Glück der Menschen, nicht die Zwangsbeglückung.« So ähnlich stehe es auch im CSU-Grundsatzprogramm, »das zu reaktivieren Sie als eines Ihrer Hauptvorhaben bezeichneten«.

Es könne ja nie schaden, dozierte Geißler, mit Sympathiewerbung in der Vorphase eines Wahlkampfs »den einen oder anderen Wähler, der bisher SPD oder FDP gewählt hat, hinzuzugewinnen. Trotz beachtlicher Wahlerfolge bleibt auch für die CSU diese Aufgabe bestehen«. Eine Umfrage habe ergeben, dass der von Stoiber inkriminierte Satz gut ankomme. »Vergelts Gott, Herr Kollege«, frotzelte Geißler zum Schluss. »Bei den Wahlen in Bayern vergisst die CSU die Sympathiewerbung keineswegs. Zu Recht hat es doch in der offiziellen Wahlzeitung der Jungen Union Ihres Landes geheißen: ›Ein Glück, ein Bayer zu sein.‹ Und da ist in der Tat etwas dran. Viel Glück im nächsten Jahr. Ihr Heiner Geißler«.

Das hatte gesessen. Stoiber, das war damals schon bekannt, ist ziemlich nachtragend. Später, als er schon bayerischer Ministerpräsident war, hieß es in der CSU: »Gott vergibt, Stoiber nie.« Auch Strauß hatte am Anfang Stoiber ziemlich gedeckelt. Der *Spiegel* druckte 1980 ein Sitzungsprotokoll des CSU-Präsidiums vom 11. Dezember 1978. Stoiber hatte sich in seiner Heimatzeitung *Münchner Merkur* gegen eine Kandidatur des österreichischen Kaisersohns Otto von Habsburg auf der CSU-Liste für die

Europawahl 1979 ausgesprochen, nicht ahnend, dass sie ausgerechnet Strauß am Herzen lag.

In der Sitzung sagte Strauß laut Protokoll: »Darf ich einige Bemerkungen machen, zuerst an die Adresse meines Freundes Stoiber. Ich erfahr natürlich ungern aus der Zeitung, dass der Generalsekretär gegen die Kandidatur von Otto von Habsburg ist, wie heute dem *Münchner Merkur* zu entnehmen ist. Das ist ausgesprochen zweckschädlich. Wem hast du das gesagt?« Stoiber antwortete kleinlaut: »Das war ein erstes Vorstellungsgespräch mit den Journalisten, das Tandler auch immer gemacht hat, im Hirschgarten, ein Gespräch von zwei, drei Stunden, mehr persönlicher Art. Man ist davon ausgegangen, dass das, was da gesagt wird, nicht in die Zeitung kommt.«

Strauß, schon ziemlich ungehalten: »Darf ich etwas sagen! Gebt doch endlich den dämlichen Aberglauben auf, dass es im Gespräch mit Journalisten etwas Geheimes gibt. Ihr seid doch keine Anfänger, die noch in der Küche gewaschen werden. Was die an Hintergrund erfahren, ist für sie News. Wir kriegen dadurch eine höchst unerfreuliche Reaktion. Deren Grund ist Vertrauensseligkeit und Unbeherrschtheit.« Um sich bei Strauß wieder einzuschmeicheln, erzählte Stoiber kurz darauf dem *Spiegel* etwas, was man weder vorher noch erst recht nicht nach 1993 von ihm gehört hat, als er bayerischer Ministerpräsident geworden war und sich von seiner Strauß-Zeit abzusetzen begann: Dass er nämlich schon als zehnjähriges Kind mit Begeisterung Reden von Strauß gehört und dieser ihn frühzeitig politisiert habe.

Im Dezember 1978 begann Stoiber, Überlegungen in die Öffentlichkeit sickern zu lassen, dass ein bundesweites Antreten der CSU, allerdings ohne Direktkandidaten, 1980 der Union in jedem Fall die absolute Mehrheit bringen würde. Eine Konfrontation mit der CDU würde entfallen, weil die Wähler außerhalb Bayerns der CDU die Erststimme geben könnten und die Zweitstimme wahlweise der CDU oder der CSU. Aber, beruhigte der Generalsekretär, alles sei Theorie, die Strategie werde mit der CDU ausgiebig besprochen. Dann hieß es wieder, die CSU wolle schon bei der Europawahl von 1979 einen bundesweiten Probelauf machen.

Berichte, Strauß habe auf eine bundesweite Ausdehnung verzichtet, verwies Stoiber in das Reich der Fabel. »Strauß hat weder eine Andeutung, geschweige denn eine Zusage gemacht, die es zuließe, von einem Verzicht der CSU auf einen bundesweiten Anspruch zu sprechen«, sagte der Generalsekretär. Die CSU halte sich »sämtliche Wege zur Erreichung der Bundestagsmehrheit offen«. Sein Gesellenstück als Generalsekretär lieferte Stoiber bei der ersten Europawahl ab. Mit 65 Prozent erzielte die CSU, angeführt vom in der Staatskanzlei abgehalfterten Alfons Goppel, ein phänomenales Ergebnis. Die Stimmung in der CSU stieg, Stoiber wagte sich an sein Meisterstück: »FJS for President«.

Erst aber mussten Wege gefunden werden, wie man bei der Wahl 1980 zur Mehrheit kommen könnte, ohne die CDU so zu reizen wie mit dem Kreuther Beschluss von 1976. Einen dieser Wege schien Strauß und Stoiber der Vorsitzende der Steuergewerkschaft, Hermann Fredersdorf, zu weisen. Er hatte verlauten lassen, er wolle sich mit einer Bürgerpartei an der Bundestagswahl 1980 beteiligen. Begierig nahm die CSU den Vorstoß auf, der, wenn er zum Erfolg führte, das starre Parteiengefüge aufbrechen würde. Geißler und Stoiber trafen sich im Mai 1979 in Südtirol, um die Lage zu sondieren. Der Bayer hatte drei ausgearbeitete Vorschläge mitgebracht. Vorschlag eins: Beide Unionsparteien könnten Fredersdorf unterstützen und seiner Partei über die Fünf-Prozent-Hürde helfen. Die zweite Variante: Die CSU geht mit der Bürgerpartei eine Listenverbindung ein, damit die außerhalb Bayerns für Fredersdorf abgegebenen Stimmen nicht verfallen. Da es sich um keine Ausdehnung handle, brauche die CDU auch nicht an einen Einmarsch in Bayern denken. Ultima ratio und Vorschlag Nummer drei sei eine bundesweite Ausdehnung der CSU.

Geißler hatte eine umfangreiche Zusammenstellung von Umfragen mitgebracht, mit der er belegen wollte, dass die Union auch ohne »vierte Partei« oder Ausdehnung der CSU die Mehrheit erreichen könne. Mehr ließ er sich nicht entlocken, aber für Stoiber war klar, dass die CDU keine Veränderung der Parteienlandschaft wollte und jede Eigenmächtigkeit der Bayern mit Gegenmaßnahmen beantworten würde. Strauß ging es wie Stoiber 2001, der wegen des Zustands der CDU Aufforderungen zur

Kanzlerkandidatur immer wieder kategorisch zurückdrängte. Mit diesem »Saftladen« von CDU, mit diesem »Faschingszug« oder »Sauhaufen« wie Strauß schon 1976 gezetert hatte, war weder der vom CSU-Vorsitzenden prophezeite Vormarsch des Sozialismus aufzuhalten noch die Wahl 1980 zu gewinnen. Sein Vertrauter Friedrich Voss notierte zum ergebnislosen Treffen Stoibers mit Geißler: »Als FJS von dieser Sachlage durch den Bericht Stoibers Kenntnis erhält, erklärt er zu den Spekulationen einer eigenen Kanzlerkandidatur, er sehe sich dazu ohne Änderung der politischen Rahmenbedingungen in der Bundesrepublik Deutschland nicht in der Lage.«

Voss, der Strauß aus langen Jahren der Zusammenarbeit besonders gut kannte und sich als Rheinländer zum derben bayerischen Politgeschäft zumindest etwas Distanz bewahrt hat, ist als Zeitzeuge interessant, weil er als einer der wenigen CSU-Insider unverhohlen die Theorie vertritt, Strauß sei damals von seinen CSU-Freunden förmlich in eine aussichtslose Kandidatur getrieben worden. Er nennt an erster Stelle den langjährigen Weggefährten von Strauß, Friedrich Zimmermann, der jahrzehntelang für Strauß »Odel gefahren« habe; »Odel« ist der bayerische Ausdruck für Jauche. Auch »einige Pfadfinder« seien dabei gewesen, zu denen er auch den Generalsekretär Edmund Stoiber rechnet. Der nämlich war bei der entscheidenden Zusammenkunft am 23. Mai 1979 nach der Wahl von Karl Carstens (CDU) zum Bundespräsidenten mit dabei, als Strauß das »Ja« zur Kandidatur abgerungen und ihm jeder Rückweg abgeschnitten wurde.

Zimmermann hatte angeblich während einer CDU-Feier zur gelungenen Wahl des Bundespräsidenten gehört, die CDU wolle im Parteipräsidium schon in allernächster Zeit den Ministerpräsidenten Niedersachsens, Ernst Albrecht, als nächsten Kanzlerkandidaten benennen. Sofort zog sich Strauß mit Zimmermann und anderen CSU-Spitzenpolitikern, darunter Generalsekretär Edmund Stoiber, in seine Bonner Wohnung zurück, um die Lage zu erörtern. Richard Stücklen nennt als weitere Teilnehmer Gerold Tandler, die CSU-Bundestagsabgeordnete Michaela Geiger und den Springer-Journalisten Peter Boenisch. Später zog die Runde in ein Restaurant in Bad Godesberg um, und dort stellte

Zimmermann laut Voss die entscheidende Frage an Strauß: »Wann, wenn nicht jetzt?«

Für Strauß war die Kanzlerschaft – so wie später auch für Stoiber – immer ein Traum. Angesichts des politischen Alltags und des Zustands der Union erschien er aber nicht erfüllbar. »Kassandra wählt man nicht«, hatte Strauß gesagt, und die Umfragen gaben ihm Recht. Bundeskanzler Helmut Schmidt hatte in nahezu allen Bereichen einen Kompetenz- und Sympathievorsprung gegenüber dem Bayern. Dessen Defizite in den nördlichen Bundesländern schienen durch noch so gute Ergebnisse auf der Südachse Bayern/Baden-Württemberg nicht auszugleichen zu sein. Mit seinen zum Teil von blankem Hass zeugenden Aussprüchen – etwa über Schriftsteller wie Rolf Hochhuth oder den Trivialhistoriker Bernd Engelmann, die er »Ratten und Schmeißfliegen« nannte – tat Strauß wenig dazu, seine Sympathiewerte außerhalb Bayerns zu steigern. Auch sein vertrauter Umgang mit Diktatoren aller Schattierungen wurde von vielen missbilligt. Kein Wunder also, dass ein Koalitionspartner, der 1980 der Union zur absoluten Mehrheit hätte verhelfen können, nicht in Sicht war.

Die Fredersdorf-Partei war ein tot geborenes Kind, sie blieb 1980 deutlich unter 2 Prozent. Die FDP, inzwischen von Hans-Dietrich Genscher befehligt, spielte zwar auch damals schon mit Wechselgedanken, die aber keinesfalls mit Strauß, sondern bestenfalls mit dem CDU-Vorsitzenden Kohl zu realisieren waren. Auf die Wahl 1980 setzten weder Kohl noch Genscher besondere Hoffnungen, sie sahen ihre Zeit noch nicht gekommen. Erst sollte sich Strauß seine Büffelhörner endgültig abstoßen und zurück nach Bayern verbannt werden, dann erst konnte die Sollbruchstelle im sozial-liberalen Bündnis präpariert werden. Ein Absprung von der SPD bereits zur Bundestagswahl bei einer Kanzlerkandidatur von Strauß würde die Liberalen einer Zerreißprobe aussetzen und sie der Fünf-Prozent-Hürde, die über das parlamentarische Überleben entscheidet, gefährlich nahe bringen.

Den verschiedenen Aufzeichnungen von CSU-Politikern – die von Stoiber fehlen noch – über das Bad Godesberger Gelage, aus dem Strauß als nicht ganz freiwilliger Kandidat hervorging, ist zu entnehmen, dass Strauß zumindest beim harten Kern der Anwesenden mit seinen Zweifeln allein auf weiter Flur stand. Alle hätten auf Strauß eingeredet, dass jetzt die Zeit des Pfeifens gekommen und die des Mundspitzens vorbei sei, berichtet Zimmermann. Es sei ziemlich gezecht worden, zum Schluss habe sich Strauß zumindest bereit gefunden, als Kandidat der CSU zu fungieren. Strauß sei am darauf folgenden Morgen noch gar nicht zum Nachdenken gekommen, da habe Zimmermann schon die frohe Botschaft von der Kandidatur des bayerischen Ministerpräsidenten in die Welt gesetzt, ergänzt Voss. Wie schon beim Kreuther Trennungsbeschluss 1976 wurde der CDU-Vorsitzende Kohl nicht offiziell informiert. Das schien der CSU nach dem Gerücht über die bevorstehende Positionierung von Albrecht nicht notwendig zu sein. Ob das Gerücht überhaupt Substanz hatte oder von der CDU nur gestreut wurde, um Strauß viel zu früh aus der Reserve zu locken, überprüfte niemand. Das zu eruieren hätte die Aufgabe des Generalsekretärs Stoiber sein können.

Stücklen glaubt ebenfalls, dass Strauß zur Kandidatur gedrängt worden ist als Reaktion darauf, dass Kohl Strauß mit der Ausrufung des Kandidaten Albrecht vor vollendete Tatsachen stellen wollte. Die CDU müsse sich die Strauß-Kandidatur zu Eigen machen, sei in Bad Godesberg im inneren Zirkel der CSU gefordert worden. »Wäre ich dabei gewesen, hätte ich mich gegen eine Kandidatur von Strauß für die Wahl 1980 ausgesprochen«, schrieb Stücklen in seinen Erinnerungen 2001. Kohl habe immerhin schon 1976 fast die absolute Mehrheit geholt und sich dann gegen eine niedergehende sozial-liberale Koalition weiter profiliert.

»Bei einem Erfolg Kohls hätte es einen Vizekanzler und Außenminister Strauß gegeben«, schreibt Stücklen, der nie zu den Strauß-Claqueuren gehörte und von diesem immer wieder verdächtigt wurde, zu enge Beziehungen zur CDU zu unterhalten.

Strauß war aber nicht danach, nur Zweiter hinter Kohl zu sein. Außerdem lief ihm die Zeit davon, eine weitere Kandidatur nach 1980 war für ihn aus Altersgründen nicht denkbar. Er war ja schon fast 65 Jahre alt. Kohl selbst dürfte seine Chancen gegenüber

Bundeskanzler Helmut Schmidt wohl nicht als genügend hoch eingeschätzt haben. Es zeigten sich allerdings schon unübersehbare Risse im sozial-liberalen Bündnis, und so hielt sich der CDU-Vorsitzende lieber für das Auffangen der sprungbereiten Liberalen bereit. Die Wahl 1980 mochten andere verlieren – am besten Strauß, der nach einer Niederlage den Unionshof endgültig übergeben und in seinem bayerischen Austragshaus Ruhe geben sollte.

Was hätten die beiden jungen Heißsporne Stoiber und Tandler Strauß damals geschuldet? Sicher eine professionellere Beratung und Schutz an jenem Abend, an dem noch keine so weitreichende Entscheidung hätte fallen dürfen. Höchstens ein Donnergrollen in Richtung CDU hätte das Albrecht-Gerücht hervorrufen dürfen: »Macht bloß nichts ohne uns, sonst krachts aber richtig.« Strauß hätte auch seinen Spruch von 1976 wiederholen können: »Mir ist es wurscht, wer unter mir Kanzler wird«, und gleichzeitig bei der CDU einen verbindlichen Zeitplan für die Kür des besten Herausforderers von Bundeskanzler Helmut Schmidt einfordern können. Nur breitschlagen hätte er sich nicht lassen dürfen. Die Konsequenzen, die Stoiber in den letzten Jahren aus den damaligen Erfahrungen für die Vorbereitung seiner eigenen Kandidatur gezogen hat, die Sorgfalt, mit der er sie vorbereitet hat, beweisen, was er heute vom Hauruck-Verfahren von 1980 hält. Wahrscheinlich hätte Strauß damals auch bei besserer Beratung die Kandidatur an sich gerissen – und hätte wohl trotzdem nicht gewonnen; die CDU leistete ja aus Kalkül wenig Widerstand und im Wahlkampf nur dosierte Hilfe. Doch Stoiber müsste sich heute nicht sagen lassen, er habe dazu beigetragen, dass Strauß viel zu früh positioniert wurde, was seine Chancen ohne Zweifel beeinträchtigte.

Strauß gewann kurz darauf die entscheidende Abstimmung in der gemeinsamen Unionsfraktion mit 135 zu 102 Stimmen, und zwar gegen Ernst Albrecht, der tatsächlich von der CDU aufgeboten worden war. Strauß war der Abstimmung ferngeblieben, hatte auf eine Bewerbungsrede verzichtet und in seinem Münchner Haus bereits geschlafen, als die Nachricht von seiner endgültigen Nominierung kam. Er hatte keinerlei Zusagen des CDU-Parteivorsitzenden Kohl über Wahlkampfinhalte, über die finanzielle Unterstützung, über dessen Anstrengungen, die Union hinter den bayerischen Kandidaten zu bringen. Er hatte nicht einmal die Gewissheit, dass er als Kanzler an der Reihe wäre, wenn es 1980 nicht klappen würde, sich aber in der darauf folgenden Legislaturperiode ein Zusammengehen mit der FDP abzeichnen sollte.

Bis weit ins Jahr 1980 hinein hätte sich Strauß als bayerischer Ministerpräsident in Ruhe weiter profilieren können. Er hätte einen Betrieb nach dem anderen für Bayern akquirieren, mit dem Empfang von Staatsgästen aus aller Welt bayerisches Flair entwickeln und als CSU-Vorsitzender in Bonn alle Möglichkeiten zur Mitbestimmung und Mitgestaltung in der Union wahrnehmen können. Stattdessen wurde er, der besonders für Nicht-Bayern ohnehin eine Reizfigur war, zur Unzeit der gesamten Bundesrepublik als Langzeitkandidat präsentiert. Da es seinem Naturell entsprach, keine Einladung zum Raufen auszuschlagen, fiel er auf jede Provokation herein. Es ging ab Mitte 1979 bis zum Wahltag ziemlich ununterbrochen hoch her. Stärker ist ein Kanzlerkandidat noch selten verschlissen worden.

All das, was Stoiber 2001 in eigener Sache gebetsmühlenhaft vorgebracht hat, hätte er auch damals schon für Strauß erklären müssen: »Sachthemen stehen im Vordergrund, Personalfragen stehen ganz am Schluss, die Parteivorsitzenden erarbeiten einen Zeitplan und halten sich daran, die im Frühjahr vor der Wahl aktuelle Lage bedingt die Personalentscheidung, alle Personalspekulationen schaden der Union und nützen dem politischen Gegner.« Mag sein, dass sich Stoiber und Tandler gegen den alten Fuchs Zimmermann damals nicht durchsetzen konnten, dessen Gedächtnis nur einmal – bei einer Eidesleistung nach der »Spielbanken-Affäre«, die zur Vernichtung der Bayernpartei geführt hatte – versagt hatte. Das hatte ihm den Spitznamen »Old Schwurhand« eingetragen, und seitdem sagen die Bayern, wenn sie etwas nicht genau vorhersagen können: »Schwören tät ich schon, aber wetten nicht.« Vielleicht haben Stoiber und Tandler wirklich daran geglaubt, dass Strauß es schaffen könnte.

Vielleicht aber wollten die beiden Zimmermann trotz eigener Zweifel gar nicht widersprechen, denn eine Rückkehr von Strauß aus Bayern nach Bonn in welches Amt auch immer hätte den beiden politischen Ziehsöhnen in München und Bonn glänzende Möglichkeiten eröffnet. Könnte man es den beiden Senkrechtstartern verdenken, wenn sie bei all ihrer Loyalität zu ihrem Förderer solche Gedanken gehabt hatten? Konnten sie ihre eigenen Ambitionen nicht trefflich mit dem Anspruch von Strauß und der CSU verknüpfen, der sozial-liberalen Regierung in Bonn müsse ein Ende gemacht werden und nur Strauß werde in der Lage sein, dieses Ende herbeizuführen?

Einer von ihnen, wahrscheinlich Tandler, hätte, wenn Strauß damals tatsächlich als Kanzler oder Oppositionsführer nach Bonn zurückgekehrt wäre, Ministerpräsident werden können, ohne sich einer Landtagswahl stellen zu müssen. Die war in Bayern erst wieder 1982. Stoiber hätte sich jeden Kabinettsposten aussuchen oder im Fall eines Regierungswechsels nach Bonn mitgehen können.

Ein erfahrener Generalsekretär hätte Strauß auf Zimmermanns Frage »Wann, wenn nicht jetzt?« die Antwort nahe legen müssen: »Jetzt auf keinen Fall.« Zwanzig Jahre später hat Stoiber jedenfalls, wenn auch unter wesentlich kommoderen Bedingungen, besser gewusst, wie man eine Kanzlerkandidatur anlegt und was zu erledigen ist, bevor man sich ausrufen lässt. Damals hat er als »absurd« dementiert, Strauß bedrängt zu haben. Der lasse sich doch in einer solch »essenziellen Frage nicht von irgendeinem dreinreden«, erst recht nicht »von einem, der erst sieben Monate Generalsekretär der CSU ist«.

9 Die Erfahrung von 1980

Der auf fast eineinhalb Jahre angelegte Wahlkampf forderte auch Stoiber bis auf das Äußerste. Von Tandler hatte er einen funktionierenden Parteiapparat und ein am Politikmarkt werbetechnisch hervorragend platziertes »Produkt CSU« übernommen. Tandler hatte die CSU entstaubt und mit dem legendären »Team 70« der Werbeasse Pirner & Hotop der Partei ein anheimelndes, die Schönheit des Landes und seine angebliche Einheit mit der CSU immer wieder aufnehmendes Image verschafft. Mitgebracht hatte Stoiber die Sturheit und Zähigkeit des nordischen Langkopfs, der sich deutlich von den im Freistaat in der Regel anzutreffenden weitaus gemütlicheren Rund- oder Dickschädeln abhob. »Wenn ich einmal überzeugt bin, gehe ich bis zur Endkonsequenz«, sagte er und schaute dabei gefährlich durch seine getönten Brillengläser, derentwegen er in Parteikreisen zunächst für arrogant gehalten wurde. Erst als er die Geschichte mit der Beinahe-Erblindung bei den im Schnee marschierenden Gebirgsjägern erzählte, sah man ihm das nach. Strauß erkannte schnell: »Ohne den Stoiber geht gar nix.«

Strauß brauchte in Bayern keine eigene Werbung, darum musste sich Stoiber also nicht kümmern. Dringend erforderlich wäre es aber gewesen, das Strauß-Bild außerhalb Bayerns zu retuschieren, seinem Rabauken- und Raffke-Image die Anmutung eines inzwischen gereiften Staatsmanns und gütigen bayerischen »Landesvaters«, der aber in der großen Welt zu Hause ist, entgegenzusetzen. Es kam zu keiner programmatischen oder sonstigen Klärung, weil die Wahlkampfstrategen Geißler und Stoiber nicht miteinander konnten. Was der eine, gestützt durch seine Parteigremien, vorschlug, lehnte der andere, gestützt durch seine Parteigremien, ab. Geißler wollte einen sachbezogenen, unaufgeregten Wahlkampf, der mit Strauß nicht zu machen war. Stoiber argwöhnte, dass die CDU den bayerischen Spitzenkandidaten verstecken wolle. Er setzte auf einen ganz auf Strauß zugeschnittenen Wahlkampf, auf Angriff und Emotion. Er verstärkte die ohnehin bekannten, ja gefürchteten Eigenschaften von Strauß noch, und zog aus dem Jubel, den der CSU-Vorsitzende seit Jahren bei außerbayerischen Veranstaltungen oder beim auch von ganzen CDU-Ortsverbänden besuchten politischen Aschermittwoch in Passau hervorrief, den falschen Schluss. Dabei trieb häufig erst einmal nur die Neugier auf den Exoten vom Nordrand der Alpen die Leute an die Biertische. Ihre Stimme hatten sie damit noch nicht verpfändet. Wenn der Rausch verflogen war, fragte sich mancher, was der Bayer eigentlich Neues gesagt hatte. Auch wenn Stoiber ein anderer Typ ist, wird er diese Erfahrung, dass Neugier noch nicht Zustimmung ist, im Wahlkampf 2002 noch machen.

Es gab also kein Wahlkampfkonzept und es fehlte an Geld. Natürlich war Stoiber, der in Gelddingen immer zurückhaltend gewesen sein will, als Generalsekretär auch in die nicht ganz astreine Erschließung von Finanzquellen für die CSU eingebunden. Stoiber zapfte zum Beispiel Hans Heinrich Firnges an, der im Vorstand des Nürnberger Elektronikkonzerns von CSU-Gönner Max Grundig saß. Firnges sollte Grundigs Wahlkampfspenden für die CSU – bis 1980 mehrere Millionen Mark – nicht länger über die »Staatsbürgerliche Vereinigung Köln« fließen lassen, sondern die CSU direkt bedenken. Grundig hatte es 1978 wegen zu befürchtender rechtlicher Folgen kategorisch abgelehnt, eine 300 000-Mark-Spende an die CSU über Anzeigen für das CSU-Blatt *Bayernkurier* abzurechnen. Außerdem war er darauf bedacht, der bei Großspenden bestehenden Pflicht zur Veröffentlichung seines Namens zu entgehen, um seine Betriebsräte nicht gegen sich aufzubringen. Der ihm von der CSU angetragene *Bayernkurier*-Deal entsprach dem »Modell Zwick«. Der spendable Bäderunternehmer allerdings bekam Ärger mit dem Finanzamt, als er das Schmugeld von der Steuer absetzen wollte. Solchen Ärger wollte Grundig selbst für Strauß und Stoiber nicht in Kauf nehmen. Über den CSU-Ableger des Kölner Spendensammelvereins, die »Bayerische Staatsbürgerliche Vereinigung« (BStV) mit Sitz in München, die unentwegt bei ihm bettelte, wollte Grundig auch nicht spenden. Er wollte nicht den Eindruck erwecken, nur auf die CSU fixiert zu sein. Das Grundig-Geld fand aber seinen Weg zur CSU dennoch.

Die BStV war, damals unter Führung des Industriellen Rolf

Rodenstock, überwiegend für die CSU tätig und sammelte zwischen 1969 und 1980 knapp 30 Millionen Mark ein. Strauß hatte ihre Gründung 1960 initiiert, um sich von der Staatsbürgerlichen Vereinigung Köln abzukoppeln, von der er annahm, sie versorge hauptsächlich die CDU. Trick dieser Vereinigungen war es, das bei ihnen eingegangene Geld der Firmen als Mitgliedsbeiträge für einen berufsständischen Verband zu deklarieren, damit die Spenden als Betriebsausgaben von der Steuer abgesetzt werden konnten. Auf diese Weise berappten die Bürger der Bundesrepublik einen ansehnlichen Teil des von den Parteien zusätzlich zur Staatsfinanzierung eingesackten Geldes. Für Bayern hatte dieses dubiose Verfahren das Landes-Finanzministerium mit einem Bescheid abgesichert. Als der SPD-Landtagsabgeordnete Rudolf Schöfberger später dieses System als »die ausgeklügelte Geldwaschanlage der CSU bezeichnete und ein SPD-Pressedienst daraus eine Nachricht machte, erwirkte Generalsekretär Stoiber eine Gegendarstellung, in der vor allem der von Schöfberger erhobene Vorwurf der Steuerhinterziehung zurückgewiesen wurde. Im Verlauf des Rechtsstreits bekam der Pressedienst aber Recht.

Im Vorstand des bayerischen Ablegers waren große bayerische Firmen wie BMW, Krauss-Maffei, MAN, Bayerische Vereinsbank oder Allianz versammelt und in einem »Gesprächskreis Wirtschaft/Politik« konnten die Bosse hochrangigen CSU-Politikern, unter anderen auch Strauß selbst, ihre Sorgen und Wünsche vortragen. Manchmal verprellte Strauß die erlesene Gesellschaft, weil er, wie sich Max Streibl erinnerte, angeheitert zu solchen Treffen kam. Der Kreis war eine Variante zum eher privaten Franzens-Club von Strauß, in dem ebenfalls Freunde aus der Industrie vertreten waren.

Die CSU fand auch nichts dabei, Betriebe anzuzapfen, an denen der bayerische Staat direkt oder indirekt beteiligt war, weshalb es für die Manager nicht günstig gewesen wäre, sich den Geldwünschen zu widersetzen. Die bayerische BStV-Niederlassung trat zeitweise auf, als würde sie Pizza-Restaurants abkassieren. Der Vorstandsvorsitzende von Krauss-Maffei, Hans-Heinz Griesmeier, bekam am 13. August 1980 von BStV-Geschäftsführer Wilken von Reden einen Brief, in dem stand: »Ich hatte Sie mit

Schreiben vom 30.4. gebeten, die Höhe des Beitrags Ihres Unternehmens für 1980 noch einmal zu bedenken und freundlich zu berücksichtigen, dass wir 1980 nicht hinter den Beiträgen zurückbleiben können, die uns von Ihrem Hause 1972 und 1976 aus gleichem Anlass zur Verfügung gestellt wurden.« Wenn nicht nachgebessert werde, würde die Firma Krauss-Maffei eben an den Pranger gestellt: »Niemals« würden zwar »Angaben über Beiträge einzelner Unternehmen gemacht. Auf die Frage allerdings, welche Großunternehmen 1980 hinter den früheren Leistungen und den Erwartungen zurückgeblieben sind, habe ich auf der Vorstandssitzung im Juli auch Ihre Gesellschaft – ohne Zahlen, versteht sich – nennen müssen. Daraufhin wurde ich vom Vorstand beauftragt, mich dringend um eine zweite Rate zu bemühen.«

Das war selbst den bereitwilligen Krauss-Maffei-Chefs zu dreist. In einer internen Notiz, die bei den Durchsuchungen zum Flick-Spendenskandal der Staatsanwaltschaft in die Hände gefallen war, hielten sie fest: »20 000 Mark bereits bezahlt … Erster Versuch des Herrn v. Reden weg. Erhöhung vom 30.4. nicht beantwortet. Es wird vermutlich nicht beim zweiten Versuch bleiben, er wird um Termin nachsuchen. Entgegen der Praxis früherer Bundestagswahljahre, in denen wir TDM 40 Beitrag leisteten, sollten wir diesmal hart bleiben. Da die Sozis sowieso die Wahl gewinnen werden, braucht höchstens die FDP Unterstützung, er hingegen bedenkt alle drei Parteien. Wenn wir diesmal umfallen, präjudizieren wir für spätere Jahre unsere Beitragsentscheidung. Schließlich entscheidet KM [Krauss-Maffei – der Autor] über die Beitragshöhe, nicht die Staatsbürgerliche Vereinigung. Unsere Mitgliedschaft bringt uns sowieso keinen konkreten Vorteil.«

Für Aufregung in der CSU hatte im Februar 1978 Kultusminister Hans Maier gesorgt, der am Rand einer Landtagsdebatte über die Einführung eines von der Wirtschaft heftig abgelehnten obligatorischen Berufsgrundschuljahrs zu erkennen gab, wie die CSU mit ihrer Politik die Spendenbereitschaft von Konzernen erhöhte. Der SPD-Abgeordnete Sepp Klasen legte in einer Erklärung nieder, was er von Maier gehört hatte: »Die alte Fassung, das obligatorische Grundschuljahr in Bayern einzuführen, sei auf Einflussnahme der Firma Siemens gefallen. Man müsse das auch im Zusammenhang mit Verhandlungen der Lazarettstraße [dem

Sitz der CSU – der Autor] sehen, 20 Millionen Mark Wahlkampfspende stünden im Feuer. Diese Feststellung von mir werde er dementieren.« Das tat der in Finanzdingen der Partei unerfahrene Maier dann zwar, bot aber auch seinen Rücktritt an, der nicht angenommen wurde.

Dieses System hatte Stoiber als Generalsekretär vorgefunden und sich mit ihm schnell vertraut gemacht. Obwohl er nicht der Schatzmeister war, schnorrte er auch selbst. Am 9. Januar 1980 schrieb Stoiber dem Grundig-Finanzvorstand: »Sehr geehrter Herr Firnges, der Vorsitzende der Christlich-Sozialen Union, Ministerpräsident Dr. h.c. Franz Josef Strauß, hat mich gebeten, Ihnen sehr herzlich für die letzte Unterredung zu danken, und er wäre Ihnen sehr verbunden, wenn Sie die entsprechenden Maßnahmen über Herrn Rechtsanwalt Dr. Franz Dannecker abwickeln würden. Herr Dr. Dannecker ist von Herrn Dr. Strauß autorisiert, für die CSU die Angelegenheit zu behandeln.« Grundig wollte tatsächlich eine Million Mark springen lassen, aber wiederum die Hälfte über die Staatsbürgerliche Vereinigung Köln abwickeln. Die andere Hälfte sollte »über München« laufen. Zuerst sollte aber wegen der Probleme mit der steuerlichen Abzugsfähigkeit abgewartet werden, »bis Herr Dr. Dannecker dch. Pers. Referenten d. H. Tandler (Dr. Stoiber) Mittlg. machen lässt, welcher Weg f. Zahlg. eingeschlagen werden soll«.

Der von Stoiber avisierte Dannecker, eine der undurchsichtigsten Gestalten, die sich im Dunstkreis von Strauß aufhielten, tauchte am 30. Januar 1980 bei Grundig auf und machte dessen Beauftragten Angst. Über Köln sollte nicht mehr gespendet werden, die dortige Vereinigung sei nämlich der Steuerfahndung aufgefallen, sagte er laut staatsanwaltschaftlichen Akten. Eine Spende an Strauß könne zwar quittiert, aber nicht von der Steuer abgesetzt werden. Strauß habe gesagt: »Lieber nur die Hälfte und ruhig schlafen können.« Grundig hatte ein Einsehen. Er zahlte 800 000 Mark für die Kanzlerkandidatur von Strauß auf ein Konto Danneckers, die weitere Abwicklung ist unbekannt. Später hat Dannecker auch Stoiber zumindest eine namhafte Spende besorgt.

Schwieriger waren jene 50 000 Mark zu verbuchen, die Strauß beim AEG-Konzern für die venezolanischen Christdemokraten von der »Copei« geschnorrt hatte. Die Firma wollte nicht direkt an die Copei zahlen, sondern machte, wie der *Spiegel* dokumentierte, »eine Überweisung an die Staatsbürgerliche Vereinigung, die selbsterläuternd ist«. Auf dem Beleg stand nicht etwa »Unterstützung für Copei«, sondern: »Spende ist für die CSU bestimmt und hier zweckgebunden für die Auslandsarbeit der CSU und spezifisch für Bildungsfragen im Ausland.« Damit hatte die AEG, die in Venezuela gute Geschäfte machte, ihre Spendenquittung und die CSU ein Problem. Der neue Generalsekretär Stoiber hatte Angst vor den Finanzbehörden. Weder dürfe das Geld auf einem CSU-Konto noch auf einem Konto der Hanns-Seidel-Stiftung auftauchen, ehe es an die Copei gehe, sagte er. Angeblich soll Stoiber dazu geraten haben, das Geld für die CSU zu behalten, schließlich habe die AEG es so bestimmt, und die Venezolaner wüssten ohnehin nichts davon. Doch Auslandsreferent Dieter Huber, der zwei Jahre später beim *Spiegel* auspackte, hatte die Schwesterpartei schon verständigt. Man entschloss sich schließlich, das Geld über Huber nach Venezuela zu transferieren. Der werde als Privatmann kein Problem mit dem Fiskus bekommen.

Im Verlauf der Aufklärung der Flick-Spendenaffäre hatte die Bonner Staatsanwaltschaft ab den frühen achtziger Jahren etwa 1800 Ermittlungsverfahren eingeleitet und nach dem »Tatort«-Prinzip 47 davon nach Bayern abgegeben. Dort hatten die CSU-Gönner aber nichts zu befürchten. 27 Verfahren wurden umgehend eingestellt, die anderen wurden eine Zeit lang offen gehalten, aber von Anklagen oder Strafbefehlen war nichts zu hören. Alle Verfahren seien eingestellt worden, hieß es Jahre später in einer Antwort des Justizministeriums auf eine SPD-Anfrage im Landtag. Als 1999 die Spendenaffäre der CDU hochging, die weit in die achtziger Jahre zurückreichte, brüstete sich Stoiber: »Bei der CSU gibt es keine Spendenaffäre.«

Das Geld reichte freilich für den aufwändigen, durch die frühe Nominierung unmäßig langen Strauß-Wahlkampf vorne und hinten nicht. Friedrich Voss erinnert sich an 1980: »Die Sitzung der Finanzkommission der CSU findet am 3. März in Abwesenheit von FJS, Fritz Zimmermann und Rudolf Rodenstock statt, die Terminschwierigkeiten haben. Die Rumpfmannschaft aus Anton Jaumann, Max Streibl, Gerold Tandler, Edmund Stoiber,

Reinhold Kreile, Karl-Heinz Spilker und Friedrich Voss kann sich nicht auf ein tragfähiges Konzept für die verbleibende Wahlkampfzeit einigen, sondern nur darauf, wer welche Firmen um weitere Spenden angeht. Kein beflügelndes Erlebnis.« Generalsekretär Stoiber, auch für den Neubau der CSU-Landesleitung in der Nymphenburger Straße 64 in München verantwortlich, zog Zorn auf sich, obwohl er in diesem Fall wenig dafür konnte. Voss erklärt, warum: »Als FJS sein neues Büro ... betreten will, hält er die Türklinke in der Hand. Telefonieren kann er nicht, weil die Apparate noch nicht angeschlossen sind. Beim Betreten der Toilette muss er feststellen, dass die Türen noch nicht eingehängt sind. Es stellt sich heraus, dass der verantwortliche Bauleiter von Beruf Koch ist, sich mit gefälschten Papieren als Architekt ausgegeben hat und nun im Knast sitzt. Manchmal bleibt FJS auch wirklich nichts erspart.«

In der Wahl der Mittel ging die CSU unter der Regie von Stoiber und Voss bis an die Grenze, bisweilen darüber hinaus. Stoiber ließ unter seinem Namen Anzeigen schalten, in denen er vor einer »Moskau-Fraktion« der SPD und deren »wachsendem Verständnis« für die Sowjets warnte. Der SPD-Politiker Egon Bahr wurde zu Unrecht beschuldigt, hinter Krawallen zu stecken, die sich bei einer Strauß-Veranstaltung im Ruhrgebiet abgespielt hatten. Den angeblichen SPD-Informanten konnte die CSU nicht präsentieren, sie musste den Vorwurf zurücknehmen. Stoiber führte in den Wahlkampf die Theorie ein, dass Sozialisten und Nationalsozialisten eins seien; allerdings hatte auch Geißler mit seiner Parole, der Pazifismus habe Auschwitz erst möglich gemacht, das innenpolitische Klima verpestet.

Im Januar 1980 legte sich Stoiber mit den Repräsentanten der deutschen Wirtschaft an, weil diese in die CSU-Hassgesänge gegen Helmut Schmidt nicht einstimmen wollten. Rolf Rodenstock, Multimillionär aus der Optikbranche in München und damals Präsident des Bundesverbands der Deutschen Industrie, der CSU als Präsident der Münchner Spendensammelstelle »Staatsbürgerliche Vereinigung« nun wirklich wohl gesonnen, habe es gewagt, so Stoiber, auch im Sozialdemokraten Schmidt einen Vertreter der sozialen Marktwirtschaft zu sehen und das öffentlich zu sagen.

Stoiber schimpfte auf einer Veranstaltung der CDU-Mittelstandsvereinigung in Oldenburg, Strauß habe die soziale Marktwirtschaft »erschaffen, aufgebaut und jahrelang gegen die SPD verteidigt. Und jetzt geht Herr Rodenstock daher und sagt, der Kanzler Helmut Schmidt ist der Garant der Sozialen Marktwirtschaft.« Es sei unmöglich, »wie kurzsichtig die Vertreter der deutschen Wirtschaft ... ihre Privatinteressen, ihre Angst um weitere geschäftliche Erfolge vor die politische Auseinandersetzung« stellten. »Dann wird dem Helmut Schmidt vom deutschen Handwerk auch noch der Goldene Ring verliehen«, wetterte Stoiber neidisch weiter, während die zunächst Strauß zugedachte Ehrung auf unbestimmte Zeit verschoben worden sei. Stoiber gab sich der Hoffnung hin, Strauß sei »der einzige Politiker, der in breite Wählerschichten der SPD eingreifen kann«. Ein paar Tage später musste Stoiber seine Angriffe auf Rodenstock zurücknehmen. Der Industrielle hatte sich in Wahrheit nicht über den Kanzler, sondern über den Bundeswirtschaftsminister Otto Graf Lambsdorff geäußert, und dem konnte und kann nicht einmal Stoiber eine gewisse Nähe zur Marktwirtschaft, wenn auch nicht gerade zur sozialen, absprechen.

Im Februar 1980 traf sich Stoiber mit etwa drei Dutzend Redakteuren im Funkhaus des Südfunks in Stuttgart. Er wurde von einem Feuilleton-Redakteur gefragt, ob Strauß tatsächlich Schriftsteller wie Bernt Engelmann, Walter Jens, Hermann Kesten, Martin Walser, Ingeborg Drewitz und Josef Reding als »Ratten und Schmeißfliegen« bezeichnet habe. Alle diese Schriftsteller verband damals die Zugehörigkeit zum linken »Pressedienst Demokratische Initiative« (PDI), dem auch prominente Sozialdemokraten angehörten. Später stellte sich heraus, dass der PDI-Leiter Kurt Hirsch mit der Stasi zusammengearbeitet hatte. Die Strauß-Äußerung war am 29. Juli 1978 auf dem Oberfrankentag gefallen. Die vom damaligen CSU-Sprecher Godel Rosenberg nachgeschobene und von seinem Büroleiter Wilhelm Knittel im Februar 2002 noch einmal aufgetischte Version, Strauß habe sich nur gegen Bernt Engelmann zur Wehr gesetzt, ist falsch. Abgesehen davon, dass das nichts besser gemacht hätte, hatte der von Strauß gewählte Plural schon seinen Hintersinn. Zwar hatte Engelmann in der Tat auf einer PDI-Pressekonferenz wenige Tage zuvor eine Broschüre mit dem Titel *Franz Josef Strauß im Zwielicht der Geschichte* vorgestellt und den CSU-Vorsitzenden als Offizier für »wehrgeistige Führung« in der Hitler-Wehrmacht bezeichnet.

In der entscheidenden Passage seiner Rede auf dem Oberfrankentag hatte Strauß aber nicht über Engelmann, sondern über den Schriftsteller Rolf Hochhuth gesprochen, der damals den baden-württembergischen Ministerpräsidenten Hans Filbinger wegen dessen Rolle als Marinerichter am Ende des Zweiten Weltkriegs heftig angegriffen hatte. Filbinger hatte unverhältnismäßig harte Urteile bis hin zur Todesstrafe wegen Wehrkraftzersetzung verhängt und musste nach Bekanntwerden seiner Rolle in der Militärjustiz zurücktreten. Hochhuth hatte das Wort vom »furchtbaren Juristen« geprägt. Das *Selber Tagblatt* aus Oberfranken lieferte am 31. Juli 1980 vom Oberfrankentag folgendes, niemals dementiertes Zitat: »Man kann Filbinger aus dem, was er bei Kriegsende unter den damaligen Verhältnissen getan hat, keinen Vorwurf machen. Aber man führt mit Ratten und Schmeißfliegen keine Prozesse.« Filbinger hatte gegen Rolf Hochhuth prozessiert, und Strauß hatte ihm einen Rat gegeben, wie man sich gegenüber solchen Schriftstellern verhält. Da Strauß in der Mehrzahl sprach, war klar, als was Hochhuth und seinesgleichen anzusehen seien: eben als »Ratten und Schmeißfliegen«.

Servil wie stets sah sich Stoiber zwei Jahre später vor den Rundfunkjournalisten in der Gefahr, gegen Strauß ausgespielt zu werden. Erst versuchte er abzuwiegeln. Ohne Rücksprache mit Strauß könne er das Zitat nicht bestätigen, sagte er. Als der Südfunk-Mann nachhakte, identifizierte sich der Generalsekretär voll mit der Strauß-Invektive. »Ich habe dies nicht von Strauß gehört, aber ich stehe zu diesem Zitat«, sagte Stoiber nach eigenem Bekunden. Darüber, ob er es nach der falschen CSU-Interpretation wieder nur auf Engelmann bezogen wissen wollte oder auch auf andere Schriftsteller, gehen die Angaben aus dem Funkhaus auseinander. Während die meisten Redakteure es so verstanden, dass mit »Ratten und Schmeißfliegen« alle gemeint waren, die im PDI versammelt waren, berichtete der damalige Südfunk-Intendant Hans Bausch, Stoiber habe weder das Zitat in den Mund genommen, noch außer dem Namen Engelmann andere Namen genannt. »Deshalb war für mich klar, dass sich der Angriff von Strauß und Stoiber gegen Engelmann richtet«, erklärte Bausch. Die CSU sprach von einer »gezielt verfälschenden Wiedergabe« der Stoiber-Aussagen.

Gunter Hofmann von der *Zeit* fand schon damals die passenden Worte. Welche Version aus dem Rundfunkhaus auch stimmen möge:

»Ändert das viel an der Sache? Wahr ist: Edmund Stoiber steht zu seinem Wort. Ihm geht nicht so leicht der Gaul durch, nur grenzt er jetzt den Kreis der Betroffenen ein. Und festzuhalten bleibt: Überrascht hat er niemanden. Wenn einer, dann spricht Stoiber so. Mehr als Stoiber interessiert die Frage, was Strauß davon hält. Und was sagt die CDU? Strauß weiß, dass er als Kanzlerkandidat auch daran gemessen wird, mit welchen Leuten er sich umgibt. Seit er Stoiber geholt hat, hatte er alle Hände voll damit zu tun, Fehler des Generalsekretärs zu verbrämen – eine Sisyphos-Arbeit. Das fing an mit dem Herumdoktern an der Einheitsgewerkschaft – Stoiber brachte den DGB in Harnisch. Dann pflanzte er den unsäglichen Vergleich zwischen Nationalsozialisten und Sozialisten in die Welt – es rebellierte, wer von Geschichte Kenntnis und für politische Kultur Gespür hat. Und jetzt die Schriftsteller – das muss alle auf die Barrikaden treiben, die das ›Wörterbuch vom Unmenschen‹ kennen, die wissen, wer hierzulande von wem ›Ratte genannt worden ist‹«.

Es wäre gut, schrieb Hofmann, »wenn die Christdemokraten, die hinter vorgehaltener Hand ihr Urteil über Edmund Stoiber fällen, sich auch öffentlich dazu bekennen. Sie haben mehr zu verlieren als er.« Der CDU-Kenner und Kohl-Biograph Klaus Dreher (*Süddeutsche Zeitung*) schrieb zur selben Zeit: »Gäbe es einen neuen Strauß, er müsste sich augenblicklich von seinem Generalsekretär Edmund Stoiber trennen, der vergröbert und verzerrt, was bei seinem Vorsitzenden noch erklärbar erscheint. Da Strauß ihn stattdessen deckt, muss angenommen werden, ihm sei es gerade Recht, wenn das Klima aufgeheizt wird. Dabei sollte Strauß wissen, dass gegenseitige Hetzkampagnen ihm am meisten schaden, da deren Urheber bezwecken, dem Publikum einen ›enthemmten Strauß‹ vorzuführen.«

Der Schriftsteller Peter O. Chotjewitz schrieb Strauß einen offenen Brief:

»Betr.: Verleihung der von Ihnen geschaffenen Ehrenbezeigung. Sehr geehrter Herr Ministerpräsident und Vorsitzender! Seit Jahren bin ich schriftstellerisch tätig, und ebenso lange bemühe ich mich vergeblich um irgendwelche literarische Auszeichnungen. Wie ich nun der Presse entnommen habe, sind zwar eine ganze Reihe meiner Kollegen mit der von Ihnen und Ihrem Herrn Generalsekretär Stoiber neu geschaffenen Ehrenbezeichnung für Schriftsteller ausgezeichnet worden; auch hier fehlt jedoch mein Name … Die Vernachlässigung durch Sie und Ihren Generalsekretär schmerzt mich besonders, als ich mich nach meinem Dafürhalten mehr als irgendeiner der von Ihnen nun geehrten Kollegen durch staatsunfreundliche Äußerungen und Werke hervorgetan habe. Ich bitte deshalb untertänigst um wohlwollende Prüfung, ob Sie oder Ihre Untergebenen meiner nicht gelegentlich doch in der bekannten Weise Erwähnung tun könnten. Ich wäre auch mit weniger ehrenhaften Bezeichnungen wie Feldmaus oder Eintagsfliege zufrieden.«

Stoiber hatte es wieder einmal geschafft, seinen Chef in die Bredouille zu bringen, indem er besonders schneidig sein wollte. Aus Mangel an kluger Distanz hatte er die eigentlich leicht zu entschärfende Debatte beim Südfunk vermasselt. Er hätte sagen können: »Strauß hat das längst zurückgenommen. Er hat niemanden persönlich gemeint. Was wollen Sie mit dem alten Käse.« Als Generalsekretär sollte er ja nicht politisch agieren und die Lautstärke der Rülpser von Strauß noch verstärken. Eigentlich sollte er den Kandidaten günstig präsentieren, seine Schwächen austarieren, ihm dienen. Wieder kann man ihm Mangel an Erfahrung zugute halten. Im »Auslandsgeschäft«, also jenseits der weiß-blauen Grenzpfähle, blieb er unsicher und hölzern. Darum hatte Strauß auch sein eigenes Bonner Wahlkampfteam mit seinem früheren Büroleiter Friedrich Voss installiert. Da aber

Strauß, Voss und seine Helfer nicht alle Termine wahrnehmen konnten, ließ es sich nicht vermeiden, dass auch Stoiber außerhalb Bayerns zum Einsatz kam. Die Wahlchancen von Strauß hat das damals nicht verbessert.

Es stimmt zwar, dass Strauß zeitlebens jegliche Distanzierung von welchem Unsinn auch immer, den er verzapft hatte, nur schwer ertragen konnte und zunächst als Verrat empfand. Leute wie zum Beispiel der eigenständige Innenminister Hermann Höcherl, der es sich nicht nehmen ließ, Willy Brandt persönlich zum Nobelpreis zu gratulieren, Theo Waigel, der Strauß immer wieder gelassen, aber bestimmt widersprach, wenn es erforderlich war, oder selbst sein Bonner Wahlkampfmanager Friedrich Voss, der Strauß auf Fehler und Fehlentwicklungen aufmerksam machte, berichteten übereinstimmend, dass Strauß dann nach Tagen des Grummelns überhaupt nicht nachtragend war, ja, dass er dann die an ihm geübte Kritik als eigene Meinung in der CSU verbreitete.

So weit ist Stoiber bei Strauß nie gekommen. Er war der Knecht, nicht der Berater. Erinnerungen an seinen Vater, den er geliebt hatte, der aber streng war, kaum Widerspruch oder gar Fehlleistungen duldete, ihn auch manchmal züchtigte und den er nie enttäuschen wollte, dürften auch sein unterwürfiges Verhalten gegenüber Strauß bestimmt haben. Selbst in der CSU regte sich Kritik am grobschlächtigen »General«. Friedrich Zimmermann ermahnte ihn, nicht zu überziehen. Strauß stritt sich auf einer Sitzung der Wahlkampfkommission von CDU und CSU erbittert mit CDU-Generalsekretär Heiner Geißler wegen der Wiederbelebung des »Ratten-und-Schmeißfliegen«-Zitats. Geißler hatte sich öffentlich davon distanziert, Strauß verbat sich Belehrungen von der CDU. Wenn Geißler etwas zu sagen habe, solle er mit ihm darüber sprechen.

Geißler blieb Strauß damals nach Angaben von Sitzungsteilnehmern nichts schuldig: Die Wortwahl, hinter die sich Stoiber gestellt hatte, sei nicht geeignet, »eine politische oder rechtliche Auseinandersetzung mit einem Mann wie dem Schriftsteller Bernt Engelmann zu führen«, sagte der CDU-Politiker. Strauß und Stoiber sollten »ihre Aussage in Ordnung bringen«. Schließlich habe sich die CDU nicht jahrelang abgemüht, ihr Verhältnis zu Schriftstellern und Intellektuellen zu verbessern, damit die CSU mit Strauß und Stoiber durch »ein solches Wort die mühevolle Arbeit wieder einreißt«.

Auch was sonst aus Bayern an Nachrichten ins Bundesgebiet drang, war nicht angetan, das Vertrauen in Strauß und Stoiber zu stärken. Mit beispielloser Brutalität waren 1979 zwei Asylsuchende aus der ČSSR unter der Verantwortung von Innenminister Gerold Tandler in den kommunistischen Machtbereich zurückverfrachtet worden. Einer hatte während der Abschiebung einen Selbstmordversuch unternommen. Mit ihrer Feiertagsregelung, auf die andere Bundesländer neidvoll blickten, hatte die CSU die Wirtschaft just in dem Moment verprellt, als sie ihre Taschen weit für den Strauß-Wahlkampf öffnen sollte. Die Kirchen und die CSU beharrten auf 14 Feiertagen pro Jahr, die Wirtschaft wollte nur 13. Als die Gesetzgebungsprozedur in München ins Hängen kam und die halbe Republik über die feierseligen Bayern spottete, ließ Strauß Stoiber auf den Vorsitzenden der Landtagsfraktion, Gustl Lang, los. Der habe eine wirtschaftsfreundlichere Lösung verhindert.

Das beeindruckte die CSU-Abgeordneten aber wenig. Der Münchner CSU-Abgeordnete Paul Wilhelm, der Vater des jetzigen Stoiber-Sprechers Ulrich Wilhelm, sagte: »Stoiber ist zwar ein wichtiger Mann, aber so wichtig ist er auch wieder nicht.« Lang, der Strauß und dem wenig im Landtag präsenten Kabinett schlitzohrig oder mit bombastischen Reden immer wieder den Rücken freigehalten hatte, ließ sich Stoibers Angriffe nicht gefallen. Er schrieb seinen Abgeordneten einen Brief, in dem er Stoiber herausgab: »Ich bedaure diesen Stil, der in unserer Fraktion und im Verhältnis von Staatsregierung und Fraktion bisher nicht üblich war«, schrieb Lang und setzte Stoiber auseinander, wer die Landtagssitzungen regelmäßig besuche, habe »gewiss ein zutreffenderes Bild von Entwicklung und Verlauf der Diskussion«. Stoiber sah sich genötigt, den Abgeordneten am 21. Dezember 1979 zu antworten.

»Unser Fraktionsvorsitzender hat sich in einem Rundschreiben an euch über mich beschwert, und eine Reihe von Kollegen haben außerdem der Presse gegenüber Ausführungen von mir in der

Fraktion verzerrt wiedergegeben, was ich sehr bedaure. Ich weise diese Vorwürfe ganz entschieden zurück, insbesondere auch, weil man hier Pressemeldungen als wahr unterstellt und darauf dann einen Konflikt aufbaut. Trotzdem möchte ich hier im Detail nicht auf die Sachvorgänge eingehen, sondern herzlich bitten, dass man diese und die angesprochenen Stilfragen in der nächsten Fraktionssitzung behandelt und nicht über Schreiben abwickelt, die dann wieder missverständlich in der Presse stehen.«

Schon 14 Tage später musste Stoiber erneut zum Diktat schreiten, um den »Lieben Gustl« auf einen Übelstand hinzuweisen. Dieser sollte für die Fraktion gegen die Zeitung *Die Welt* vorgehen, die sich mit prekären Folgen der bayerischen Gemeindegebietsreform befasste. Etliche Kommunen wollten sich mit ihrer Auflösung nicht abfinden und setzten der CSU schwer zu. So ein Widerstandsnest war auch der schwäbische Flecken Horgau, wo die CSU bis zu 83 Prozent der Stimmen hatte, und der mit der Gemeinde Zusmarshausen zusammengelegt werden sollte. Drei Wahlen hatten die Horgauer zuvor schon boykottiert. Nach Horgau war der Münchner *Welt*-Korrespondent Peter Schmalz gefahren und hatte seinen Lesern und der CSU Bedrohliches zu berichten.

In Horgau wurden nämlich Pläne geschmiedet, den Wahlkampf von Franz Josef Strauß auf für die CSU unfreundliche Weise zu begleiten. »Wir werden ab dem 31. Januar einen eigenen Wahlkampf führen. Wir werden außerhalb Bayerns dort auftreten, wo Strauß spricht. Wir werden schmerzhafte Stiche austeilen«, drohten die Horgauer. Wenn Strauß von Entbürokratisierung spreche, würden sie mit Flugblättern darüber aufklären, wie ihr gewachsener Ort durch die Bürokratie vernichtet wurde. Der CSU-Slogan »Freiheit oder Sozialismus« bedeutete für die Horgauer nur: »Vom Partei-Apparatschik bis zur zentral gesteuerten schwerfälligen Mammutkommune wurde perfekt sozialisiert. Der Einzelne wird zur Nummer, und die Partei hat immer Recht«.

Als er das las, muss Strauß wütend geworden sein und seinen »General« ultimativ zum Einschreiten aufgefordert haben. Dem fiel aber auch nichts Besonderes ein. Nach Horgau zu fahren und eine Veranstaltung abzuhalten, hatte wenig Sinn. Also hielt sich

Stoiber, wie in der Politik üblich, an den *Welt*-Journalisten als den Überbringer der schlechten Nachricht und versuchte, ihm die ganze CSU-Fraktion auf den Hals zu hetzen. Stoiber schrieb unmittelbar nach der Lektüre an Lang, als ob der den Bericht bei der *Welt* bestellt oder zu verantworten hätte:

»Der vom Thema, von der Art der Aufmachung und von der darin zugemessenen Bedeutung völlig verfehlte und mehr als überdimensionale Bericht in der *Welt* vom 4. Januar ›Rebellen von Horgau verfolgen Strauß auch über die weiß-blaue Grenze‹ von Peter Schmalz hat eine Reihe von Reaktionen aus dem Bundesgebiet ausgelöst, die kein Verständnis für diese Art der Angriffe auf Franz Josef Strauß dokumentieren, und ich bin um eine massive Reaktion darauf gebeten worden. Es ist ja wirklich unglaublich, dass unser Parteivorsitzender Franz Josef Strauß, der im Landesvorstand und in der Öffentlichkeit gegen die Gemeindegebietsreform von Anfang an Stellung bezogen und vor ihren Folgen gewarnt hatte, obwohl er dafür in der Partei heftige Kritik damals erfahren musste, jetzt als Verantwortlicher für offensichtliche Fehlentscheidungen dieser Gemeindegebietsreform geziehen wird! Ich bitte dich eindringlich, dagegen seitens der Fraktion vorzugehen und zu helfen, dass solche Berichterstattungen so rasch wie möglich richtig gestellt werden. Wenn Franz Josef Strauß, dem es ja zu verdanken ist, dass überhaupt eine Korrektur der Gemeindegebietsreform in Angriff genommen worden ist und der ja auch in dieser Frage bereit gewesen wäre, die Korrektur noch weitrer zu ziehen, bundesweit durch die *Welt* so diffamiert wird, dann bedarf dies einer harten Gegendarstellung.

Das Horgauer Problem, das ja leider auch ein Parteiproblem geworden ist, muss meines Erachtens unbedingt irgendwie gelöst werden, denn mir fällt es gegenüber den CSU-Mitgliedern dort schwer, die Richtigkeit der getroffenen staatlichen Entscheidung zu vertreten. Ständig erhalte ich aus diesem Bereich die bösartigsten Anrufe und negative Bekundungen über die CSU-Politik, und ständig wird Franz Josef Strauß, obwohl er dieses Problem ja großzügig lösen würde, wenn er könnte, hier als Verantwortlicher bezeichnet. Ich bitte dich doch sehr, dieses Thema noch auf der Fraktions-Arbeitstagung zu behandeln und gegen diese Darstellung massiv Stellung zu beziehen. Ich selbst bin ja wohl bei dieser Frage nicht die kompetente Stelle, die diese Dinge richtig stellen kann.«

Lang, der eine gewisse Zielstrebigkeit entwickelt hatte, Stoiber und Strauß so lange zu ärgern, bis sie sich der Probleme mit der CSU-Fraktion dadurch entledigen würden, dass sie ihn als Minister in die Regierung beriefen – was 1982 auch tatsächlich geschah –, ließ Stoiber wieder einmal auflaufen. Er konnte das gefahrlos tun, weil er die Fraktion hinter sich wusste. Gegenüber Generalsekretären als Gesandten der Partei nehmen Abgeordnete ohnehin stets eine reservierte Haltung ein, den rabiaten Streber Stoiber mochten sie erst recht nicht. Wie sollte auch die Fraktion, nachdem der Landtag ein halbes Jahr zuvor die gröbsten Böcke der kommunalen Gebietsreform beseitigt hatte, ohne den Horgauern zu helfen, das heiße Eisen jetzt nochmals wegen eines Einzelfalls anfassen?

Der Globalpolitiker Strauß wiederum, der doch den Vormarsch des Sozialismus aufzuhalten hatte, war wieder einmal in das »weiß-blaue Puppenküchentheater« geraten, in dem sich sein Generalsekretär gerade mit dem Fraktionsvorsitzenden prügelte. Strauß selbst hatte ein paar Tage vor dem Stoiber-Brief den Horgauern wenig Hoffnung gemacht und gesagt, nur wenn die Gerichte die Regierung dazu zwängen, würden Eingemeindungen rückgängig gemacht. Auf die Landtagsfraktion war er allerdings ziemlich wütend. In kleinem Kreis äußerte er sich Ende 1979 erbost über die CSU-Abgeordneten. Wollte man es vornehm übersetzen, so sorgte sich Strauß damals, dass die Parteifreunde zu Übergewicht neigten und deshalb etwas behäbig wirkten sowie zu viele Termine in ihren Kalendern stehen hätten. Im »O-Ton Strauß« hört sich das etwas kompakter an. Er sagte nämlich, die CSU-Abgeordneten seien »fett, faul und ständig auf Feuerwehrfesten«. Natürlich waren die Adressaten über diese Verleihung der »Drei F« aufs Äußerste erbost und bezogen in ihren Zorn Stoiber ein, dem sie zutrauten, Strauß heiß auf die Fraktion gemacht zu haben. Sein Brief an Lang, den in Kopie alle Abgeordneten bekommen hatten, fiel deshalb im Landtag nicht auf fruchtbaren Boden.

Strauß hatte sich selbst außerstande erklärt, die gesetzlichen Grundlagen der Gebietsreform nach Belieben verbiegen zu können. Er könne nicht so verfahren, »wie Putschgenerale mit ihrer Kriegskasse umzugehen pflegen«, hatte er gesagt. Wenn aber schon Strauß als Ministerpräsident sich nicht in der Lage sah, dass sein getreuer Innenminister Gerold Tandler für die CSU-Regierung einen Antrag einbrachte, Horgau wieder selbständig zu machen, warum sollte das dann Gustl Lang tun? Der dachte nicht daran, die Fraktion in Marsch zu setzten, bloß weil Strauß und sein Generalsekretär Angst vor der bundesweiten Verfolgung durch die wackeren Schwaben hatten. Es wäre auch eine taktische Meisterleistung gewesen, mitten im Wahlkampf in Bayern alle umstrittenen Eingemeindungen – und es waren nicht wenige – nochmals auf den Prüfstand zu stellen. Das konnte nur Stoiber, bedrängt vom wütenden Strauß, in seiner Erregung einfallen.

Nach seinem Willen sollte der regional gar nicht betroffene Oberpfälzer Lang die Probleme ausbaden, der Generalsekretär selbst würde sich dann bei Strauß brüsten, der Landtagsfraktion Beine gemacht zu haben. Lang wurde sogar von der SPD in Schutz genommen, die Horgau wieder in die Selbständigkeit entlassen wollte. Stoibers Attacke sei »der Gipfel der Heuchelei«, nur Strauß selbst, der den Horgauern »seine volle Unterstützung zugesagt« habe, könne »in Mittelschwaben wieder Ruhe einkehren lassen«. Die FDP, deren damaliges Sprachrohr Julian Gyger bei der Regierung gefürchtet war, sah in des Generalsekretärs Vorgehen eine Order von Strauß: »Stoiber will Lang zur Strecke bringen. Er soll als zu lasch und unzuverlässig in der Verteidigung von Strauß hingestellt werden.« Lang ließ Stoiber über die Presse nur kühl wissen, die Reaktion auf Zeitungsberichte wie jenen von Peter Schmalz über Horgau sei »kein Gegenstand, der sich zur Erörterung in der Fraktion eignet«. Damit brauche sie »wirklich nicht beschäftigt zu werden«.

In diesem Fall wurde alles noch gut, wenn auch erst viel später. Die beharrlichen Horgauer erkämpften sich ihre Selbständigkeit doch noch und gehen inzwischen wieder zum Wählen. Der renitente Lang wurde, »damit endlich eine Ruh in der Fraktion ist«, von Strauß 1982 zum Justizminister befördert und im

Landtag durch Gerold Tandler ersetzt, der die CSU-Abgeordneten auf Kurs brachte. Der neue Minister variierte, beeindruckt von der Ernennung, seinen Vornamen, strich das volkstümliche »Gustl« und nannte sich fortan vornehm August Richard Lang. Als Stoiber im Juni 1993 sein erstes Kabinett bildete, warf er Lang sofort aus der Regierung, wo dieser inzwischen Minister für Wirtschaft und Verkehr geworden war, und ersetzte ihn durch seinen alten Spezi Otto Wiesheu. Lang hat ihm das nicht vergessen.

Peter Schmalz wurde 2001 von Stoiber, der ihn 1980 so geschmäht hatte, zum Chefredakteur des Parteiblatts *Bayernkurier* gemacht, als Nachfolger der CSU-Legende Wilfried Scharnagl, der dem Springer-Journalisten allerdings ziemlich große Schuhe hinterließ. Nach Scharnagl, einem der engsten Vertrauten von Strauß, wird wohl kein *Bayernkurier*-Chef mehr als graue Eminenz die CSU-Politik mitformulieren und mitbestimmen. Das macht jetzt alles der Herausgeber persönlich und allein: Edmund Stoiber.

Zu einem Höhepunkt besonderer Art gestaltete Strauß eine CSU-Kundgebung in München. Dort waren Gegendemonstranten erschienen, auch von der in der CSU verhassten Aktion »Stoppt Strauß« , die mit einem »Anachronistischen Zug« nach Bertolt Brecht in der Republik unterwegs war. Jugendliche Träger von »Stoppt-Strauß«-Plaketten bekamen in Bayern in der Schule Probleme; die Verweisung der Regensburgerin Christine Schanderl vom Gymnasium zeigte dem ganzen Land, wohin die Reise mit Strauß, Stoiber und Co. gehen würde. Das »Anti-Strauß-Komitee« führte unter Anspielung auf die »Sonthofener Rede« des CSU-Vorsitzenden bei Demonstrationen Transparente mit sich, die aufgemacht waren wie eine Ortstafel von Sonthofen und die die Entfernungsangabe zu Dachau zeigten, wo die Nazis ihr erstes Konzentrationslager errichtet hatten.

Aus Christine Schanderl wurde übrigens eine vorzügliche Juristin, der das bayerische Justizministerium gleichwohl bis zuletzt Steine in den Weg zu legen versuchte und mit einem aus dem Hut gezauberten, von der Staatsanwaltschaft längst eingestellten Ermittlungsverfahren wegen einer Demonstration gegen die Wiederaufarbeitungsanlage für atomare Brennstäbe in Wackersdorf (Oberpfalz) ihre Zulassung als Anwältin hintertreiben wollte. »Ich habe Strauß und der CSU viel zu verdanken. Sie haben mich durch ihre Übergriffe dazu gezwungen, besonders viel für meinen Beruf zu tun, sonst hättten sie mich fertig gemacht«, erinnert sich die Juristin, die jetzt Christine Roth heißt. Sie hat sich auf ihre Weise an der bayerischen Regierung gerächt und ihr im Streit um den Vollzug des Abtreibungsrechts in Bayern vor dem Bundesverfassungsgericht eine empfindliche Niederlage beigebracht.

Die Demonstranten auf dem Münchner Marienplatz, die Transparente mit sich führten (»Ein echter Bayer wirft mit Eier«), machten sich schon vor der Rede des Kanzlerkandidaten mit Sprechchören bemerkbar. Strauß wollte zunächst überhaupt nicht auftreten und herrschte die Verantwortlichen von der Münchner CSU an: »Da red ich euch nicht.« Stoiber stand bleich und überfordert neben dem Kandidaten. Schließlich bestellte Strauß den Einsatzleiter, den Münchner Polizei-Vizepräsidenten Georg Wolf, zu sich, um ihn zu zwingen, gegen die Demonstranten vorzugehen. Dazu sah Wolf keinen Anlass und keine rechtliche Handhabe. Daraufhin wurde er von Strauß mehrfach für abgesetzt erklärt. »Wenn Sie das nicht können, dann verschwinden Sie wieder, dann will ich Sie hier nicht mehr sehen«, hörte der auf der Tribüne anwesende Münchner CSU-Bundestagsabgeordnete Erich Riedl, wie er später in einem Untersuchungsausschuss des Landtags bestätigte.

Zu seinem damaligen Referenten Holger Pfahls, der es später als Kumpan des Strauß-Amigos Karlheinz Schreiber zu trauriger Berühmtheit brachte und der inzwischen verschollen ist, sagte Strauß: »Rufen S' sofort den Tandler an, hier brauchts einen anderen Einsatzleiter, so gehts nicht weiter.« Pfahls tat, wie ihm geheißen, und telefonierte mit einem Referenten des Innenministers Tandler, der an jenem Abend in der Oberpfalz Wahlkampf machte. Das Problem wurde auf typisch bayerische Art gelöst: Nach Einschaltung Tandlers und der Spitzenbeamten des Innenministeriums bekam der grimmige Strauß per Ferndiagnose gegen jede rechtsstaatliche oder polizeitaktische Vernunft seinen Willen. Wolf, gegen den er besonderen Groll hegte, weil er den erfahrenen Verwaltungsmann – völlig zu Unrecht – für das Versagen der Sicherheitskräfte beim Münchner Olympia-Massaker von 1972 verantwortlich machte und ihn gerade einmal für geeignet hielt, »Bleistifte zu spitzen und Klopapierrollen zu stapeln«, wurde abgelöst und durch den Münchner Polizeipräsidenten Manfred Schreiber ersetzt.

Der sagte dann zwar zum Pressereferenten von Strauß, Hans Tross: »Ja, dann mach ma was, dann drängen wir die ab.« In Wirklichkeit tat er aber nichts anderes als Wolf. Die Demonstranten und die Transparente blieben, Schreiber ließ lediglich zur Abschreckung Polizisten in Richtung des harten Kerns einsickern. Stoiber wusste vor dem Untersuchungsausschuss nicht viel zu berichten. Er habe beim Betreten der Tribüne mit Strauß »einen sehr starken Lärmpegel« wahrgenommen, aber von der Auseinandersetzung zwischen dem Ministerpräsidenten und Wolf nur wenig mitbekommen. Strauß habe zu dem Beamten gesagt: »Wenn Sie das nicht unterbinden können, dann lassen Sies einen anderen machen.«

10 Herr Langemann macht Politik

Zu den Besonderheiten des Bundestagswahlkampfs 1980, aus dem Stoiber für 2002 viele Lehren gezogen hat, gehörte die Einbeziehung geheimdienstlicher Mittel durch die CSU. Das lag zum einen daran, dass Strauß mit seinen vielfältigen internationalen Kontakten, die nicht immer nur politischer Natur waren, eine starke Affinität vor allem zum Bundesnachrichtendienst (BND) hatte und von dort auch regelmäßig mit Geheiminformationen aller Art bedient wurde. Zum anderen hatte er beim Nachrichtendienst eine eigene Seilschaft alter Gefolgsleute des Gründungspräsidenten Reinhard Gehlen, die sich nach dem Regierungswechsel von 1969 an den Rand gedrängt fühlten und große Hoffnungen auf einen Regierungswechsel in Bonn und eine Kanzlerschaft von Strauß setzten. Sie nannte sich »Freundeskreis zur Durchsetzung von CSU-Interessen« und wurde vom BND-Urgestein Kurt Weiss alias »Winterstein« angeführt.

Immerhin ist das Kanzleramt die Aufsichtsbehörde des Dienstes, und in einer bei der CSU kursierenden anonymen BND- Studie wurde damals heftige Klage über das Regime von SPD und FDP im Nachrichtendienst geführt. Die »Viererbande Brandt, Ehmke, Bahr und Wehner, zu deren Mitspielern noch Wienand und Leo Bauer gehörten«, hätten den BND-Präsidenten Gerhard Wessel ausmanövriert. Dieser »hätte beweisen können und müssen, dass mehr in ihm an Charakter und Zielstrebigkeit steckte, als er zeigte. Aber er kapitulierte vor der Horde roter Proleten, die nun seine Vorgesetzten waren ...« Der aggressive Stil dieser elf Seiten langen Ausarbeitung und einige typische altmodische, aus anderen Dokumenten geläufige Floskeln lassen daran denken, dass sie im bayerischen Innenministerium, Abteilung Staatsschutz, entstanden ist. Dort befassten sich ja der Ex-BND-Agent Hans Langemann und seine internen Helfer und externen V-Leute mit solchen Fragen und lieferten Dossier um Dossier bei Innenminister Gerold Tandler ab.

Langemann hatte sich schon im Anschluss an die Affäre um den der CSU von der Fahne gegangenen Strauß-Referenten Dieter Huber verdient gemacht, als dessen heiße Informationen über die Machenschaften seines früheren Chefs Strauß und der CSU an den *Spiegel* durch eine auf rätselhafte Weise in den Dokumentenstapel geratene Fälschung entwertet wurden. Andererseits hatte er Strauß im Fall Zwick geärgert und ihm ein andermal einen merkwürdigen Agenten mit Namen Raoul Matalon zum Frühstück ins Haus geschickt, der Strauß vor »Feindagenten« warnen sollte.

Einer davon, ein gewisser Simon Goldenberg, habe sich gerade, aus Ostberlin kommend, im Bereich der Rosenheimer Fleischhändler Gebrüder März eingenistet, mit denen Strauß enge Beziehungen unterhielt, behauptete Langemann. Strauß zeigte sich verärgert über den Gast, den ihm der Staatsschützer ins Haus geschickt hatte. Der habe nämlich gleich einmal 100 000 Mark gefordert, da sei der Fall erledigt gewesen. Allerdings hat Strauß den Mann nicht etwa gleich hinausgeworfen, sondern nach dem Gespräch in seinem Auto in die Münchner Innenstadt mitgenommen. Außerdem war ihm der Besuch so wichtig, dass er vom BND eine Untersuchung verlangte.

Das Gästehaus der März-Sippe, die glänzend am Interzonenhandel mit der DDR verdiente, war der Treffpunkt, als Strauß seine eigenständigen Beziehungen an der Bundesregierung vorbei zum zweiten deutschen Staat und dessen auf ihn angesetzten Repräsentanten Alexander Schalck-Golodkowski, Leiter des Bereichs »Kommerzielle Koordinierung« und Stasi-Oberst, anbahnte. Sie gipfelten 1983 in dem von ihm eingefädelten Milliardenkredit für die DDR und im Verkauf von Airbus-Flugzeugen an die DDR-Interflug. Da wollte sich Strauß, Goldenberg hin, Langemann her, von niemandem dreinpfuschen lassen.

Edmund Stoiber war in den nachrichtendienstlichen Informationsfluss voll eingebunden; er war ja Wahlkampfleiter von Strauß und musste wissen, was lief. Er bekam, wie ein 1980 vom *Spiegel* dokumentierter Laufzettel beweist, geheime Unterlagen »zur Kenntnisnahme und zum Verbleib« übermittelt. Auch nach seiner Generalsekretärszeit interessierten ihn Geheimpapiere vom BND brennend. Vizepräsident Paul Münstermann versorgte den CSU-Politiker jahrelang mit Spezialinformationen, die den BND nicht hätten verlassen dürfen. Der BND-Mann hatte zuvor eigenhändig Geheimstempel und Nummern der Registratur von den Papieren weggeschnitten. Selbst die Staatsanwaltschaft stellte fest, dass die Weitergabe »nicht auf dem dafür vorgesehenen Weg« erfolgt sei und Münstermann durch sein Zusammenspiel mit Stoiber »wichtige öffentliche Interessen verletzt« habe.

Getarnt als »Beiträge zum Staatsschutz« lieferte Langemann, immerhin Ministerialdirigent und eigentlich nur dem Staat verpflichtet, der CSU Hinweise, die zwar zum Teil läppisch und wichtigtuerisch waren, die in einem Rechtsstaat aber nicht hätten weitergegeben werden dürfen. Er hortete angebliche Protokolle von Verhören, die RAF-Terroristen mit dem entführten und ermordeten Arbeitgeberpräsidenten Hanns Martin Schleyer geführt hatten und in denen schwere Vorwürfe gegen CSU-Politiker enthalten waren. Bundesbehörden haben die Abschriften, denen angeblich Tonbänder von den Verhören als Quelle zugrunde lagen, als Falsifikate bezeichnet, ohne das näher beweisen zu wollen. Echt waren auf jeden Fall Langemanns Einschätzungen über CSU-kritische Journalisten, die der Beamte bei Tandler im Bewusstsein ablieferte, dass sie zumindest auch Strauß und Stoiber zu Gesicht bekamen.

Als 1979 die Sekretärin des CDU-Politikers Werner Marx, Inge Goliath, in der DDR auftrat und sich als Ostagentin zu erkennen gab, fühlte sich Langemann am 24. September 1979 bemüßigt, Tandler über die »Vorbereitung eines neuen Anti-Strauß-Artikels« zu informieren. Autor sei der *Stern*-Redakteur Thomas Walde. Dieser sei ein »Geheimdienst-Spezialist mit einschlägiger Dissertation und offenbar häufiger Informationsvermittler aus der DDR, woher er stammt«. Walde recherchiere »z. Z. in der Angelegenheit der nach Ostberlin übergewechselten ehemaligen Marx-Sekretärin Inge Goliath auf der Linie ›verdeckte Machenschaften‹ – Strauß, Weiss (Winterstein)/Marx/BND/Blötz usw.«.

Am 1. Februar 1980 trug Langemann Tandler »zur vorsorglichen Information« über den *Stern* vor: »Nach hiesigen Erkenntnissen nimmt für den sicherheitspolitischen Bereich der Redakteur Heiner Bremer die zentrale Position innerhalb der Chefredaktion ein. Bremer ist FDP-Mitglied und war für den Fall eines Wahlsiegs von SPD/FDP in Schleswig-Holstein als Pressechef der neuen Landesregierung designiert. Seine Kontakte zu

FDP-Spitzenpolitikern (Genscher, Baum) sind intensiv, wodurch ihm ebenso ein ausgezeichnetes Verhältnis zum Präs. BND gesichert sein dürfte.« Das war damals Klaus Kinkel (FDP), der spätere Bundesaußenminister, über den Langemann ebenfalls abfällige Stimmen aus dem BND herbeischaffte. In der Bremer-Vormerkung warnte Langemann die CSU erneut vor Walde und dem *Stern*-Reporter Sepp Ebelseder. Beide seien in der Lage, in Akten des Ost-Berliner Ministeriums für Staatssicherheit (MfS) Einsicht zu nehmen, »was einen ganz ungewöhnlichen Vorgang darstellt«. Walde recherchiere gerade zum Thema »Die Geheimdienste des FJS«.

Am 24. April 1980 berichtete Ministerialrat Langemann »vorsorglich und vertraulich« zur »Anti-FJS-Kampagne«. »Nach meinen Informationen wird die publizistische Kampagne gegen den bayerischen Ministerpräsidenten in verdeckter Absprache zwischen *Stern* und *Spiegel* gesteuert und koordiniert von den Brüdern Peter Koch, stellv. Chefredakteur *Stern*, und Dirk Koch, Bonner *Spiegel*-Büro. Mit speziellen Recherchen über die HSS [die Hanns-Seidel-Stiftung der CSU – der Autor] – außenpolitische und geheimdienstliche Machenschaften, Spezi-Wirtschaft u. ä. Diffamierungen – ist der Jürgen Petschull, Reporter beim *Stern*, beauftragt. Ergänzungen demnächst mündlich. Abteilung I F, Dr. Langemann.«

Vor diesem Hintergrund spielte sich Strauß, unterstützt von Stoiber, als Opfer dunkelster Mächte auf. Gegen ihn sei eine »Verleumdungsmaschine« in Gang gesetzt worden, »die zum Selbstläufer wird«, sagte er. Stoiber assistierte mit Androhungen, Bayern werde aus dem Verbund der Bundesländer für das ARD-Gemeinschaftsprogramm aussteigen, unter anderem deshalb, weil 80 Prozent der dort tätigen Journalisten Sympathisanten der sozial-liberalen Koalition seien. Der CSU-Landtagsabgeordnete Sieghard Rost sagte in einer Parlamentsdebatte in diesem Zusammenhang, in einzelnen Rundfunkanstalten herrschten »geistiger Terror und rote Mafia-Methoden«. Hintergrund der Drohungen war, dass die CSU der ARD gern einen der militantesten damaligen CSU-Parteigänger im Bayerischen Rundfunk, Chefredakteur Rudolf Mühlfenzl, als Leiter der Redaktion »ARD-Aktuell« untergeschoben hätte. Der habe den

Antrag der Regierung zum Ausstieg aus der ARD mit formuliert; selten seien – so die FDP-Abgeordnete Ursel Redepenning – im Landtag »Partei- und Personalinteressen mit solcher Dreistigkeit vermischt und dann als Staatswohl ausgegeben« worden.

Strauß wiederum fand, dass es bei den Nazis auch so angefangen habe: »Die Stimmung, die gegen die Juden vor 1933 erzeugt worden ist, die Massenhetze oder die Verhetzung der Massen, wie sie Goebbels oder Julius Streicher vorgenommen haben, die haben sich genau derselben Methoden bedient, mit denen heute die Linkssozialisten, die Kryptokommunisten, die Kommunisten und die pseudoliterarische Subkultur gegen mich arbeiten.« Fast im gleichen Atemzug konnte Strauß über den Putsch des chilenischen Generals Augusto Pinochet, der inzwischen schlimmster Straftaten bis hin zum Mord beschuldigt wird, sagen: »Ich habe keine Zweifel, dass Chile ein demokratisches Land ist und vor allem, weil es in den vergangenen vier Jahren fundamentale Prinzipien der deutschen Demokratie übernommen hat: die Disziplin, den Respekt und die Hilfsbereitschaft.« Man müsse sich darüber im Klaren sein, »dass es bei einem Putsch nicht zugeht, wie wenn Franziskaner Suppe verteilen«. Während auf Vermittlung der CSU bayerische Juristen wie der Würzburger Professor Dieter Blumenwitz an der Ausarbeitung der Junta-Verfassung mitwirkten, nannte Strauß chilenische Flüchtlinge »Berufschilenen«. Der Freistaat Bayern verweigerte den Asylsuchenden aus der südamerikanischen Diktatur nach Möglichkeit die Aufnahme.

Langemann schaffte »sehr vertrauliche« Informationen über ein finsteres internationales Projekt »Victory for Strauß« herbei, das der ultrarechte britische Journalist Brian Crozier, bis September 1979 Direktor des Londoner »Institute for the Study of Conflict« initiiert hatte. Crozier bemühe sich »derzeit zusammen mit seinem weit gefächerten, international-politischen Freundeskreis, eine anonyme Aktionsgruppe (›transnationale Sicherheitsorganisation‹) auszubauen und auf eine breitere Funktionsebene zu stellen«. Diese Gruppe wolle er vorzugsweise den multinationalen Konzernen nahe bringen, weil er dafür fünf Millionen Dollar brauche. »Crozier war jahrelang Mitarbeiter von CIA. Es muss unterstellt werden, dass seine Aktivitäten von dort aus voll eingesehen werden.« Des Weiteren unterhalte er Verbindungen zu ehemaligen Exponenten der wichtigsten westlichen Nachrichten- und Sicherheitsdienste »wie etwa zu Comte de Meronges, Ex-Direktor des französischen SDECE. Darüber hinaus sind seine guten Beziehungen zu Mr. Dickie Franks, Direktor des Britischen Secret Intelligence Service (sog. MI 6) bekannt.« MI 6 sei »einer der hauptsächlichen Sponsoren der anonymen Security-Gruppe«.

Deren Ziel sei es, Regierungswechsel in England und Westdeutschland zu erreichen, »um die Freiheit von Handel und Wandel zu verteidigen und sich allen Formen von Subversion, einschließlich des Terrors entgegenzustellen«. Die Gruppe spezialisiere sich auf die Infiltration gut bekannter Journalisten, auf eine Lobby in einflussreichen Kreisen, auf die Organisation öffentlicher Demonstrationen, auf die Einbeziehung der hauptsächlichen Geheimdienste sowohl zur Informationsgewinnung als auch zur »Fütterung« dieser Einrichtungen und zu verdeckten Finanztransaktionen. Feindselige Persönlichkeiten sollten diskreditiert, ein eigener Nachrichtendienst sollte aufgebaut werden.

Von ähnlichem Kaliber war ein Kreis rechtsstehender europäischer Politiker, der sich unter dem Namen »Cercle Violet« an verschiedenen europäischen Orten traf und sich der Frage widmete, wie die Sowjetunion bekämpft werden müsse und welche Regierungen zu unterstützen, welche abgelöst werden müssten. Für die CSU kümmerte sich der Bundestagsabgeordnete Hans Graf Huyn um die Termine und informierte darüber den Parteivorsitzenden. Namensgeber war der Pariser Rechtsanwalt Jean Violet, der einer der Organisatoren des erzreaktionären Kreises war. Der *Spiegel* hatte über den Juristen in Erfahrung gebracht, dass er 1964, empfohlen von Strauß, mit dem französischen Ex-Ministerpräsidenten Antoine Pinay in Bonn Wiedergutmachungsgelder eintreiben wollte. Die Unterlagen, die diese Ansprüche glaubhaft machen sollten, hätten sich aber als gefälscht erwiesen.

Als 1980 über den »Cercle Violet« berichtet worden war, nahm Langemann in einer weiteren vertraulichen Notiz vom 7. März 1980 die Strauß-Kameraden in Schutz. Es handle sich »um einen losen Zusammenschluss, etwa zweimal im Jahr und an verschiedenen Orten tagender konservativ-antikommunistischer

Politiker, Publizisten, Bankiers und VIPs anderer Berufsrichtungen, der im Ursprung auf den ehemaligen französischen Ministerpräsidenten Antoine Pinay zurückgeht«. Der Organisator, Maître Jean Violet, unterhalte Verbindungen zu den verschiedensten Geheimdiensten. Der frühere BND-Präsident Reinhard Gehlen habe Violet als »Sonderverbindung« geworben und ihn jahrelang mit 6000 Mark im Monat dotiert. Die gleiche Summe habe Violet auch vom französischen Geheimdienst SDECE bekommen.

Langemann berichtete, er selbst habe im Auftrag Gehlens Violet einmal 30 000 Mark ausgehändigt, die für dessen »Cercle« bestimmt gewesen seien. Huyn, der britische Journalist Crozier und amerikanische und britische Ex-Geheimdienstler aus der »Mitte des Cercle« hätten sich am 5./6. Januar 1980 in Zürich getroffen, »um exekutive Maßnahmen durchzusprechen«. Es sei um die »internationale publizistische ›Aufwertung‹ des Herrn Ministerpräsidenten gegangen«, ferner um die »Beeinflussung der Lage in Rhodesien und in Südafrika in einem europäisch-konservativen Sinn« und um den »Aufbau einer starken Richtstrahl-Radiostation in Saudi-Arabien mit den Zielbereichen ›Islam‹ einschließlich entsprechender Grenzbevölkerungsschichten in der Sowjetunion«.

Der Staats-, in Wirklichkeit eigentlich Parteischützer Langemann wies aber darauf hin, dass die »beherzigenswerten Ziele« von Crozier und dem »Circle Violet« zugunsten von Strauß »geheimschutzmäßig nur unzulänglich angegangen« würden. Deshalb sei negative Presse nicht auszuschließen. »Es wird zu viel gequasselt. Eine fachlich eingeengte Konsultation im Sinne auslandsnachrichtendienstlicher Einflussnahme erscheint hier, wie auch auf anderen Auslandsgebieten, dringend geboten.« Wenige Tage später trafen Langemann und Heigl, zusammengebracht vom Münchner Presseagenten und Strauß-Freund Josef von Ferenczy, in München zusammen, um gemeinsame Projekte zu besprechen. Bald darauf begann der Staatsschutzchef selbst zu quasseln und Heigl haufenweise brisantes Material aus dem BND und dem bayerischen Innenministerium zu liefern. Zwei Jahre blieb die Verbindung geheim, dann kam es zu einem Skandal, der die CSU erschütterte.

Zuvor hatte aber Langemann noch für einen Eklat zum Abschluss des Wahlkampfs gesorgt. Eine Woche vor der Wahl, am 26. September 1980 gegen 22 Uhr, hatte der Rechtsextremist Gundolf Köhler auf dem Münchner Oktoberfest eine Bombe gezündet. Die Wahnsinnstat hatte furchtbare Folgen: zwölf Menschen riss der Täter Gundolf Köhler mit in den Tod, 213 wurden zum Teil schwer verletzt. Sehr bald stellte sich heraus, dass der von der eigenen Bombe getötete Köhler nicht nur lose Kontakte zu einer der gefährlichsten rechtsextremistischen Bewegungen der damaligen Zeit hatte, der »Wehrsportgruppe Hoffmann«. Ein Konvoi dieser Gruppe, der mit ausrangierten Militärfahrzeugen nach Palästina unterwegs war, wurde am Tag nach dem Bombenattentat auf der Autobahn München-Salzburg gestellt.

Strauß und der bayerische Innenminister Tandler hatten das Treiben der »Wehrsportgruppe« stets bagatellisiert. Am 22. März 1979 hatte Strauß eine SPD-Anfrage im Landtag so beantwortet: »Machen Sie sich doch nicht lächerlich, wenn Sie gewisse Gruppierungen – Sie haben heute die ›Wehrsportgruppe‹ Hoffmann genannt – durch ihre ständigen, in der Öffentlichkeit vorgetragenen überdimensionierten Darstellungen überhaupt erst der bayerischen Bevölkerung bekannt machen und ihnen damit eine Bedeutung zumessen, die sie nie hatten, nie haben und in Bayern nie bekommen werden.« In der CSU hieß es damals, man solle Leute in Ruhe lassen, die mit dem Rucksack im Wald Geländespiele machten. Dass die Gruppe Waffen hortete und mit Panzern herumkurvte, wurde geflissentlich übersehen.

Anfang 1980 verbot Bundesinnenminister Gerhard Baum (FDP) mit Zustimmung Bayerns die Neonazi-Truppe. Der Terroranschlag von München und die vermuteten Hintergründe wurden ein brisantes Thema mit heftigsten gegenseitigen Angriffen in der letzten Phase des Wahlkampfs. Von SPD und FDP in die Enge getrieben, verstieg sich Strauß zu der kruden Theorie, von der DDR eingeschleuste Agenten hätten womöglich den Anschlag verübt, um auf die Gefahr des Neonazismus in Westdeutschland hinzuweisen. Er habe eine Liste, aus der hervorgehe, dass einige Mitglieder der »Wehrsportgruppe« aus der DDR stammten. Tandler und Stoiber machten sich die Theorie zu Eigen; Tandler bestritt aber im bayerischen Landtag, dass es eine solche Liste gebe. Strauß weigerte sich, seine »Agententheorie«, die sich nicht »auf Informationen bayerischer Personen oder Stellen« stütze, im Landtag zu begründen; er habe sie nicht als Ministerpräsident, sondern als Kanzlerkandidat, mithin als Parteimann, geäußert.

Es gab tatsächlich bayerische Akten, in denen über die Mitgliederstruktur der »Wehrsportgruppe Hoffmann« berichtet worden war: Sie waren vom Landesamt für Verfassungsschutz auf Antrag von Staatsschutzchef Hans Langemann am 21. November 1977 und, in einer weiteren Fassung, am 29. Juni 1978 gefertigt worden. Da die Liste dem Bundesamt für Verfassungsschutz zugeleitet worden war, konnte Strauß sogar behaupten, er habe sie nicht aus Bayern. Der Ministerialdirigent Langemann hatte Angaben in einem »CSU-Brief« aus Bonn verifizieren wollen, in dem zu lesen war, neonazistische oder rechtsextremistische Aktivitäten wie Hakenkreuzschmierereien oder die Schändungen jüdischer Friedhöfe in der Bundesrepublik würden aus dem Osten gesteuert. Allerdings waren die Unterlagen des Verfassungsschutzes keineswegs für den politischen Schlagabtausch bestimmt, sondern als vertrauliche Verschlusssachen »nur für den Dienstgebrauch« gekennzeichnet.

Das Landesamt hatte ermittelt, dass eine Reihe von Anhängern der von der bayerischen Regierung zunächst verniedlichten »Wehrsportgruppe« einschließlich ihres Anführers Karl Heinz Hoffmann in der DDR geboren und von dort geflohen oder von der Bundesrepublik freigekauft worden waren. Anfragen dieser Art im Bundestag hatte die Bundesregierung damit beantwortet, »in keinem dieser Fälle lägen konkrete Hinweise vor, dass eine rechtsextremistische Betätigung von kommunistischer Seite gesteuert wird«.

So ohne weiteres wollte das Landesamt für Verfassungsschutz die CSU, die das angedeutet hatte, aber nicht im Regen stehen lassen. Dass bei den »in jüngster Zeit erheblich zunehmenden neonazistischen Aktivitäten« der »Osten« seine Hand im Spiel habe, könne man »nicht als völlig unbegründet« abtun. Bei diesem Satz hatte Langemann an den Rand mit der Hand »!Ja« geschrieben. Das Landesamt für Verfassungsschutz teilte auch noch mit, es beabsichtige nicht, »mit dieser Übersicht die ... Steuerung neonazistischer und rechtsextremistischer Aktivitäten in der Bundesrepublik aus dem Osten beweisen zu wollen. Es will lediglich aufzeigen, dass sie nicht ohne weiteres verneint werden kann.« Auch Langemann hatte bei der Zuleitung des ersten Verfassungsschutzberichts von 1977 an das Ministerbüro die Auffassung vertreten, »gesicherte Erkenntnisse über eine Einschleusung zur Initiierung neonazistischer Handlungen gibt es nicht«.

Um die indirekte politische Verantwortung der bayerischen Regierung für die Verharmlosung der neonazistischen »Wehrsportgruppe«, mit der der Oktoberfest-Attentäter nachweislich kooperiert hatte, zu vertuschen, taugten die Angaben in diesen Unterlagen trefflich. Langemann schrieb seinem Minister Tandler kurz nach dem Anschlag am 29. September 1980 als der »für den Staatsschutz zuständige Abteilungsleiter« eine eidesstattliche Erklärung, dass der bayerische Innenminister die »Wehrsportgruppe Hoffmann« »immer als verbotswürdig bezeichnet hat«. Strauß, der noch in der Nacht der Tat am Ort des Münchner Blutbads wie bei einem Familienausflug mit einem seiner Söhne aufgekreuzt war, konstruierte fix seine niemals belegte Agententheorie. Ähnliche Details tauchten auch in Presseorganen wie *Quick* und *Bild am Sonntag* auf, mit denen Langemann im Rahmen des »positiven Verfassungsschutzes«, wie er die Infiltration von Presseorganen nannte, gerne zusammenarbeitete.

Später stellte sich in einem Untersuchungsausschuss heraus, dass Langemann unmittelbar nachdem am Morgen nach der Tat das zentrale Computersystem »Nadis« die Verbindung Köhlers zur Hoffmann-Bande geliefert hatte, befreundete Journalisten informierte. *Quick*-Reporter waren vor der Polizei unterwegs, um das persönliche Umfeld des Attentäters auszuleuchten. Während ein Sprecher der Bundesanwaltschaft konsterniert abzublocken versuchte und sagte, es sei »auf keinen Fall zu verantworten, weitere Angaben zu machen«, gab die erst Tage später erscheinende Illustrierte ihre Rechercheergebnisse sofort an die Presseagenturen. Mit dem Verrat aus dem Innenministerium war der Bundesanwaltschaft und der Polizei die zumindest theoretische Chance genommen, nach möglichen Mittätern noch zu einer Zeit zu suchen, da diese sich im Glauben hätten wiegen können, Köhler habe sein blutiges Werk unerkannt und unverletzt ausgeführt und sei untergetaucht.

Das Oktoberfest ging übrigens am Tag nach dem Anschlag weiter, als wäre nichts geschehen. Es war eine Entscheidung von Barbaren. In der Nachbarschaft des blutgetränkten Platzes, auf dem die Leichenteile eilends weggeräumt worden waren, feierten Bayern und Touristen, grölten Betrunkene und gingen zum Glotzen an den Ort des Attentats. Der bayerische Nationalrausch durfte nicht gefährdet werden, das Bier musste weiter fließen, der Rubel rollen.

Das Landesamt für Verfassungsschutz beschwerte sich am 13. Oktober 1980 beim bayerischen Innenministerium: »Im Zusammenhang mit den Ermittlungen zum Sprengstoffanschlag auf der Theresienwiese am 26. September 1980 sind in die publizistische Diskussion exakte, VS-geschützte Einzelheiten aus der geheimen Aufklärungstätigkeit des BLfV eingeflossen.« Es seien Unterlagen mit dem Verschlusssachengrad bis einschließlich »geheim« publik geworden. »Wenn das operative Prozedere des Dienstes offen auf dem Markt erscheint, ist abzusehen, wann die Nachrichtengewinnung versiegt, weil die geheimen Mitarbeiter die ihnen zugesicherte Vertraulichkeit als gefährdet ansehen«, schrieb der Verfassungsschutzpräsident Hans Ziegler. Darauf, dass auch der CSU-Vorsitzende und Unionskanzlerkandidat Strauß und seine Helfer sich missbräuchlich der Unterlagen bedient und sie auch noch einseitig zitiert hatten, traute sich der Beamte natürlich nicht hinzuweisen. Im Innenministerium tat man empört: »Wenn der vorletzte und letzte Absatz als ein Verdacht in Richtung Innenministerium zu lesen sein sollten, so wäre dies, gelinde gesagt, eine Unverschämtheit«, schrieb ein Beamter aus Langemanns Abteilung auf den Verfassungsschutzbrief.

Langemann bestritt für sich und seine Mitarbeiter in einer Erklärung für den Amtschef des Innenministeriums, Siegwin Süß am 3. November 1980, das Geringste mit den Indiskretionen zu tun zu haben. Eines der Schriftstücke sei schon »lange vor dem Anschlag an einen Publizisten gelangt«. Schon am 12. Oktober hatte Langemann mit dem Nachrichtenhändler Frank Heigl einen Vertrag abgeschlossen, dass sie gemeinsam »publizistisch verwertbare Arbeiten« über geheimdienstliche Angelegenheiten verfassen, veröffentlichen und dabei halbe-halbe machen würden.

Obwohl laut Protokoll des bayerischen Landeskriminalamts vom 28. September 1980 bei den Durchsuchungen in der Wohnung des »Wehrsportgruppen«-Mitglieds Robert Christian Funk ein Kilogramm militärischer Sprengstoff und im Wohnsitz des Anführers Karl Heinz Hoffmann, im Schloss Ermreuth (Mittelfranken), zehn Zündkapseln gefunden wurden, konzentrierten sich die Ermittlungen bald auf eine Einzeltäterschaft von Gundolf Köhler. Der Münchner Journalist Ulrich Chaussy, der jahrelange subtile Recherchen anstellte, schrieb 1985 in seinem Buch *Das Attentat*, durch Langemann seien wichtige Ermittlungsansätze zerstört worden. Hatte Köhler tatsächlich Mitwisser oder gar Mittäter, »dann blieb ihnen ein Zeitraum von mindestens sechs Tagen, um Spuren zu verwischen, Beweismittel beiseite zu schaffen und das Aussageverhalten bei der Polizei zu planen«. Immerhin sei Köhler laut Zeugenaussagen unmittelbar vor dem Anschlag mit zwei Begleitern gesehen worden.

Chaussy ermittelte »fahrlässige Behandlung zahlreicher Spuren, die auf einen weiteren Täterkreis hinweisen« und begründete seine Zweifel an der These vom Einzelattentäter mit der »halbherzig und plump-naiv anmutenden Überprüfung des rechtsradikalen Umfelds, in dem sich der mutmaßliche Täter Gundolf Köhler zeitweise bewegt hatte, und dem dilettantischen Charakterentwurf des gemutmaßten Alleintäters«. CSU-Politiker wie Strauß, Tandler und Stoiber hatten in dieser dunklen Stunde für Bayern nichts Besseres zu tun, als auf dem Rücken der Ermordeten ihre Hetzstrategie gegen die sozial-liberale Bundesregierung für die letzte Woche des Bundestagswahlkampfs noch um ein paar Grade zu verschärfen.

Die zuvor als Rucksack-Wandergruppe verharmloste »Wehrsportgruppe« machte später noch einmal von sich reden. Im Dezember 1980 waren in Erlangen der Verleger Shlomo Levin und seine Lebensgefährtin Frieda Poeschke erschossen in ihrem Haus gefunden worden. Über die Tat hatte der Hoffmann-Gefolgsmann Uwe Behrendt berichtet, ehe er im Libanon starb, angeblich durch Selbstmord. Eine Anklage der Nürnberger Staatsanwaltschaft gegen Karl Heinz Hoffmann und dessen Freundin Franziska Birkmann wegen Mittäterschaft im Mordfall

Levin/Poeschke lehnte das Landgericht Nürnberg im September 1983 mangels ausreichender Beweise ab. Es folgte wohl wieder einmal einer Einzeltätertheorie.

Auffällig war, dass am Tatort Munition jener Art gefunden worden war, wie sie 1980 im Ansbacher Polizeipräsidium verschwunden war. 97 Patronen vom Kaliber neun Millimeter hatte der Ansbacher Polizeichef Werner Maluck seinen Vorgesetzten als verloren gemeldet. Eigentlich hätte über Verluste im Einsatz oder bei Schießübungen genau Buch geführt werden müssen. Seinem Hinweis wurde nicht weiter nachgegangen, worauf der Beamte Anzeige gegen Unbekannt erstattete. Das Verfahren wurde ohne Anhörung eingestellt. Die Nürnberger Szenezeitung *Plärrer* berichtete, in der Dienststelle der Kriminalpolizei Ansbach habe es einen Verbindungsmann zu den Neonazis gegeben. Auffällig war, dass kurz nacheinander zwei Beamte der Ansbacher Dienststelle zu Tode kamen, offiziell und von den Angehörigen bestätigt durch Selbstmord.

Nachforschungen des Erlanger SPD-Politikers Karl-Heinz Hiersemann beim bayerischen Innenministerium verliefen im Sand. Es bestätigte zwar eine »umfassende Untersuchung«, die aber ergeben habe, dass der Munitionsfehlbestand in Ansbach nichts mit dem Erlanger Mordfall zu tun habe. Aus der Tatsache, dass bei der Bluttat Patronen verwendet worden seien, wie sie in Ansbach vermisst würden, dürften keine falschen Schlüsse gezogen werden. Es handle sich um »Allerweltsmunition«. Hiersemann stütze sich auf angebliche Aussagen des toten Behrendt, die in keiner Weise nachprüfbar seien. Es handle sich um eine »abenteuerliche Spekulation«. Ein Sprecher der Staatsanwaltschaft Nürnberg, der die Anklage gegen Hoffmann und seine Freundin erhoben hatte, bestritt, dass »Wehrsportgruppen«-Mitglieder ausgesagt hätten, die beim Levin/Poeschke-Mord verwendete Munition stamme aus dem Ansbacher Polizeipräsidium.

Der inzwischen pensionierte Ansbacher Polizeichef Maluck kämpft bis heute vergeblich gegen das bayerische Innenministerium um Einsicht in die Totenakten der beiden damals angeblich durch Selbstmord umgekommenen Polizisten. In zahlreichen Schriftsätzen warf er der bayerischen Regierung vor, sie decke

Neonazis. Der derzeitige Innenminister Günther Beckstein habe früher als Rechtsanwalt bevorstehende Polizeieinsätze im Nürnberger Rotlichtmilieu verraten, von denen er durch seine guten Beziehungen erfahren habe. Im Innenministerium hält man Maluck für einen tragischen Fall; er sei über die Geschehnisse in seiner Dienststelle nicht hinweggekommen. Einsicht in die Leichenakten gestattet das Ministerium nicht.

Strauß hat die Wahl am 5. Oktober 1980 nicht gewonnen, er verfehlte sogar das von Kohl 1976 erreichte Ergebnis um 4 Prozent. Die Union verlor 17 Mandate, die SPD gewann vier dazu, die FDP war mit einem Zugewinn von 14 Mandaten der Wahlgewinner. Zwar war die Mehrheit der sozial-liberalen Koalition gestärkt worden, da dies aber vor allem dem Erfolg der FDP zuzuschreiben war, trug der Sieg den Keim der Trennung in sich. Es ist nicht abwegig, die Stärkung der FDP mit dem An- und Auftreten von Strauß in Verbindung zu bringen, das den Liberalen CDU-Wähler zutrieb. Wie auch immer, die Bundesrepublik konnte von Glück sagen, einer CSU-Herrschaft entgangen zu sein.

Lang ists her, sagt Stoiber heute, und dass er eben die Aufgabe, die ihm Strauß zugedacht hatte, bestmöglich erfüllen musste. Im Wahlkampf 1980 hat er sich als skrupelloser, gottlob letztlich aber auch erfolgloser Einpeitscher erwiesen. Wenn er zu den Auswüchsen des Wahlkampfs, zur Unbeherrschtheit von Strauß auch nur in einem Einzelfall eine abweichende Meinung gehabt haben sollte – er hat sie für sich behalten. Belege für Eigenständigkeit gegenüber seiner politischen Vaterfigur sind nicht bekannt, auch nicht aus späterer Zeit. Stoiber war schon weit entfernt von jenem politisch noch differenzierenden Rechtsreferendar aus dem Jahr 1970 oder gar vom lockeren, auf ein buntes Leben hoffenden Abiturienten des Jahres 1961. Strauß war sein Schicksal, ihm hatte er sich verschrieben, beflissen und zugleich gerissen. Er kam nicht mehr los.

11 Schwer geschlagen heim nach Bayern

Das Papier liest sich wie eine bereits vorformulierte Erklärung Edmund Stoibers, die ein Parteisprecher nach Bekanntgabe der Wahlniederlage am 22. September 2002 vortragen könnte:

»S. stößt bei Teilen der Bevölkerung, vor allem im Norden der Bundesrepublik, auf emotionale Widerstände …

Sein anerkannter Intellekt, seine unumstrittene Kompetenz und seine sprachliche Ausdruckskraft gaben seiner politischen Aussage eine Direktheit, die viele Wähler nicht akzeptieren wollten …

Die Bevölkerung der Bundesrepublik hat gegenwärtig Angst vor jeder Veränderung, weil sie nach ihrer Meinung in jedem Falle ein Risiko darstellt …

Das Image von S., durch dreißig Jahre geprägt und durch die Macht der Medien nicht zu ändern, wirkt gegen ihn …

Das Bild der CDU/CSU war unvorteilhaft. Hauptvorwürfe waren Zerstrittenheit, Führungsschwäche und mangelnde Siegeszuversicht. Die Union muss sich vor der Illusion hüten, ein anderer Kanzlerkandidat als S. hätte den Wahlsieg garantiert.«

Diese Zitate allerdings sind Auszüge aus der Analyse des Bundestagswahlergebnisses von 1980. Das S. steht für den damaligen Unionskandidaten Strauß, der wegen seiner Niederlage schwer enttäuscht war. Die Wahl war so ausgegangen, wie die CDU insgeheim kalkuliert hatte. Helmut Schmidt war in offener Feldschlacht nicht zu stürzen, schon gar nicht vom Bramarbas aus Bayern und seinem Scharfmacher Stoiber; Schmidt konnte in absehbarer Zeit nur auf kaltem Weg aus dem Bundeskanzleramt verdrängt werden.

Nach heutigen Maßstäben war das Strauß-Ergebnis von fast 45 Prozent hervorragend, Stoiber, der 2002 von der Formel 35 Prozent plus x ausgehen muss, kann von so einem Ergebnis nur träumen. Die eigentliche Schmach für Ritter Franz Josef und seinen Schildknappen Edmund war, dass die Union gegenüber 1976 deutlich, nämlich fast 5 Prozent und 17 Sitze im Bundestag verloren hatte. Selbst im Stammland Bayern hatte Strauß das Kohl-Ergebnis respektive sein eigenes von 1976 verfehlt und für die CSU ein Mandat verloren. 1976 hatte die CSU 60 Prozent und 53 Mandate erreicht, 1980 mit Franz Josef Strauß als Kanzlerkandidat »nur« 57, 6 Prozent und 52 Mandate. Damit war die CSU sogar hinter die FDP zurückgefallen, die mit einem Mal 53 statt 39 Mandate hatte. Strauß trat seines nicht an, er war ja bayerischer Ministerpräsident und Landtagsabgeordneter.

Trotzdem errechnete Stoiber aus irgendeiner Statistik für seine Wahlanalyse das zweitbeste CSU-Ergebnis bei Bundestagswahlen überhaupt, für die CDU das zweitschlechteste. Der CSU-Landtagsfraktion, in der die geschlagenen Helden Trost suchten, aber keineswegs bei allen Abgeordneten fanden, erklärte Stoiber den Wahlausgang zur »persönlichen Niederlage für Helmut Schmidt«. Die Union habe Zweitstimmen an die FDP verloren, Strauß sei einer »Diffamierungskampagne« ausgesetzt gewesen. CSU-Fraktionschef August Lang sicherte Strauß die Unterstützung der Fraktion bei seiner Kandidatur 1982 in Bayern zu. Stoiber und einige Kabinettsmitglieder kamen ins Gerede, weil sie sich intern angeblich für eine Kabinettssumbildung inklusive eigenem Aufstieg ausgesprochen hätten. Das war aber wohl nicht mehr als ein gezielt lanciertes Gerücht aus der CSU, um einen Keil zwischen Strauß und den unbeliebten Stoiber zu treiben.

In seiner vom CSU-Vorstand gebilligten Analyse schrieb Stoiber die Strauß-Niederlage weiter schön: »Die Kandidatur von Franz Josef Strauß ist keineswegs die Ursache dafür, dass die CDU/CSU den Wahlkampf nicht gewonnen hat. Oder: Franz Josef Strauß trifft ebenso viel Verantwortung wie andere Kandidaten der unterlegenen Parteien bei Bundestagswahlen.« Strauß werde eben wie kein anderer Politiker der Bundesrepublik mit einer bestimmten Region und deren Image identifiziert – mit Bayern. »Damit wurde er in besonderem Maße mit dem Nord-Süd-Gefälle konfrontiert«, stellte Stoiber fest.

Außerdem bestätigte er den Vorbehalt, den Strauß selbst gegen seine Kandidatur eingewandt hatte, als er davon sprach, dass man

»Kassandra« nicht wähle. »Die Bürger hörten wohl seine Argumente, fürchteten aber, er könnte Recht haben und wünschten von Herzen, dass er irrte«, formulierte der CSU-Generalsekretär, als ob er von seinem eigenen Wahlkampf spräche, den er 22 Jahre später führen würde. »Wahlkampf gefällt einfach nicht«, warf Stoiber den Bürgern vor; ihnen sei schon bei harten Sachauseinandersetzungen unwohl. »Die Bundesbürger haben einen irrealen Hang zur Harmonie … Es wird also häufig die Auseinandersetzung an sich abgelehnt. Wer da was sagt, wer im Recht ist, ist zweitrangig … So muss jede Partei ein gewisses Maß an irrationaler und unlogischer Abwehr von Wahlkampfmaßnahmen ertragen lernen«, zitierte der landespolitische Redakteur des *Münchner Merkur*, Rudolf Lambrecht, den Generalsekretär.

Der konservative Journalist kommentierte: »Stoiber als Wahlkampfmärtyrer, im Selbstmitleid gebadet« und vermisste die Selbstkritik des CSU-Wahlkampfleiters, der die von ihm beklagten Probleme, die Strauß gehabt habe, nicht durch kluges, zurückhaltendes Management entschärft, sondern durch teilweise berserkerhafte eigene Auftritte noch vergrößert hatte. Lambrecht attestierte Stoiber, mit seinen Thesen eine »merkwürdige Kurvenfahrt« hingelegt und »Wählerbeschimpfung« betrieben zu haben. Damit war Lambrecht bei Strauß und Stoiber »vorgemerkt«. Zwischen dem Generalsekretär und seiner Heimatzeitung *Münchner Merkur*, die in nahezu allen Fragen die CSU unterstützte und den Trennungsbeschluss von 1976 mit Hingabe gefördert und verteidigt hatte, war es schon seit 1978 zu Spannungen gekommen.

Wie häufig bei Parteien, die ihnen nahe stehende Zeitungen bald als Eigentum und mit ihnen zu offen sympathisierende Journalisten als Befehlsempfänger betrachten, meinte die CSU wohl, neben dem Bayerischen Rundfunk gehöre ihr inzwischen auch der *Münchner Merkur*. Das war aber mit dessen streitbarem Chefredakteur Paul Pucher, einem glänzenden, erzkonservativen Formulierer, nicht zu machen. Schon bei einem Redaktionsbesuch Stoibers 1978 war er mit dem CSU-Generalsekretär heftig aneinander geraten. Die beiden diskutierten nochmals den Kreuther Beschluss und Stoiber warf Pucher vor, er mache es sich zu einfach. Der erwiderte, von jemandem, der nur über die Hälfte seines Wortschatzes verfüge, lasse er sich nicht belehren. Für eine Weile hatte Stoiber beim *Münchner Merkur* keinen guten Stand mehr. Als er sich die Strauß-Suada über die »Ratten und Schmeißfliegen« zu Eigen machte und im *Bayernkurier* Berufsverbotsopfer in einer Karikatur als Ratten gezeichnet wurden, nannte die Zeitung Stoiber den »Grögaz«, den »Größten Generalsekretär aller Zeiten«.

Während eines parlamentarischen Abends kurz vor Weihnachten 1980 im Landtag brach der Groll von Strauß über die Zeitung aus. Zu Rudolf Lambrecht sagte er: »Ihr habt kein Recht, mich zu kritisieren.« Dem »Pseudo-Chefredakteur« Pucher werde er jetzt das Handwerk legen und dafür sorgen, dass eine neue konservative Zeitung auf den Markt komme. Lambrecht erwiderte: »Das ist Gleichschaltung und ab nach Dachau«. Pucher kommentierte einige Tage später: »Welcher erwachsene Journalist lässt sich schon von Strauß oder einem anderen Politiker einschüchtern, nur weil die Herren gelegentlich vergessen, dass sie Gewählte und nicht Erwählte sind … Strauß, der unbestreitbar Hochbegabte, wird leider immer wieder Opfer seiner Neigung, sich in der Hauptsache mit Claqueuren zu umgeben … Rebus sic stantibus, um in der Sprache des Erlauchten zu reden, wird er sich zur Besänftigung seines Gemüts also wohl eine eigene Tageszeitung leisten müssen. Wenn ihm seine mit großen Scheinen vertrauten Freunde dabei helfen, würden wir der Neuschöpfung eine Lebenserwartung von drei bis sechs Monaten nicht von vornherein absprechen«, spottete Pucher. Der Streit zog sich mit Unterbrechungen bis 1983 hin. Dann sollte es zum endgültigen Eklat kommen.

In der Landtagsfraktion der CSU hatte sich Ende 1980 die Lage zugespitzt. Natürlich waren Strauß und Stoiber nach der verlorenen Wahl gereizt, die Nachwirkungen des Wahlkampfs hatten im Parlament und an der CSU-Basis die Landtagsabgeordneten auszubaden. Die Konfliktstrategie von Strauß und Stoiber hatte seit 1976 zu mehreren parlamentarischen Untersuchungsausschüssen geführt, die die CSU im Landtag aufs Äußerste forderten. Es gab den Fall Heubl, die von Innenminister Gerold Tandler politisch zu verantwortende Asylaffäre um die Abschiebung tschechoslowakischer Flüchtlinge und die Absetzung des Einsatzleiters der Polizei, Georg Wolf bei einer Wahlkundgebung auf dem Münchner Marienplatz durch Strauß.

In der CSU-Fraktionssitzung musste der Ministerpräsident von Parteifreunden davon abgehalten werden, aus Rache gegen Wolf das Geiseldrama von Fürstenfeldbruck während der Olympischen Spiele 1972 nach nunmehr zehn Jahren nochmals aufzurollen. Im Untersuchungsausschuss wollte Strauß zur Sprache bringen, dass Wolf und sein später von der SPD zur CSU gewechselter Vorgesetzter, Münchens Polizeipräsident Manfred Schreiber, dort massiv versagt hätten.

Plötzlich brachte er Fakten vor, die er bis dahin zur Affäre nicht genannt hatte: Die Polizei habe ihre Scharfschützen zunächst auf den falschen Flugplatz geschickt und sie dann so postiert, dass sie sich selbst beschossen und zwei Kollegen schwer verletzt hätten. Darüber hinaus sei sie nicht in der Lage gewesen, bis acht zu zählen und alle Terroristen im Auge zu haben. Die CSU verweigerte es Strauß jedoch, dieses Thema im Ausschuss zu erörtern.

Als SPD und FDP im Landtag die Angaben, die Strauß der CSU-Fraktion gemacht hatte, debattieren wollten, fiel der Ministerpräsident in tiefes Schweigen. Ihm war es nur darum gegangen, Wolf zu schädigen. Wolf aber fand demonstrativen Rückhalt bei der Münchner CSU: Deren Stadtratsfraktion schlug den verdienten Polizeimann für den Stadtorden »München leuchtet« vor. Im Untersuchungsausschuss schwächte Strauß dann die Entbindung Wolfs in einen »Anschiss« ab.

Beharrlich schwieg sich Strauß gegenüber dem Landtag auch über seine »Agententheorie« aus, mit der er, unterstützt von Generalsekretär Stoiber und Innenminister Tandler, kurz vor der Wahl versucht hatte, aus dem blutigen Bombenattentat auf dem Münchner Oktoberfest politische Münze zu schlagen. Ostagenten seien die Drahtzieher gewesen, die von der sozial-liberalen Regierung als DDR-Opfer freigekauft worden waren.

Schließlich ärgerte die CSU-Fraktion damals auch der völlig überflüssige Streit, den Strauß und Stoiber mit dem *Münchner Merkur* und den im Landtag angesehenen Journalisten Pucher und Lambrecht angezettelt hatten. In einer Vorstandssitzung am 4. November 1980 eskalierte die Situation: Die Fehlleistungen von Strauß und Stoiber wurden heftig kritisiert. Strauß kam tags darauf in die Sitzung der Gesamtfraktion und griff die Fraktionsführung um August Lang frontal an. »Mit seltener Animosität und Gehässigkeit« sei der Vorstand über ihn hergefallen. Die CSU-Fraktion sei lahm, und von Freitag bis Montag herrsche dort die Ruhe eines »Mausoleums«, während die Opposition eine Breitseite nach der anderen loslasse. Der Oberpfälzer Abgeordnete Hans Spitzner prägte, beeindruckt vom Spektakel, das Wort von der »Nassrasur ohne Einseifen«, die Strauß der Fraktion verabreicht habe.

Strauß ließ ein paar Tage später nochmals den Landesvorstand der CSU aus allen Rohren gegen die Landtagsriege schießen. In Abwesenheit des Fraktionschefs Lang, der einen auswärtigen Termin hatte, formulierte der Vorstand folgende Erklärung: »Der CSU-Vorstand diskutierte ausführlich die Arbeit und die öffentliche Darstellung der CSU-Landtagsfraktion. Der Vorstand kritisierte heftig die zum erheblichen Teil falsche Berichterstattung über die Fraktionssitzung vom letzten Mittwoch, die durch unbedachte und für die Partei schädliche Äußerungen von Mitgliedern der Fraktion hervorgerufen wurde, und bemängelt die unzureichende Weitergabe von Absprachen und Informationen innerhalb der CSU-Landtagsfraktion.«

Für den darauf folgenden Abend berief Strauß eine Sondersitzung des Kabinetts ein, in die er die Fraktionsspitze zitierte. Doch Lang verweigerte sich dem Canossa-Gang und entsandte lediglich eine Delegation. Schließlich wurde ein »Einigungspapier« ausgearbeitet, in dem »Missverständnisse« bedauert und die »herausragende Führungsrolle« von Strauß wie auf einem Parteitag der nordkoreanischen KP hervorgehoben wurde. Zwischen Fraktion und Regierung sollte künftig ein Koordinator wirken, zu dem der Stellvertreter Langs, Gebhard Glück, ernannt wurde.

Strauß und Stoiber hätten jetzt Ruhe geben und sich der Sacharbeit zuwenden können. Doch die Landtagsfraktion wurde noch einmal im *Bayernkurier* niedergemacht: von Georg von Waldenfels, dem vor allem von der Frau des Ministerpräsidenten zusammen mit seinem Kollegen Heinz Rosenbauer protegierten

Staatssekretär. Der Oberfranke Waldenfels hieß bei der Geburt eigentlich Maier, hatte sich aber vor dem Einstieg in die Landespolitik von einem Mitglied des fränkischen Landadels adoptieren lassen. Rosenbauer und er galten als gute Tänzer und Charmeure, was der Frau des eher tanzunwilligen, nicht immer charmanten FJS gefiel.

Waldenfels beklagte »internes Intrigenspiel« und »Verrat«. Er hatte auch schon zur Seilschaft Stoibers beim Buchprojekt *Politik aus Bayern* gehört, und Stoiber unterstützte seine Attacke, indem er ebenfalls die »Flut der Indiskretionen« in der CSU beklagte, die ein »Maß erreicht haben, dass es so nicht mehr weitergeht«. Waldenfels wurde in der Fraktion heftig gerügt, allen war klar, dass er im *Bayernkurier* mit dem Segen von Strauß und Stoiber vom Leder gezogen hatte. Sie seien die »eigentlichen Hintermänner dieses neuerlich gezielten Angriffs gegen die eigene Fraktion«, stellte der FDP-Sprecher Julian Gyger fest, der – ohne einen Sitz im Landtag zu haben – zu den wirkungsvollsten Kräften der Opposition zählte.

Als die FDP 1982 den Wiedereinzug in den Landtag verpasste, wurde Gyger nach einem kurzen journalistischen Zwischenspiel von der Strauß-Familie als Chefredakteur für ihren Münchner Fernsehsender »TV Weiß-Blau« angeheuert. An dem Sender war Strauß-Sohn Franz Georg zur Hälfte beteiligt. Später holte Karl-Heinz Hiersemann, der inzwischen frischen Wind in die SPD-Landtagsfraktion gebracht hatte, Gyger als seinen Sprecher in den Landtag zurück.

Strauß bekam die Fraktion erst wieder nach der Landtagswahl von 1982 in den Griff, als er Lang in seine Regierung wechseln ließ und Gerold Tandler aus dem Innenministerium für den Fraktionsvorsitz in den Landtag holte. Während die CSU außerhalb Bayerns stets als monolithischer Block angesehen wird, der in Einigkeit zusammensteht, zeigt dieser Blick hinter die Kulissen, dass es mit der Harmonie nicht weit her war. Richtig geschadet haben ihr solche Gewitter nicht. Standen Wahlen bevor, rauften sich die Duellanten wieder zusammen, um es anschließend wieder krachen zu lassen. Stoiber, der sich als »General« des Vorsitzenden und erst in zweiter Linie auch als »General« der Partei empfand, griff nicht Frieden stiftend ein, sondern ließ sich von

Strauß immer wieder zu schneidigen Attacken ermuntern. Dabei stellte er sich nicht selten ungeschickt an. Auffallend ist, dass Strauß bei der Vergabe von Schlüsselpositionen stets auf ganz wenige Politiker zurückgriff: auf Stoiber fürs Grobe und für die Organisation, auf Tandler für die Abteilung Logistik und Taktik, für eine kurze Zeit auf Otto Wiesheu als Ergänzung Stoibers und auf Wilfried Scharnagl als Sprachrohr, Chefanalytiker und Ghostwriter.

Möglicherweise war Strauß damals nicht nur wegen der Wahlniederlage frustriert, sondern auch abgelenkt durch riskante Geschäfte, die er im Hintergrund mit seinem Spezi Karlheinz Schreiber angebahnt hatte. Das saudi-arabische Königshaus hatte Strauß vor der Bundestagswahl das Angebot gemacht, ihn politisch zu unterstützen: Die Ölpreise waren zu jener Zeit sehr hoch und die Saudis waren bereit, der CSU große Ölförderkontingente zur Verfügung zu stellen, die diese dann mit kräftigem Gewinn an deutsche Abnehmer hätte vermakeln können. Schreiber, bei den Saudis gut eingeführt, war der Mittelsmann. Als Gegenleistung versprachen sich die Saudis von Strauß Erleichterungen bei Waffenexporten, die in Bonn von SPD, FDP, aber auch CDU restriktiv gehandhabt wurden. Größter Wunsch waren Lieferungen der Panzertypen »Leopard II« aus der bayerischen Waffenschmiede von Krauss-Maffei und »Fuchs« von Henschel-Thyssen. Ob etwas aus dem Millionengeschäft für die CSU geworden ist, blieb im Dunkeln.

Zuerst mussten einige Trittbrettfahrer ausgeschaltet werden, die durch Zufall von dem Deal gehört hatten und mitkassieren wollten. Am Rand des politischen Aschermittwochs der CSU im Jahr 1980 wollten Strauß und der saudische Botschafter in der Bundesrepublik, Ibrahim Nuri, über das Geschäft reden. Der Botschafter reiste an und erklärte später einem der Trittbrettfahrer, die Sache sei an fehlenden Kapazitäten gescheitert. Ob das stimmte oder nur Camouflage war, um die Abzocker loszuwerden, wurde nie bekannt. Neuere Recherchen deuten darauf hin, dass sich damals doch etwas Lukratives aufgetan hat. Es wäre auch merkwürdig gewesen, wenn sich das saudische Königshaus nach einer solchen Offerte an Strauß plötzlich auf fehlende Kapazitäten berufen hätte. Schlüsselfigur in dieser Angelegenheit war Strauß-

Berater Franz Dannecker, der inzwischen gestorben ist, ohne sein legendäres Notizbuch zu hinterlassen. Ein kleiner bayerischer Anbieter verfügte kurz nach den dokumentierten CSU-Kontakten zu den Saudis tatsächlich über ein großes Ölkontingent; es gab Gerüchte, dass der lukrative Deal mit Wissen von KP-Parteichef Nicolae Ceauşescu über Rumänien abgewickelt worden sei.

Zur gleichen Zeit bahnte Schreiber, der auch kanadischer Staatsbürger ist, ein riesiges Immobiliengeschäft in Kanada an, bei dem sich die Familie Strauß mit rund drei Millionen Mark beteiligte. Die Herkunft der Millionen ist nicht genau bekannt, der Strauß-Clan sprach von »blütenweißem Geld«, das aus dem Verkauf von Mietshäusern von Marianne Strauß, der FJS-Ehefrau, stammte. Sie hatte als Tochter des Brauereibesitzers Max Zwicknagl aus Rott am Inn eine ansehnliche Mitgift in die 1957 geschlossene Ehe gebracht. Für die Annahme, auf diese Weise sollte Schwarzgeld in kanadischen Projekten gewaschen werden, das aus irgendwelchen Provisionen stammte, gibt es keine Beweise, auch wenn später andere Anleger Probleme mit dem Fiskus bekamen.

In das Geschäft war auch eine Tochter der halbstaatlichen Bayerischen Landesbank, die Aufhäuser-Bank eingebunden, ferner Landesbank-Chef Ludwig Huber, der ehemalige einflussreiche CSU-Politiker. Die Bank legte über acht Millionen Mark ein. Der Kammersänger Hermann Prey nahm Hypotheken auf sein Haus auf, um mit rund zwei Millionen Mark dabei sein zu können, weitere Strauß-Freunde wie der Präsident der bayerischen Arbeitgeber, Hubert Stärker, der Saft- und Likörfabrikant Heinrich Riemerschmid und Liselotte Pabst, eine Schwester des mit Strauß befreundeten Münchner Autohändlers Fritz Haberl, wollten sich das Schnäppchen nicht entgehen lassen.

Es schien gar nichts schief gehen zu können: Mit einer weiteren Finanzierung der Flick-Erbin Barbara Flick und dem Geld aus Bayern sollte Ödland gekauft werden, von dem Schreiber, den sie in Kanada den »Tycoon aus Alberta« nannten, durch seine Beziehungen zu wissen glaubte, dass es bald begehrtes Bauland werden sollte. Schreiber gründete die Firma A.B.S. (Alberta – Bayern – Schweiz), die Familie Strauß die Firma F.M.S. (Franz und Marianne Strauß) Investments Limited, in die sie ihre drei Millionen

Mark einbrachte. Sie wurden Schreibers A.B.S. als Darlehen gegeben. An weiteren Schreiber-Firmen in Kanada besaß die Familie Anteile, so an der B.L.A. und an der P.L.S.

Stoiber dürfte von diesen aufreibenden Nebenbeschäftigungen seines Chefs kaum etwas gewusst haben, obwohl er alle Akteure gut kannte. Schreiber, der sich schon seit geraumer Zeit im Licht von Strauß sonnte, hatte sich vom Teppichhändler zum Besitzer zweier Firmen für Straßenmarkierungen in Kaufering (Oberbayern) hochgearbeitet und wertvolle internationale Kontakte geschlossen. Von der bayerischen Regierung ließ er sich zum ehrenamtlichen Handelsrichter ernennen. Strauß lernte er kennen, weil Kaufering zu dessen Bundestagswahlkreis gehörte und er eines Tages eine Siegesfeier für den CSU-Vorsitzenden ausrichten durfte. Mit diesem Kanada-Geschäft wurde der Grundstein für den Ärger gelegt, der Edmund Stoiber seit 1995 permanent begleitet und ihn auch während der Kanzlerkandidatur noch verunsichert: Es folgten wegen dubioser Geschäfte mit den Firmen Airbus und Thyssen nämlich Ermittlungsverfahren in Augsburg gegen Schreiber und Strauß-Sohn Max. In Augsburg wurde 2001 ein Prozess eröffnet, und zwei Untersuchungsausschüsse tagen in München und Berlin. Dabei kamen enge Kontakte Schreibers zu Stoibers Ministern zum Vorschein. Betroffen sind Otto Wiesheu und auch Strauß-Tochter Monika Hohlmeier, da die Firma F.M.S., deren Direktor Schreiber bis 1996 war, inzwischen auf die Strauß-Kinder übergegangen war. Hohlmeier gab ihren Firmenanteil erst 1999 auf. Auch CSU-Generalsekretär Thomas Goppel ist ein guter Bekannter von Schreiber, der der CSU über die Jahre hinweg rund 140 000 Mark gespendet hatte.

Die bayerische Justiz muss sich inzwischen von der Opposition fragen lassen, ob sie zugunsten Schreibers und seiner Freunde interveniert hat. Zu ihnen zählt auch der angeblich mit 3,8 Millionen Mark bestochene ehemalige Strauß-Referent Holger Pfahls, der Präsident des Bundesamts für Verfassungsschutz und spätere Staatssekretär im Bundesverteidigungsministerium. Vor allem ab 1999, als die Schreiber-Affäre durch die unerschrockene Aufklärungsarbeit des Augsburger Staatsanwalts Winfried Maier und seines Partners bei der Steuerfahndung, Winfried Kindler, in die CDU-Parteispendenaffäre mündete, häuften sich die Eingriffe des Münchner Generalstaatsanwalts Hermann Froschauer.

Schreiber droht seit Jahren, er werde über Stoiber und angebliche Machenschaften mit der Firma Messerschmitt-Bölkow-Blohm auspacken. Zuletzt bekräftigte er, dessen Kanzlerkandidatur torpedieren zu wollen. Dass er Politiker um Ämter bringen kann, hat er am Beispiel des früheren CDU-Vorsitzenden Wolfgang Schäuble bewiesen, den er wegen einer 100 000-Mark-Spende so lange in den Schlagzeilen hielt, bis dieser sein Amt und weitere politische Ambitionen aufgab. Die strafrechtlichen Ermittlungen, die Schreiber gegen Schäuble wegen angeblicher Falschaussage im Berliner Untersuchungsausschuss anstrengte, rehabilitierten Schäuble zwar. Bei Schreiber kommt es aber nicht auf die Substanz der Vorwürfe, sondern auf die Intensität an, mit der er sie über manche Medien verbreitet.

Deren Journalisten reisen gern zu Interviews nach Kanada, als sei der in Augsburg bereits angeklagte Waffenhändler das Orakel von Delphi. Vorgelegt hat er gegen Stoiber bisher nichts, die Firma MBB, die dessen Waterloo werden soll, gibt es seit 1990 gar nicht mehr. Womöglich handelt Schreiber im Fall Stoiber wirklich mit Zitronen. Gefährlicher scheint für Stoiber die enge Bindung des Exilanten, der sich der deutschen Justiz entzieht, mit Strauß-Sohn Max zu sein. Wenn es dem bei den Augsburger Ermittlungen auch noch an den Kragen ginge und es zur Anklage käme – was derzeit noch völlig offen ist – könnte die Situation für den bayerischen Ministerpräsidenten und Kanzlerkandidaten noch unkalkulierbar werden. Strauß junior würde sich einen Prozess möglicherweise nicht gefallen lassen und könnte Stoiber mit Kenntnissen aus der Regierungszeit seines Vaters mit hineinziehen wollen.

Sollte tatsächlich noch etwas offen sein, könnte Stoiber nur im Dienst der CSU oder von Strauß gefehlt haben. Persönlich hat er an Geschäften, Geldanlagen, Abschreibungen und den Lobbyisten, die sich in dieser Branche tummeln, wenig Interesse. Solange er seine Familie ernähren, regelmäßig Schweinsbraten mit Knödel essen und sich eine Jahreskarte für die Spiele des FC Bayern München leisten kann, scheint ihm nichts abzugehen. Seine Gratisflüge, Leihautos und Exklusivurlaube bei seinem auch mit dem bayerischen Gesundheitswesen verbandelten Arzt Valentin Argirov oder seinem zeitweiligen Freund Dieter Holzer hat er längst gebeichtet. Auch dass er auf Vermittlung von Holzer einmal eine Wohnung in der Münchner Öttingenstraße gekauft hat, ist nach Recherchen von Angela Böhm (*Abendzeitung*) eingeräumt worden. Stoiber wollte sogar die Kauf- und Bausparunterlagen vorlegen, um zu beweisen, dass er nichts geschenkt bekommen hat.

Ob Schreiber wirklich noch etwas im Köcher hat, soll sich im Juli 2002 herausstellen. Dann, mitten im Wahlkampf, soll ein Enthüllungsbuch Schreibers in den deutschen Buchhandlungen liegen. Angekündigt war es bereits für den Februar, man wartete vergebens. Da Schreiber – das gehört zu seinem verschrobenen Ehrenkodex – niemals Strauß oder dessen Kinder »hinhängen« würde, könnte er Stoiber nur mit eigenständig-aktivem Handeln belasten.

Dessen Verantwortung liegt aber eher in der Mitwisserschaft, in der Schutzfunktion, die er für das »System Strauß« ohne Gewissensbisse ausgeübt hat. Holzer, ebenfalls Lobbyist, aber fünf Nummern größer als Schreiber, was schon seine Provision von 50 Millionen Mark beim Vermakeln der Leuna-Raffinerie an den französischen Ölkonzern Elf-Aquitaine zeigt, hat Stoiber ebenfalls über Strauß kennen gelernt. Den Vorteilen, die Stoiber aus seiner Nähe zu Strauß bezogen hat, stehen eben auch ein paar Hypotheken gegenüber, die womöglich erst jetzt fällig werden.

Es war kein Wunder, dass Strauß 1980/81 bei solch unwägbaren Risiken im Anlagegeschäft bisweilen nervös war und Stoiber sich manchmal fragte, was der Chef denn wohl habe. In Bonn wollte sich Strauß kaum mehr sehen lassen, obwohl er von Stoiber, Tandler und seinem alten Getreuen Friedrich Voss aufgemuntert wurde. Nicht Stoiber wurde seine Bezugsperson in dieser Zeit, sondern Tandler. Der erzählte Voss, dass er viel private Zeit mit Strauß verbringe und an diesem »ein deutliches Nachlassen der Vitalität und des Gedächtnisses« feststelle, »auch Phasen von Depression sind erkennbar, die in Lethargie und Interesselosigkeit münden. Bei diesem Zustand ist es schwierig, der Prognose von Edmund Stoiber zu folgen, FJS werde noch zehn

Jahre an der Spitze der Partei stehen.« Zur Aufforderung Stoibers, in Bonn präsenter zu sein, habe Strauß gesagt, ein Politiker müsse ein pragmatisches Fingerspitzengefühl haben, wann er wo zu sein habe.

Im Herbst 1981 hatte der Generalsekretär erkannt, dass die Misshelligkeiten der Partner im sozial liberalen Bündnis »mit Händen zu greifen sind« und die FDP den Absprung suchte. Zu seinem Leidwesen hat Strauß erklärt, bei einem Wechsel der FDP in eine Koalition mit der Union habe der amtierende Fraktionsvorsitzende von CDU und CSU, Helmut Kohl, den Vortritt bei der Bildung einer neuen Regierung und bei der Kanzlerschaft. In einem Beitrag für den *Münchner Merkur* schrieb Stoiber damals, in der Union, »die nun geradezu händeringend nach ihren Rezepten gefragt wird«, stelle die CSU »durch Erfolg in der Vergangenheit, durch Leistung in der Gegenwart und durch Konzeptionen für die Zukunft ihre Glaubwürdigkeit und ihre Kompetenz unter Beweis«.

Das habe sie »zuerst« Franz Josef Strauß zu verdanken. »Noch kein Politiker der deutschen Nachkriegsgeschichte hat für die Richtigkeit seiner politischen Einschätzungen und Vorstellungen von der Wirklichkeit so Recht bekommen wie Strauß«, jubilierte Stoiber ein Jahr nach der verlorenen Bundestagswahl. Das Rezept der CSU gründe auf Ehrlichkeit. »Wir sagen die Wahrheit auch dann, wenn sie unbequem ist. Strauß ist geradezu die Personifizierung dieser Haltung, die den Staatsmann vom kurzatmigen Tagespolitiker unterscheidet«, schrieb der CSU-Generalsekretär. Nicht verborgen dürfte dem genauen Beobachter Stoiber auch geblieben sein, wie Strauß abbaute. Es war Zeit, sich hinter ihm zu positionieren. Man konnte nie wissen.

In einem Interview, ebenfalls mit dem *Münchner Merkur*, bei dem Stoiber zwischenzeitlich gut Wetter gemacht hatte, beschreibt er seine Zusammenarbeit mit Strauß: »Ich bin ein guter Freund von Strauß. Ich habe ein enges politisches und menschliches Verhältnis zu ihm. Das ist auch die Voraussetzung dafür, dass man sich hundertprozentig auf die Aufgabe stürzt. Und ich glaube, dass ich von Strauß noch lernen kann.« Fragen nach einer Zeit ohne Strauß weist er von sich: »Wenn ich die ungeheure Vitalität und Kreativität von Strauß sehe – da werden noch einige Generalsekretäre kommen und gehen. Als Politiker mit großem Engagement aber habe ich mir immer die Möglichkeit offen gelassen, mich jederzeit in meinen bürgerlichen Beruf zurückzuziehen. Wir sind vielleicht alle zu lange in der Politik.«

Generalsekretär wolle er maximal bis 1984 bleiben und noch die nächste Bundestagswahl managen (die dann allerdings auf 1983 vorgezogen wurde). »Man verbraucht sich etwas schneller als in früheren Jahren in dieser Position«, hat Stoiber erkannt. Aufregen will er sich aber weiterhin: »Wenn ich nicht mehr in der Lage wäre, über eine politische Unverschämtheit politisch und menschlich zu erzürnen, wenn ich das mit einer so genannten Gelassenheit übergehen würde, dann müsste ich mich ernsthaft fragen, ob ich den noch notwendigen Impetus, die Kreativität, das Bewegungselement in mir habe, diesen Posten hier, der kein Dauerposten ist, richtig auszufüllen.« Ob er denn ins Strauß-Kabinett strebe, wird er von *Merkur*-Redakteur Rudolf Lambrecht gefragt. Er antwortet: »Ich habe keine Karriereplanung.«

Natürlich wurde in München unter Strauß von 1978 bis 1988 auch ordentliche Sachpolitik gemacht. Die Entwicklung des Landes verlief dank seiner glänzenden Kontakte zur Industrie weiter günstig, auch wenn manches Projekt den Eindruck des Monströsen vermittelte. CSU und SPD beschlossen gemeinsam den Ausbau des Rhein-Main-Donau-Kanals, des »dümmsten Bauwerks seit dem Turmbau zu Babel«, wie damals die Bundesregierung spottete. Gegen den Willen der SPD plante die Regierung in Wackersdorf (Oberpfalz) eine Atomfabrik zur Wiederaufarbeitung abgebrannter Brennstäbe aus Reaktoren, um deren Errichtung es später bürgerkriegsähnliche Schlachten am Baugelände gab. Strauß-Nachfolger Max Streibl stieg aus dem Projekt aus, dem Stoiber bis zuletzt das Wort geredet hatte.

Vernünftig war dagegen ein Forschungsprogramm, das die Strauß-Regierung dem Landtag vorschlug, um dem um sich greifenden Waldsterben auf den Grund zu gehen. In den Bergregionen führte es zusammen mit dem Wildverbiss bereits zu gefährlicher Erosion. Ein neues Feuerwehrgesetz wurde verabschiedet, was nicht gerade ein Strauß-Spezialthema war. Es entbrannte ein heftiger Streit um die Anerkennung von Abschlüssen aus

Gesamtschulen anderer Bundesländer in Bayern, das sich mit einigen Modellschulen begnügte. Strauß hielt nichts von diesem Schultyp und setzte auf die klassischen bayerischen Paukschulen. Die SPD, für die Gesamtschulen die »Chancengleichheit« verbesserten, musste sich von ihm belehren lassen, das führe doch nur dazu, »dass jeder Stotterer glaubt, er muss Rundfunksprecher werden«.

Immer wieder wurde in dieser Zeit die viel zitierte »liberalitas bavariae«, die angeblich großzügige Lebensart der Bayern, auf die Probe gestellt. Hausbesetzungen etwa musste die CSU natürlich – angefeuert vom Dreigestirn Strauß, Stoiber, Tandler – besonders drakonisch, gründlich und mit »null Toleranz« unterbinden, obwohl die Missstände bei der Bereitstellung von preiswertem Wohnraum in den Städten offenkundig waren.

In Nürnberg wurden am 6. März 1981 nach einer Demonstration, bei der es zu Gewalttätigkeiten gekommen war, nicht nur Festnahmen wie üblich ausgesprochen, sondern 141 hektografierte – also nicht auf den Einzelfall, wie erforderlich, bezogene – Haftbefehle auch gegen minderjährige Schüler und Studenten ausgestellt, nachdem das städtische Jugendzentrum KOMM von der Polizei gestürmt worden war. Tandler sah einen »neuen Terrorismus« heraufziehen, der damals noch zum liberalen Flügel zählende CSU-Abgeordnete aus Nürnberg, Günther Beckstein, nannte es »außerordentlich unerfreulich«, dass zahlreiche Unschuldige eingesperrt worden seien. Die kopierten Haftbefehle fänden nicht seinen Beifall. Allerdings fand Beckstein auch: »In Bayern, wo man den harten Weg geht, ist die Lage in Ordnung, das lassen wir uns nicht kaputtmachen.« Den »harten Weg« ging die CSU auch bei der Frage des Asylrechts, bei der Verhängung von Berufsverboten auf Basis des von Willy Brandt kreierten »Radikalenerlasses«, beim Demonstrationsrecht und – eine Spezialität Stoibers – beim Aufspüren angeblich linker Tendenzen in der ARD. Er wurde zum Wegbereiter privater Rundfunk- und Fernsehanstalten.

Erst nach massiven Protesten wurden in Bayern Schulfahrten in die DDR erlaubt, Kultusminister Maier hatte die volle Unterstützung der CSU, als er auf schäbige Weise eine Ausstellung von Opfern der Nazi-Diktatur als »vulgärmarxistisch« diffamierte und für die Schulen sperren wollte. Sie fand trotzdem großen Zulauf, vor allem Schüler besuchten sie in der Freizeit, wie die Gästebücher zeigten. Die Abschlussarbeit *Der lange Atem* des Absolventen der Münchner Hochschule für Film und Fernsehen, Christoph Boekel, über die Wiederbewaffnung der Bundesrepublik in den fünfziger Jahren durfte nicht öffentlich vorgeführt werden. Boekel hatte für den Geschmack des bayerischen Kultusministeriums und der Hochschulleitung ein zu ungünstiges Bild vom damaligen Bundesverteidigungsminister Franz Josef Strauß gezeichnet.

Dass die Gerichte alle Verfahren einstellten, die nach der Massenverhaftung im Nürnberger KOMM in Gang gesetzt worden waren, dass die Verweisung der Gymnasiastin Christine Schanderl von ihrer Regensburger Schule wegen des Tragens einer »Stoppt-Strauß«-Plakette für rechtswidrig erklärt wurde, focht die CSU-Hardliner um Stoiber nicht weiter an. In der Ablehnung und Diffamierung der Friedensbewegung wussten sich Strauß und Stoiber einig mit dem Sozialdemokraten Helmut Schmidt, der vor einer mächtigen, friedlichen Demonstration in Bonn zum Entsetzen vieler SPD-Abgeordneter vor dem anrückenden »Pöbel« warnte. Diese »Gemeinsamkeit der Demokraten« dankte die CSU Schmidt aber nicht.

Die SPD wollte im April 1983 in Bayern des 50. Jahrestags der Zustimmung des bayerischen Landtags zum Ermächtigungsgesetz von 1933 in einer gemeinsamen Feier gedenken. Im Vorfeld kam die unrühmliche Rolle der CSU-Vorläuferpartei Bayerische Volkspartei zur Sprache, die durch ihre Zustimmung zum Ermächtigungsgesetz Hitlers Aufstieg mit ermöglicht hatte. Daraufhin schmähte die CSU-Landtagsfraktion sozialdemokratische Widerstandskämpfer wie Willy Brandt, Herbert Wehner und den ersten bayerischen Nachkriegs-Ministerpräsidenten und »Vater« der Bayerischen Landesverfassung, Wilhelm Hoegner, als »Nachkriegshelden«. Während CSU-Gründer wie Josef Müller und Alois Hundhammer im Widerstand oder im Konzentrationslager gewesen seien, hätten diese Sozialdemokraten »in der Sowjetunion, in Skandinavien oder in der Schweiz überwintert«. Die SPD erinnerte daran, dass zwei ihrer Abgeordneten, Josef Laumer aus Straubing und Michael Poeschke aus Erlangen, für die

Abstimmung am 29. April 1933 »Urlaub« vom Konzentrationslager Dachau erhalten hatten. Poeschke war während der Sitzung infolge von Misshandlungen in der Haft zusammengebrochen. »Im Laufe der Sitzung erkrankt«, heißt es zynisch im Protokoll von 1933.

Wer heute Bayern als Musterland und Stoiber als Saubermann sieht, muss auch einen Blick in diese finsteren Winkel des Freistaats werfen. Er wird dabei entdecken, dass Stoiber stets in der vordersten Reihe der Hardliner zu finden und von der »Mitte«, die er heute als seinen Standort ausgibt, wesentlich weiter entfernt war als vom äußersten rechten Rand. Er konnte es nicht lassen, Grüne mit Nazis gleichzusetzen, Friedensbewegte mit Kommunisten und »nützlichen Idioten« Moskaus oder jugendliche Hausbesetzer mit angehenden Terroristen. Sein Weltbild, das zehn Jahre zuvor noch so offen war, wurde immer enger.

12 Wirbel im Innenministerium

Anfang März 1982 flog im Innenministerium der Staatsschutzchef, Ministerialdirigent Hans Langemann, auf, der dort so lange für die CSU intrigiert und gemauschelt hatte. Auslöser war eine Geschichte, die Chefredakteur Manfred Bissinger in die März-Nummer seines linken Magazins *Konkret* gehoben hatte. Langemann hatte geplaudert, dubiose Praktiken des BND, Deck- und dazugehörige Klarnamen – alles mit Dokumenten belegt – verraten und Interna aus dem bayerischen Innenministerium und dem Landesamt für Verfassungsschutz preisgegeben. Damit richtete er einen Gau für die Geheimdienste an. Sein zunächst krudes Manuskript über seine Zeit als Agent und Agentenführer hatte der in Südfrankreich lebende Frank Heigl über die Presseagentur Josef von Ferenczy in die Finger bekommen. Heigl, früher Undercoveragent beim Bundeskriminalamt und seither als Nachrichtenhändler tätig, führte Interviews mit Langemann und bekam in dessen südfranzösischer Villa »La Mylada« in Le Lavandou kofferweise Akten.

Daraus entstand der Text »Operation EVA«. Der Name steht für die weltweite Spionage des BND unter seinen Präsidenten Reinhard Gehlen und Gerhard Wessel, aber auch für verbotene Inlandsaufklärung des Dienstes, für seine Kundschaft in der Politik und seine Quellen und Zuträger. Langemann, ein früherer Staatsanwalt aus Westfalen mit allerlei Marotten, hatte erzählt, dass er als EVA-Agent vom BND beauftragt worden war, bei einer Hausdurchsuchung während der *Spiegel*-Affäre in der Redaktion dem Vizepräsidenten des Geheimdienstes, Hans-Heinrich Worgitzky, belastende Abrechnungen und Notizen zu entwenden. Die Unterlagen, so *Konkret*, hätten Hinweise enthalten, dass der *Spiegel* 1962 vom BND vor der Beschlagnahmeaktion gewarnt worden sei, was der damalige Verteidigungsminister Franz Josef Strauß dem Geheimdienst schwer verübelt habe. »Journalisten und Geistliche, Staatssekretäre und Minister, Diplomaten und Verbrecher, Politikerliebchen und Damen von Adel« hätten für den BND gearbeitet, erklärte *Konkret* in der Ankündigung der Geschichte, die auch hielt, was sie versprach.

Eine Zusammenarbeit mit den von Langemann bevorzugten Magazinen *Spiegel* und *Stern* war nicht zustande gekommen, weil sich deren Redaktionen noch lebhaft an die Probleme erinnerten, die sie Ende der siebziger Jahre mit den Dokumenten des von Heigl angeschleppten CSU-Referenten Dieter Huber gehabt hatten. Beim *Stern* hatte Heigl Hausverbot, der *Spiegel* hatte ihn für die gesamte Branche so gut wie enttarnt und über die Fälschungen aus dem Bundeskriminalamt geschrieben: »Die Spur führt ins mediterrane Ausland, wo ein ehemaliger BKA-Beamter residiert, der vor Jahren den Dienst quittiert hat, keineswegs aus Altersgründen. K.S. (Name von der Redaktion geändert) hat, wie er zugibt, dem Autor Aust [NDR-»Panorama«-Redakteur, später selbst *Spiegel*-Chefredakteur – der Autor] die Papiere geliefert, die jetzt als Falsifikate gelten – und gegen ihn richtet sich denn auch amtlich geäußerter Fälscherverdacht.«

Zwar hatten Redakteure beider Magazine in Südfrankreich trotz ihrer Vorbehalte mit Langemann und Heigl über die »Operation EVA« verhandelt, aber es wurde nichts daraus. Vielleicht sprach auch so etwas wie staatsbürgerliche Sorgfaltspflicht dagegen. So kam, für alle Außenstehenden völlig unerklärlich, das Linksblatt *Konkret* mit dem Ex-BND-Mann, CSU-Mitglied und bayerischen Staatsbeamten ins Geschäft. Das Basismanuskript, das der von der Stille des Agentenlebens offensichtlich gelangweilte Langemann zunächst angeboten hatte, war snobistischer Schrott: Der Versuch, einen persiflierenden Agentenroman zu schreiben, war völlig in die Hose gegangen.

Schon der Titel war wunderlich genug: »Abraham Lincoln Katzenschlossers junior von A bis Z erlogenes geheimes Handbuch so ziemlich aller geheimdienstlichen Praktiken, Abarten und Nuancierungen der Fabrikation und Transparentmachung erdachter Staatsgeheimnisse sowie anderer konspirativer Weisheiten und solcher, die sich dafür halten oder doch das wohlige Erschaudern bei Gläubigen und anderen Demokraten im Zustand der Proliferation erhalten. Dieserhalb mit dem diabolischsten Vergnügen und der größten Nonchalance eines gelernten Nachrichtendienstlers der schlimmsten Sorte kolportiert und kommentiert vom Leibwächter des geheimen Meisters, Cosimo Ballantyne.« Heigl, gerissen und skrupellos, erkannte, welche Substanz in Langemanns verquaster Geschichte steckte. Im März 1982 war die Agentenbeichte umgeschrieben und kam auf den Markt.

Die CSU war ins Mark getroffen. Landtagswahlen standen bevor, außerdem war in Bonn der Regierungswechsel zu erwarten, für den sich Strauß alle Optionen zur Rückkehr ins Bundeskabinett offen halten wollte. Da konnte die CSU diese Affäre brauchen wie ein Loch im Kopf. Langemann wurde sofort vom Dienst suspendiert und wenig später in Untersuchungshaft genommen, bald aber wieder auf freien Fuß gesetzt. Die Probleme des BND mit Langemann waren der CSU egal, die sollte der damalige Präsident Klaus Kinkel (FDP) ausbaden. Dem BND hatte Presseagent Josef von Ferenczy, um sich abzusichern, rechtzeitig ein Exposé von »Operation EVA« geschickt, ohne dass der redselige Langemann gebremst worden wäre. Sein Dienstherr, der bayerische Innenminister Gerold Tandler, räumte ein, dass sein Haus das Exposé ebenfalls vorher kannte, genauso wie den Romanentwurf *Abraham Katzenschlosser*, aber es seien keine Vorkehrungen getroffen worden, eine Veröffentlichung zu verhindern.

Tandler sagte, Langemann selbst habe, nachdem Heigl den Markt mit seinem Dossier abgegrast hatte, den BND gebeten, die Publikation zu unterbinden. Das sei auch gelungen, bis *Konkret* auf den Plan getreten sei. Tandler versuchte zunächst reflexhaft, Langemann zu verteidigen. CSU-Parteichef Franz Josef Strauß und dessen Generalsekretär Edmund Stoiber mussten sich aber fragen, was noch alles ans Tageslicht kommen würde. Die CSU hatte sich ja seit Jahren Dossiers von Langemann liefern lassen, seine Hilfe in Anspruch genommen und seine Verbindungen zu nationalen und internationalen Dunkelmännern im Wahlkampf 1979/1980 genutzt.

Langemann sprach von Verleumdungen und warf dem Co-Autor Heigl vor, ihn hereingelegt zu haben. Der Nachrichtenhändler antwortete mit einer Klage. Sein Anwalt sagte, der Geheimdienstler habe auf die Veröffentlichung gedrängt und sei »furchtbar nachrufgeil« gewesen. Die CSU-Landesleitung wollte Tandlers Verteidigung von Langemann nicht stehen lassen. Der

Staatsschutzchef sei »in Bonn seit Jahren kein Unbekannter«, erklärte Anfang April Parteisprecher Godel Rosenberg. »Wer das nötige Kleingeld aufbrachte, konnte schon mal das eine oder andere Papier aus den Unterlagen des ehemaligen BND-Beamten haben«, schrieb Rosenberg im CSU-Pressedienst, »dafür gibt es eine Reihe von Zeugen.«

Tandlers Reaktion deutete darauf hin, dass er den verhafteten Spitzenbeamten seines Ministeriums aus bestimmten Gründen nicht bloßstellen oder reizen lassen wollte. »Das darf doch nicht wahr sein«, kommentierte der Innenminister die Stellungnahme seiner Partei und nannte sie »eine kardinale Dummheit«. Er habe keinen Anlass, an Langemanns Amtsführung Kritik zu üben. Tandler ging auf Stoiber los und forderte ihn ultimativ auf, sich vom CSU-Pressedienst zu distanzieren. Der Beitrag sei »eine Fehlleistung«, Stoiber hätte »in dieser Situation selbst Stellung nehmen müssen«.

Das tat dieser dann so ausgiebig, dass die Opposition höhnte, der Generalsekretär wälze sich vor dem Innenminister im Staub. »An der Loyalität und der Solidarität der CSU und selbstverständlich auch der CSU-Landesleitung zu und mit Innenminister Tandler besteht auch nicht der Hauch eines Zweifels«, erklärte Stoiber. Er distanziere sich von der falschen Darstellung »und bedauere sehr, dass durch diesen Artikel der Eindruck entstehen konnte, als habe Herr Rosenberg Informationen über Dienstverfehlungen von Herrn Langemann«.

Dabei lag Stoiber mit seinem Sprecher völlig richtig. Als was sonst waren Langemanns Aktivitäten anzusehen denn als krasse Dienstverfehlungen? Möglicherweise ging Stoiber damals unverkrampfter an den Skandal heran, weil er die Beziehung zwischen Langemann auf der einen sowie Tandler und Strauß auf der anderen Seite nicht bis in die letzte Verästelung kannte. Als immer mehr Details über konspirative Wohnungen, die Strauß in Paris nutzte, über die Machenschaften rund um das Oktoberfest-Attentat, über die Bespitzelung von Journalisten, über geheimdienstliche Umtriebe in der Hanns-Seidel-Stiftung und über ein von Langemann arrangiertes Treffen zwischen einem übel beleumundeten BND-Spitzel und Strauß bekannt wurden, wechselte schließlich auch Tandler die Taktik.

Erst äußerte er den Verdacht, die Bundesregierung habe über den BND Langemann zum Spionieren in den bayerischen Staatsdienst eingeschleust, dann bezeichnete er ihn unisono mit Strauß als medizinischen Fall, als den »Mann mit dem Dachschaden«. Strauß bezichtigte seinen Vorgänger Alfons Goppel, Langemann in den bayerischen Staatsdienst geholt zu haben, und rühmte sich selbst, vor seiner eigenen Amtszeit durch einen »Sitzstreik« in der Staatskanzlei die Ernennung Langemanns zum Präsidenten des bayerischen Verfassungsschutzes verhindert zu haben. Das stimmt, aber er tat dies nicht wegen fachlicher Bedenken, sondern weil ihm die Ernennung Langemanns nicht in eine Personalrochade im Innenministerium passte, bei der sein Vertrauter Karl Krampol, der ihm 1980 in München den Polizeieinsatzleiter Georg Wolf vom Hals gehalten hatte, Leiter der Polizeiabteilung werden sollte.

Da hat also ein »Psychopath« zwölf Jahre lang die bayerische Regierung im sensibelsten Bereich des Staats- und Verfassungsschutzes beraten, für Strauß und die CSU Hand- und Spanndienste geleistet und sich im bayerischen Innenministerium mit erheblichem Aufwand an Steuergeldern einen Abenteuerspielplatz für Agenten eingerichtet, ohne dass es jemand aufgefallen wäre. Diese Regierung, die sich den Friedensdemonstranten in der 45. Reihe, vierter von links, merkt für den Fall, dass er später in den Staatsdienst will, die in der Ausübung des Radikalenerlasses die Regelanfrage beherrscht wie keine Zweite und sogar weiß, welcher Partei Asylbewerber aus Chile angehört haben, um sie abschieben zu können – genau diese Regierung soll zwölf Jahre lang auf einen Spinner, mutmaßlichen Betrüger und Hochstapler hereingefallen sein, dessen Expertisen die CSU-Spitze in sich aufsog, um sie in den Wahlkämpfen gezielt gegen SPD, FDP und gegen Journalisten einzusetzen? Nur indem die CSU Langemann öffentlich in die Nähe eines Geisteskranken rückte, konnte sie sich einigermaßen glimpflich aus dem Desaster herausziehen. Das war auch besser für Langemann, obwohl es ihm gegen die Agentenehre ging und sich sein Münchner Anwalt Martin Amelung, ein Spezialist für heikle Fälle, in seinem Auftrag vehement gegen diese Diffamierungen verwahrte.

Es kam zu einem Untersuchungsausschuss, in dem die Details

der Affäre ausgebreitet wurden. Für die SPD wurde Karl-Heinz Hiersemann Stellvertreter des Vorsitzenden Richard Hundhammer, eines Sohnes des Ur-Widersachers von Strauß in der CSU, Alois Hundhammer. Hiersemann, Jahrgang 1945, Rechtsanwalt aus Erlangen, ein Hüne von Gestalt, glänzender Redner und scharfer, mit der Gabe der Ironie ausgestatteter Frager, machte erstmals auf sich aufmerksam. Er wurde zur größten Hoffnung der bayerischen SPD seit Jahrzehnten; lebte er noch und hätte ihn seine Partei 1990 nach einer besonders empfindlichen Wahlniederlage unter dem Druck der Medien nicht zu früh abgeschrieben und hinter Renate Schmidt zurückgedrängt, könnte er heute der adäquate SPD-Gegenspieler zum bayerischen Ministerpräsidenten Edmund Stoiber sein.

Die Opposition bemühte sich durchaus, der übermächtigen CSU Paroli zu bieten. Sie hatte bei der Ausübung des parlamentarischen Kontrollrechts große Erfolge und gute Rechercheure: Hiersemann gehörte dazu, sein Förderer Helmut Rothemund, Carmen König, die viele Amigo-Untersuchungen für die SPD führte, Klaus Warnecke, Rudolf Schöfberger und der langjährige Münchner Oberbürgermeister Georg Kronawitter, der vor und nach seiner Münchner Amtszeit der Landtagsfraktion angehörte und als Einzelkämpfer und Anwalt der kleinen Leute an der Trockenlegung von CSU-Sümpfen arbeitete. Die Grünen traten mit dem später zur CSU gewechselten Manfred Fleischer und ihrer langjährigen, in der CSU gefürchteten Haushaltsexpertin Emma Kellner hervor.

Aber vielleicht wollen es die Bayern gar nicht so genau wissen, was in ihrem Namen und mit ihrem Steuergeld alles so geschieht. Die Frage, warum es trotz aller Affären der CSU seit 1962 nicht einmal gelungen ist, ihre absolute Mehrheit zu brechen, geschweige denn sie von der Regierung zu verdrängen, ist längst zum Gegenstand diverser wissenschaftlicher Untersuchungen geworden. Rational ist sie nicht zu beantworten, die Bayern haben einen konservativ-anarchischen Zug, denn an den Leistungen der CSU allein kann es nicht liegen; selbst der Stoiber-Lieblingsclub FC Bayern gewinnt gottlob nicht alle Spiele in einer Saison. Politik ist aber nicht Fußball, die Antwort auf das Bayernwunder ist in wenige Worte zu fassen.

Die Mehrheit der Bayern »mog net« anders, sie mag die CSU einfach nicht abwählen. Die Bayern sind, von begrenzten kommunalen Ausnahmen abgesehen, von der Opposition in vierzig Jahren nie in Wechselstimmung gebracht worden. Sie sind mit der Landespolitik der CSU zufrieden, finden zum großen Teil angenehme Lebensbedingungen, lieben ein bisschen eigenstaatliches Brimborium und nehmen Skandale nicht sonderlich wichtig. Die CSU macht sich zeitweise die Opposition selbst, streitet mitunter heftig und erweckt den Eindruck, als würde sie sich ständig erneuern. Darum wird sie gewählt. Das schlaue Motto der CSU: »Liberal samma scho, aber net blöd«, verfängt bis hinein ins sozialdemokratische Lager. Die wirkliche Opposition lädt man gerade noch zu hohen Verfassungsfeiertagen, weil es demokratischer Brauch ist.

Da verkümmert auf Dauer jeder Widerstand. Die Personaldecke der SPD wird immer kürzer, die Wahrnehmung in den Medien sinkt, die Schlagzeilen macht sich die CSU selbst, die sich sogar noch über die angebliche Bewältigung eigener Skandale als wirkungsvollere Opposition definiert. »Mir brauchen keine Opposition, weil mir sind schon demokratisch«, hat es der Kabarettist Gerhard Polt einmal formuliert. Wer trotz zum Teil vordemokratischen Gehabes Wahl für Wahl so eindeutig bestätigt wird, kann darin nach der katholischen Heilslehre, die Richtschnur der barocken CSU ist, die Vergebung vorangegangener Sünden sehen und die Hoffnung hegen, dass auch neue Missetaten verziehen werden. Wenn sich im alten Plenarsaal im Landtag mit seiner Holzbestuhlung die CSU-Mehrheit geschlossen zu einer Abstimmung erhebt, dann rauscht es gefährlich, wie wenn in den Bergen ein Schneebrett niedergeht. Das kann schon einschüchternd sein.

Der SPD – mit ihren schmalen Ressourcen und meist im Stich gelassen von der Bundespartei – gelang es in Bayern in den letzten Jahrzehnten immer weniger, alles gleich gut zu schaffen, was von ihr zu erwarten ist: zu kontrollieren und initiieren, zu kritisieren und kooperieren, kluge Anträge zu stellen und Untersuchungsausschüsse mit Substanz einzuberufen. Sachvorschläge der Opposition werden ohnehin zunächst von der CSU grundsätzlich abgelehnt und einige Monate später, wenn es ihr gefällt, mit geringfügigen Retuschen als eigene Initiative eingebracht und beschlossen. Regelmäßig bleibt die SPD bei Landtagswahlen hinter den Ergebnissen der Bundestagswahlen zurück, Hiersemann fuhr sogar besonders enttäuschende Ergebnisse ein.

Renate Schmidt hat der SPD ab 1991 Wählerschichten erschlossen, an die Hiersemann nicht herankam. Als frühere Bundestagsvizepräsidentin mehr auf Harmonie gepolt, hatte sie nicht dessen Sensus für das Kontrollrecht und für die harte Debatte im Parlament. Beide zusammen – das wäre es für die SPD gewesen. Obwohl ihr Hiersemann voll zur Verfügung gestanden wäre, wurde seine Redegabe kaum mehr genutzt, als er in den letzten Lebensjahren als Landtagsvizepräsident agierte. Erst seit 1998 lebt diese Tradition in der SPD wieder auf, repräsentiert durch Abgeordnete wie Harald Güller, der mit fester Hand und enormer Detailkenntnis im Schreiber-Untersuchungsausschuss des bayerischen Landtags das ungute Zusammenspiel zwischen Teilen der Justiz und der Stoiber-Regierung offen legt. Auch die Grünen haben mit Susanna Tausendfreund wieder eine hervorragende Untersuchungsführerin.

In diesem Ausschuss finden sich zwei weitere bekannte SPD-Namen: Hildegard Kronawitter, Ehefrau des Münchner Ex-Oberbürgermeisters und Landtagsabgeordneten, setzt genauso die Arbeit ihres Mannes fort wie die Rechtsanwältin Alexandra Hiersemann, Witwe von Karl-Heinz Hiersemann, als Rechtsberaterin der SPD-Fraktion. Selbst ein alter parlamentarischer Haudegen der SPD wie der eher bürgerliche Notar und Förderer des Eintritts von Otto Schily in die SPD, Peter Paul Gantzer aus München, lief im Untersuchungsausschuss zur Überprüfung der Affäre um die Landeswohnungs- und Städtebaugesellschaft Bayern (LWS), in die Edmund Stoiber massiv verwickelt war, noch einmal zu großer Form auf. Vielleicht birgt gerade eine Übergangszeit wie diese, in der die CSU mit Stoibers Kanzlerkandidatur durchaus auch ein möglicherweise auf Bayern zurückschlagendes Risiko eingeht, die Chance, wieder Tritt zu fassen, nachdem die Opposition 1998 wieder in den Keller gerutscht ist.

1982, in der Langemann-Affäre ging die Strategie der CSU auf. Der aus dem Ruder gelaufene Staatsschützer galt als gaga, und weil zu viele Details ausgebreitet wurden, langweilte sich das

Publikum schließlich. Zudem war auch die Gesamtkonstellation den Bayern suspekt: Da war das linke Magazin *Konkret*, gegen das Misstrauen zu säen der CSU trotz der professionellen Arbeit, die Manfred Bissinger und Jürgen Saupe dort leisteten, leicht fiel. Dann gab es Langemanns Komplizen und Ghostwriter Frank Heigl, der mit seinem Auftreten, den langen Haaren und der Aura des ehemaligen Undercover-Drogenfahnders für das Bundeskriminalamt den Bayern nicht recht geheuer war und jedem Ärger machte, der sich mit ihm eingelassen hatte.

Langemann blieb gar nichts anderes übrig, als sich von seinem Freund zu distanzieren. Unter Druck gab Heigl auch Quellen preis, wie sich nach dem Debakel um gefälschtes BKA-Material mit *Spiegel*, *Stern* und dem Fernsehmagazin »Panorama« gezeigt hatte. Das wäre beinahe sogar dem SPD-Untersuchungsführer Hiersemann zum Verhängnis geworden. Nachdem der heutige Chefredakteur des *Spiegel*, Stefan Aust, damals in »Panorama« Akten mit Geheimstempeln gezeigt hatte, die dem bayerischen Untersuchungsausschuss zuzuordnen waren, beschuldigte Heigl, der sich ja auch Journalist nannte, entgegen jeder journalistischen Gepflogenheit den Politiker, ihm über seinen Assistenten Günther Plass Geheimakten überlassen zu haben.

Selbst wenn Hiersemann eine »Quelle« gewesen wäre: Das Aufdecken einer solchen ist eine journalistische Todsünde. Heigl wollte Aust zum Zeugen machen. Der habe ihn am Telefon informiert, »dass er Unterlagen von Plass bekommen hat«. Aust widersprach sofort: »Ich habe Herrn Heigl mit Sicherheit nicht darüber informiert, woher ich Unterlagen habe.« Als Journalist pflege er grundsätzlich nicht über Informanten zu reden, und Heigl »wäre der Allerletzte, den ich informieren würde«. Hiersemanns Assistent Plass wurde dennoch zu einer Geldstrafe verurteilt. Langemann kam 1984 mit einer geringfügigen Bewährungsstrafe davon und verließ, krank geschrieben, den Staatsdienst.

Für die bayerische Landtagswahl im Herbst waren die Geschehnisse zwischen 1978 und 1982 ohne Belang. Die CSU verlor 0,8 Prozent und hielt bei 58,3 Prozent, die SPD, angeführt von Helmut Rothemund, bekam 31,9 Prozent. Da die FDP in Bayern, eindeutig sozial-liberal ausgerichtet und geschwächt durch den Wechsel der Bundes-FDP zur Union, an der Fünf-Prozent-Hürde scheiterte, bestand das Parlament nur noch aus zwei Fraktionen. Die CSU hatte fast eine Zweidrittelmehrheit, die sie berechtigt hätte, dem Volk allein verfassungsändernde Anträge zum Entscheid vorzulegen. Dem Landtag tat es nicht gut, dass nur noch zwei Parteien vertreten waren. Der CSU konnte das aber egal sein.

Auch in Bonn war es soweit. Nach 13 Jahren war die sozialliberale Regierung an der von Kohl und Genscher vorbereiteten Sollbruchstelle angelangt. Die FDP hatte es mit der SPD zielstrebig so weit getrieben, dass Bundeskanzler Helmut Schmidt sie aus der Koalition werfen und Neuwahlen anstreben musste. Dem kam die FDP natürlich durch den Auszug aus der Koalition und den Wechsel zur Union zuvor. Für eine Koalition reichte es leicht, Neuwahlen waren nicht zwingend notwendig. Strauß und Stoiber strebten sie aber noch für 1982 an, um der FDP den Garaus zu machen und der Union die absolute Mehrheit zu verschaffen. Sie hatten, bis auf die Kanzlerschaft und das Außenministerium, alle Optionen, im Bund und im Land.

Es begann ein Spiel, das »Die Kutsche« hieß. Hauptpersonen waren Franz Josef Strauß und der neue Bundeskanzler Helmut Kohl. Weitere Mitwirkende: Edmund Stoiber, den Strauß nach der Landtagswahl als Staatssekretär in die Staatskanzlei geholt, aber vorläufig auch noch als Generalsekretär behalten hatte, und Gerold Tandler, der zwecks Befriedung des Innenministeriums in die CSU-Landtagsfraktion wechselte anstelle des dickköpfigen August Lang, der ins Justizministerium kommandiert wurde. Auch der Chef der CSU-Landesgruppe in Bonn, Fritz Zimmermann, spielte mit, wenn auch nicht so, wie Strauß sich das vorgestellt hatte. Als Nebendarsteller fungierten die Journalisten. Das Spiel bestand darin, rechtzeitig herauszufinden, wann FJS die vor der bayerischen Staatskanzlei stehende Kutsche besteigen und welches Ministerium in Bonn sie ansteuern würde.

Allgemein war schon lange vor dem Misstrauensvotum gegen SPD-Kanzler Schmidt spekuliert worden, dass der bayerische Ministerpräsident nach der Bildung der Übergangsregierung nach Bonn gehen werde. Aber als was? Unter dem Vizekanzler würde es Strauß nicht tun; dazu war aber das Einverständnis von Hans-Dietrich Genscher (FDP) nötig, dessen Fraktion 1980 ein Mandat mehr als die CSU erreicht hatte. Genscher schien nicht ganz abgeneigt zu sein, Strauß diesen Posten ohne Portefeuille zu überlassen; ihm ging es vorrangig um das Außenministerium, das auch Strauß gereizt hätte. Das war aber wirklich nicht möglich. Kohl hatte Strauß zwar ein Schlüsselressort zugesagt, was dieser jedoch als Vorsitzender einer an der Regierung beteiligten Partei für völlig selbstverständlich hielt. Also wäre es auf das Finanzressort oder gar ein eigens gebildetes Superministerium aus Finanzen und Wirtschaft hinausgelaufen.

Andererseits war Strauß wieder einmal zögerlich. Er war gerade bis 1986 zum bayerischen Ministerpräsidenten gewählt worden und den Bayern im Wort. Seine Wähler hätten ihm den Wechsel aber jederzeit nachgesehen, der Spott der Opposition über den inzwischen 67-jährigen Job-Hopper hätte ihn kaum beeindruckt. Stoiber und Tandler rieten zum Wechsel nach Bonn, um den unter Zimmermann stark zurückgegangenen bundespolitischen Einfluss der CSU wieder zu stärken. Den beiden aber war klar, dass sie dabei wenig zu sagen hatten. Da war aber noch die Sache mit dem Wahltermin: Strauß wusste offenbar nicht, dass die FDP beim Wechsel zur Union darauf bestanden hatte, Neuwahlen zur Legitimation der Kohl-Regierung keinesfalls sofort, sondern erst im Frühjahr 1983 abzuhalten. Es ging um das Überleben der Liberalen. Der Zorn des sozial-liberalen Teils ihrer Wähler war groß und hätte gereicht, die FDP unter die Fünf-Prozent-Hürde zu drücken.

Das aber wäre genau nach dem Geschmack von Strauß und Stoiber gewesen. Bei einem Scheitern der Liberalen rechneten sie sich eine absolute Mehrheit und die Chance aus, ohne die FDP zu regieren, die nach ihrer Meinung mit ständig wechselnden Partnern als »Schwanz mit dem Hund wedelte«. Landesgruppenchef Zimmermann wurde argwöhnisch beobachtet, was er mit CDU und FDP bezüglich des Wahltermins zusammenmauschelte. Es war völlig klar, dass Kohl Neuwahlen noch im Herbst 1982 nicht anstreben konnte, denn die FDP hatte sich ihm ja nicht zugesellt, um anschließend sofort wieder aus dem Parlament vertrieben zu werden. Ein paar Monate musste sie schon Zeit haben, sich von der Wende zu berappeln, das war mit Genscher so abgesprochen worden.

Die bayerischen CSU-Residenten glaubten aber, in Bonn werde der frühere Wahltermin hinertrieben. Strauß soll unter Anspielung darauf, dass Zimmermann in der bayerischen Spielbankenaffäre 1967 einen Meineid mit einer körperlichen Absenz wegen Überzuckers entschuldigt hatte, zu Parteifreunden in Bonn gesagt haben: »Passt S' mir auf den Fritz auf, dem steigt schon wieder der Zucker in den Kopf.« Dabei konnte Zimmermann an der Absprache zwischen Kohl und Genscher nichts ändern. Schon nistete wieder das Misstrauen in der CSU. Die Bundestagswahl wird auf den 6. März 1983 gelegt, bis dahin wartet Strauß auf alle Fälle ab und beginnt zusammen mit seinem neuen »Hausmeier« Stoiber in Bayern zu regieren.

13 Zweiter Mann in der Staatskanzlei

Strauß hatte massiven Ärger mit Freunden, er konnte einen loyalen, noch dazu effizienten und absolut verschwiegenen Mitarbeiter wie Stoiber gut gebrauchen. Strauß-Spezi Zwick war 1982 unter dem Druck eines Steuerstrafverfahrens und eines drohenden Haftbefehls stiften gegangen. Er hatte sich in der Schweiz niedergelassen, zu deren Prinzipien es gehört, Steuersünder aus aller Welt aufzunehmen und kräftig zu melken. Offiziell begründete Zwick seinen Weggang mit einer Kur wegen seines angeblich kranken Herzens, aber bei der rauschenden Abschiedsfete, zu der natürlich auch Strauß kam, war er recht munter. Stoiber wird später in den Zwick-Akten lesen, wie dramatisch Schweizer Ärzte den Gesundheitszustand beschreiben, um den Steuerflüchtling vor Strafverfahren in Bayern zu retten. Das hatte ihm Strauß geraten, auch wenn dieser den Steuerflüchtling plötzlich für ein »Riesenarschloch« hielt. Folgendes Schreiben erhielt der »liebe Eduard« ins Schweizer Exil vom bayerischen Ministerpräsidenten:

»Dein Brief hat mir etwas von der tiefen Niedergeschlagenheit vermittelt, in der du dich unter den gegebenen Umständen befindest. Ich verstehe sehr gut, dass dich vor allem die Trennung von Frau und Kindern, die sich sicher auch aus der räumlichen Trennung ergibt, ganz besonders schmerzt.

Ich kann dir deshalb nur den freundschaftlichen Rat geben, dich möglichst rasch von einem Arzt, der von den Justizbehörden vorgeschlagen oder als unabhängiger Sachverständiger anerkannt wird, im Hinblick auf deine Verhandlungsfähigkeit untersuchen zu lassen. Wenn deine Verhandlungsunfähigkeit festgestellt ist, wird die Strafjustiz, wie mir mitgeteilt wird, das Verfahren entweder vorläufig oder endgültig einstellen und damit zugleich den Haftbefehl aufheben müssen …«

Ob Strauß Stoiber damals von dem Brief Kenntnis gab, ist nicht bekannt. Er befindet sich jedenfalls in den Akten der Staatskanzlei, und die meisten davon liefen über Stoibers Tisch. Seine

Paraphen auf Schriftstücken des dicken Zwick-Dossiers beweisen, dass der Staatskanzleileiter in etwa wusste, was für ein gigantischer Steuerskandal sich da anbahnte. Ein Stoiber paraphiert als Aktenfuchs nichts, was er nicht vorher zur Kenntnis genommen hat. Doch er war ja nicht in die Staatskanzlei berufen worden, um Strauß in den Arm zu fallen, wenn der seine Freunde auf Kosten der Allgemeinheit schützte. Da wäre es schnell vorbei gewesen mit der Karriere, die sich so erfreulich entwickelt hatte. Deshalb gilt für die Zeit in der Staatskanzlei das Gleiche wie für die Zeit als Generalsekretär: Von Strauß abweichende Meinungen sind nicht dokumentiert.

Fast alles, was mit dem Zwick-Verfahren zu tun hat, legte die Justiz in den achtziger Jahren der Staatskanzlei vor, obwohl die Angelegenheit, wie Zwick-Sohn Johannes dem Finanzministerium nahe brachte, dem Steuergeheimnis unterlag. Der Junior, Arzt wie sein Vater, leitete die Geschäfte in Bad Füssing und hatte sich irgendwann mit dem alten cholerischen Herrn überworfen, der schon mal seine Frau von der Treppe warf. Strauß bekam die Akten aber und schrieb mit seiner schönen Handschrift böse Bemerkungen darauf, die jedem Leser klarmachten, dass er eine zügige Lösung des Steuerproblems und der sich daraus ergebenden Verfahren gegen Zwick wünschte. Zumindest das Strafverfahren hatte dieser bald vom Hals. Er war zwar jederzeit in der Lage, etwa in die USA zu reisen oder in der Schweiz rauschende Feste zu feiern, wurde aber, ohne dass ihn ein deutscher Amtsarzt je begutachtet hätte, auf Dauer haft- und verhandlungsunfähig geschrieben. 1990 folgte dann der Erlass von 62 Millionen Mark Steuern durch das bayerische Finanzministerium.

Aus Kanada, wo die Familie Strauß Millionen angelegt hatte und mit 10 Prozent Jahresrendite wie auch die anderen Anleger gut verdienen wollte, kamen 1982/1983 schlechte Nachrichten. Karlheinz Schreiber, der sich in Finanzdingen stets für den Vater aller Füchse hielt, hatte das Superding mit den Grundstücken an die Wand gefahren und Strauß-Sohn Max, den der Lobbyist auf Wunsch des Vaters anlernen sollte, hatte dies als Beauftragter seiner Familie auch nicht verhindern können. Schreiber hatte sich mit Barbara Flick überworfen; sie leistete ihre noch fehlende Einlage zu dem Geschäft von 20 Millionen Mark nicht. Schreiber brauchte frisches Geld, denn wenn er das Ödland, das für Strauß und Co. zum Bauland werden sollte, nicht völlig bezahlte, fiel es nach kanadischem Recht an die Erstbesitzer zurück.

Weder Strauß noch die anderen Investoren, auch nicht die Bayerische Landesbank, wollten Geld nachschießen. Schreiber, unter extremem Druck, war wütend auf die »Bürokraten« der Bayerischen Landesbank, und seinen Freund Ludwig Huber, die ihre Banktochter Aufhäuser nicht dazu brachten, dem schlechten Geld gutes hinterherzuwerfen. Dass ihn seine bayerische Hausbank im Stich ließ und den bayerischen Ministerpräsidenten dazu, konnte Schreiber nicht verstehen. Er war es gewohnt, dass Strauß stets eine Lösung fand. In diesem Fall war er ja als Vertreter des Freistaats so etwas wie ein Miteigentümer der Bank. Das würde Huber noch büßen müssen. Als erste »Maßnahme« heiratete Schreiber Hubers Mitarbeiterin; seine neue Frau Bärbel, eine kluge, attraktive Frau, hat in Hubers Umgebung viel mitbekommen.

Aber das 20-Millionen-Geschäft in Kanada platzte, alle Investoren verloren ihr Geld, auch die Staatsbank blieb mit mehr als zehn Millionen Mark hängen, rechnet man entgangene Zinsen und Renditen dazu. In München umlaufende Gerüchte, die Familie Strauß habe ihre Einlage als einziger Anleger zurückbekommen, waren nicht zu verifizieren. Die Strauß-Familie hatte, das war ja bekannt, ein sehr enges Verhältnis zum Geld. Bei drei Millionen Mark Verlust ging sie nicht einfach zur Tagesordnung über. Schreiber tat gut daran, sich zu überlegen, wie er die Scharte auswetzen wollte.

Immerhin hatte er schon 1977 mit Huber und zwei Geschäftsleuten die Firma Miliar S.A. gegründet, um mit dem Verkauf des von Strauß gepuschten Europa-Flugzeugs Airbus satte Provisionen einzustreichen. Strauß war inzwischen Aufsichtsratschef von Airbus International mit Sitz in Toulouse. Das war doch ein ausbaufähiges Geschäft. Mit den Folgen dieser Idee hat sich Stoibers Regierung bis heute herumzuschlagen. Schreiber hat zwischen 1985 und 1990 mit Airbus für Flugzeugverkäufe in Kanada und Thailand Verträge über 40 Millionen Dollar Provision abgeschlossen. Über liechtensteinische Firmen, die die Staatsanwaltschaft ihm zurechnet, liefen Unsummen auf Schweizer Konten, die Schreiber dann zum Teil weitergegeben haben soll: an kanadische und thailändische Mittelsleute, aber auch fünf Millionen Mark an den Sohn des Aufsichtsratsvorsitzenden FJS, Max Strauß, behauptet die Staatsanwaltschaft Augsburg. Sie schaltete sich 1995 ein, weil nichts versteuert wurde und weil Schreiber-Partner Giorgio Pelossi aus Lugano nach Streitigkeiten wegen seiner Anteile Anzeige erstattet hatte. Da er nichts bekommen habe, gebe es nichts zu versteuern, sagt Max Strauß, deshalb habe er die Staatsanwaltschaft nicht zu fürchten. Auch Schreiber bestreitet, etwas Unrechtes getan zu haben. Die Staatsanwaltschaft und die Steuerfahndung in Augsburg zeigten sich aber hartnäckig. Schreiber ging Stoiber mehrmals um Hilfe an. Der wollte und konnte aber nichts für ihn tun.

Im Schreiber-Untersuchungsausschuss berichtete im Februar 2002 ein früherer Manager der Firma Messerschmitt-Bölkow-Blohm (MBB), dass die CSU damals massiv in die kanadische Innenpolitik eingegriffen habe. Sie habe den Schreiber-Vertrauten, den Politiker der Konservativen, Brian Mulroney zum Premierminister machen wollen, zu dem sie mehr Vertrauen hatte, mit dem aber vor allem bessere Geschäfte zu machen waren als mit dem Liberalen Pierre Trudeau. Mulroney war aber noch nicht einmal Parteichef der Konservativen und damit auch nicht Kandidat für die Wahl 1984. Die CSU habe viel Geld bezahlt, damit die Delegierten von Mulroney zum Parteikonvent der Konservativen fliegen und dort für ihn stimmen konnten, berichtete der damalige Kanada-Resident von MBB, Helge Wittholz, dem Ausschuss.

Erzählt habe ihm das der MBB-Vorstand Kurt Pfleiderer, der wegen der bayerischen Staatsbeteiligung an dem Rüstungskonzern enge Kontakte mit CSU-Politikern hielt. Tatsächlich siegte Mulroney damals gegen den Vorsitzenden Joe Clark; die damalige Wahlschlacht heißt in Kanada heute noch »Dump-Clark-Campaign«. Mulroney löste 1984 Trudeau als Regierungschef ab und wurde ein Förderer der Schreiber-Geschäfte. Das Geld, so hieß es im Ausschuss, sollte sich nach der Wahl von Mulroney amortisieren. Die CSU bestritt, dass sie damals Geld bezahlt habe.

Ein erster Deal, den allerdings Wittholz vermittelt hatte, stand 1984 kurz vor dem Abschluss: Es war das Hubschraubergeschäft zwischen MBB und der kanadischen Küstenwache im Wert von über 20 Millionen Mark. Ohne dass Schreiber auch nur einen Handschlag dafür getan habe, sei ihm über eine Briefkastenfirma in Liechtenstein plötzlich von der MBB-Spitze eine Provision von 2,3 Millionen Mark zugebilligt worden, sagte Wittholz im Ausschuss. Da diese Summe den Kanadiern nicht aufgebürdet werden konnte, habe die von CSU-Politikern kontrollierte Muttergesellschaft in München diese »Provision für nichts« übernommen. Damit habe MBB selbst an dem Geschäft nichts mehr verdient, sagte Wittholz.

Einen Teil der Verluste beim kanadischen Immobiliengeschäft holte Strauß ab 1984 wieder herein. Das Unternehmer-Ehepaar Baur, das in Burgkunstadt (Oberfranken) ein Großversandhaus (»Baur-Versand«) betrieb, hatte sein Millionenvermögen in eine wohltätige Stiftung eingebracht und den Wunsch geäußert, dass nach dem Tod beider Eheleute auch der jeweils amtierende bayerische Ministerpräsident die Vollstreckung des Testaments überwacht. Strauß hätte das ausschlagen oder ehrenamtlich tun können, viel war nicht zu machen, und es gab weitere Testamentsvollstrecker. Er stieg ein und kassierte eine beträchtliche, an den Umsatz gekoppelte Entschädigung. Die Eheleute konnten, als sie das Testament aufsetzten, nicht damit rechnen, dass ihr Betrieb eines Tages über eine Milliarde Mark Jahresumsatz machen würde. So war die Entschädigung 1984, als Katharina Baur nach ihrem Ehemann Friedrich starb und der Vollstreckungsfall eintrat, unverhältnismäßig hoch. Strauß und sein Nachfolger Max Streibl verdienten bis zu 300 000 Mark jährlich nebenher, fast ein zweites Ministerpräsidentengehalt. Erst Stoiber hat mit dieser gewinnträchtigen Tradition 1994 gebrochen. In seiner Zeit als Staatssekretär und Minister für Strauß will er von all diesen Durchstechereien nichts mitbekommen haben.

Die Bundestagswahl am 6. März 1983 führte zu einer Stabilisierung der Kohl-Regierung. Die CSU hatte ihr 1980 verlorenes Mandat wieder zurückgeholt und 53 Sitze, die CDU 191 und die FDP nur ein Drittel der Stimmen verloren und noch 36 Mandate. Das ergab eine satte Mehrheit für Kohl, und die CSU war eindeutig drittstärkste Partei. Das Spiel mit der Kutsche ging wieder los, doch die Ämter, die Strauß hätten interessieren können, waren bereits vergeben. Weder das Außenministerium noch die Ressorts für Finanzen, besetzt mit Gerhard Stoltenberg (CDU), und für Wirtschaft, von der FDP für Otto Graf Lambsdorff reklamiert, standen zur Disposition. Kohl schien froh darüber zu sein: Mit der FDP hatte er Strauß trickreich von Bonn fern halten können.

Zwar erhob Stoiber für Strauß, unterstützt vom CSU-Vorstand, den theoretischen Anspruch »auf Mitarbeit und Mitverantwortung im Bundeskabinett. Erst wenn ein Angebot vorliegt, kann unter Würdigung aller sachlichen und personellen Verhandlungsergebnisse Weiteres beschlossen werden«, hieß es in einer Erklärung. Eine Woche später sagte Strauß Kohl jedoch ab. Aber auch in den darauf folgenden Jahren blieb ein möglicher Wechsel des Ministerpräsidenten nach Bonn wie das Schwert des Damokles über der Bundesregierung hängen. Strauß und Kohl hätten »ein langes, vertrauensvolles Telefongespräch geführt«, erklärte Stoiber nach einer Landesvorstandssitzung der CSU am 21. März 1983. Der Generalsekretär und Staatskanzlist konnte es als noblen Verzicht von Strauß verkaufen: Dieser habe es abgelehnt, »einen der bewährten Kollegen sozusagen aus dem Amt zu drängen«.

Kohl wollte nämlich Strauß auf das Kontingent der CSU-Regierungsmitglieder anrechnen. Wäre Strauß entschlossen gewesen, nach Bonn zu gehen, so hätte daher einer der fünf Minister für ihn sein Amt räumen müssen, ein Opfer, das von ihm selbstverständlich eingefordert worden wäre. Um ein »klassisches« Ressort zu bekleiden, hätte er nur noch Verteidigungsminister oder Innenminister werden können. Ersteres war ihm seit der *Spiegel*-Affäre und seinem Rücktritt in unangenehmer Erinnerung. Die Übernahme des Innenministeriums wäre beim indifferenten Verhältnis von Strauß zu dem einen oder anderen Grundwert der Bundesrepublik auf öffentlichen Widerstand gestoßen. Im Gespräch war, Strauß könne Vizekanzler mit internationalen Sonderaufgaben werden, aber er blieb in München.

Für Stoiber begann eine neue Phase. Nach viereinhalb Jahren gab er das Amt des Generalsekretärs ab: Er sollte sich voll auf seine Arbeit für Strauß in der Staatskanzlei konzentrieren können. Ein weiterer Grund war öffentliche Kritik, dass die Kombination des

Parteiamts mit dem Staatsamt keinen guten Eindruck mache. Nachfolger wurde der Mann, der ihm 1978 bei der Entscheidung von Strauß mit »49,9 gegen 50,1 Prozent« unterlegen war: Otto Wiesheu, der langjährige Vorsitzende der bayerischen Jungen Union. Auch er gehörte, im gleichen Jahr wie Stoiber in den Landtag gewählt, zu dessen Seilschaft. Seit 1975 saß Wiesheu im Vorstand und im Präsidium der CSU.

Doch seine Amtszeit als Generalsekretär dauerte nur ein halbes Jahr. In einer Novembernacht rast Wiesheu auf der Autobahn München-Nürnberg auf der Heimfahrt nach Freising angetrunken mit seiner schweren Dienstlimousine in den Kleinwagen eines polnischen Staatsbürgers, der getötet wird. Wiesheu bleibt unverletzt. Er hatte für diesen Abend seinem Fahrer freigegeben. Sein Angebot, vom Amt des Generalsekretärs zurückzutreten, nimmt Strauß zunächst nicht an. Stoiber bestreitet öffentlich, dass Strauß Wiesheu halten wollte, Tandler muss es unter Druck schließlich einräumen. Ein Amateurfunker hatte ein Telefongespräch zwischen Strauß und Tandler mitgeschnitten, als sie miteinander das weitere Schicksal Wiesheus besprachen.

Wiesheu konnte schließlich nicht im Amt bleiben – das wäre der CSU und der Öffentlichkeit nicht zu vermitteln gewesen. So überredete Strauß den CSU-Fraktionschef im Landtag, Tandler, das Amt zu übernehmen. Zusammen mit dem in die Staatskanzlei geholten Stoiber sollte der Ausfall Wiesheus politisch kompensiert werden. Dieser trat offiziell nicht zurück, er wurde nur »vorläufig beurlaubt«. Er durfte Landtagsabgeordneter bleiben und, damit er genug verdiente, noch Hauptgeschäftsführer der Hanns-Seidel-Stiftung werden – Resozialisierung auf hohem Niveau. Die CSU ließ ihn nicht hängen. Sie sorgte für die bestmögliche Verteidigung. Nach dem Urteil der ersten Instanz – 13 Monate Gefängnis, die, wie üblich bei Alkoholfahrten mit Todesfolge, nicht zur Bewährung ausgesetzt wurden – ließ die CSU kostspielige Crash-Gutachten anfertigen, die eine Mitschuld des getöteten Autofahrers beweisen sollten. Vor allem der Waffenhändler Schreiber habe sich massiv für Wiesheu eingesetzt, heißt es in der CSU. Der Lobbyist hat ein Gespür dafür, sich Menschen, die in Problemen stecken, gewogen zu machen, um sie sich später revanchieren zu lassen.

Tatsächlich erreichte Wiesheu in der zweiten Instanz eine Verurteilung auf Bewährung, die bei Juristen Kopfschütteln hervorrief. Mit den Hinterbliebenen des Mannes aus Polen hatte man sich durch Zahlung einer bescheidenen Summe arrangiert. In der Folge kommt es unter Berufung auf das Wiesheu-Urteil und das Gleichheitsprinzip in Deutschland in vergleichbaren Fällen ebenfalls zur Verhängung von Bewährungsstrafen. Schon fünf Jahre später ist Wiesheu im ersten Kabinett von Max Streibl wieder Staatssekretär. Richtig rehabilitiert hat ihn dann 1993 Edmund Stoiber, der ihn zum Wirtschaftsminister ernennt. Die komplette Bezeichnung des Ministeriums lautet: Staatsminister für Wirtschaft, Verkehr und Technologie.

Stoiber fiel offensichtlich nicht auf, dass er Wiesheu, wenn er ihn denn schon für ministrabel hielt, nicht unbedingt das Ressort »Verkehr« hätte anvertrauen sollen. Wiesheu dankte es Stoiber mit unermüdlichem Einsatz; er wurde zum Troubleshooter, wo immer es in der bayerischen Regierung brannte, und zu einer der Säulen der Stoiber-Politik. Auch die Medienpolitik wurde ihm übertragen; Spötter sagen, dafür sei er besonders qualifiziert, weil er so häufig in Polizei- und Gerichtsberichten vorgekommen sei. Auch Schreiber bekam seinen Einsatz von damals mit Zins- und Zinseszins zurück. Wiesheu war die Anlaufstelle für Probleme aller Art, Schreibers Kalender weist das aus.

Eine von Stoibers ersten auffälligen Amtshandlungen in der Staatskanzlei bestand darin, den FDP-Bundestagsabgeordneten Josef Grünbeck in Schranken zu weisen. Wie er das tat, belegt seine Unduldsamkeit, die im Umgang mit Politikern anderer Parteien – die FDP ist immerhin Koalitionspartner in Bonn – besonders ausgeprägt ist. Grünbeck, ein erfolgreicher Unternehmer aus Schwaben, fragte Strauß am 9. März 1983 in einem Brief, ob er neben seinem Amt als bayerischer Ministerpräsident und als bayerischer Landtagsabgeordneter tatsächlich auch noch sein am 6. März errungenes Bundestagsmandat behalten und sich so mehrfach bezahlen lassen wolle. Das hätte er nicht tun sollen. Stoiber antwortete dem etwa zwanzig Jahre älteren FDP-Politiker:

»Sie glaubten, sich bemüßigt zu fühlen, den Ministerpräsidenten darauf hinweisen zu müssen, dass er durch die Annahme des Bundestagsmandats gegen die bayerische Verfassung verstoßen würde. Der Herr Ministerpräsident weiß diese Aufmerksamkeit sicher zu schätzen. Ihm ist allerdings Ihre Gschaftlhuberei noch aus den Zeiten Ihrer Mitgliedschaft im bayerischen Landtag hinreichend bekannt. Ich würde es begrüßen, wenn Sie endlich zur Kenntnis nehmen würden, dass solch infantiler Aktionismus nichts mit Politik zu tun hat und Ihnen und Ihrer Partei nur Schaden zufügt, wie die letzten Wahlen in Bayern ja gezeigt haben …«

Man hört beim Lesen förmlich die von Strauß ausgegebene, von Stoiber bereitwillig umgesetzte Weisung: »Mach ihn fertig.« Als Grünbeck antwortete, Stoiber sei offensichtlich noch nicht von seinem CSU-Parteibriefbogen »auf einen amtlichen Bogen der bayerischen Staatsregierung umgestiegen«, schickt Stoiber einen zweiten flegelhaften Brief hinterher. Es freue ihn, dass ihn sein Brief »so intensiv berührt« habe, schreibt der Staatssekretär dem Volksvertreter der FDP. Einer Antwort in der Sache wird Grünbeck nicht gewürdigt. Der Liberale gibt bei so viel Dreistigkeit schließlich auf.

In aller Stille und von Stoiber unbemerkt bereitet Strauß seit Anfang 1983 ein gigantisches Finanzprojekt mit der DDR vor. Die SED-Bonzen sind im internationalen Wirtschaftsverkehr nahezu zahlungsunfähig; sie brauchen nicht nur Bares, sondern vor allem neue Reputation, die sich aus der Vergabe eines großen Devisenkredits durch den Westen ergibt. Die Anlaufadresse ist die bayerische Staatskanzlei. Der Emissär, der unter konspirativen Umständen mit dem DDR-Devisenbeschaffer und Stasi-Offizier Alexander Schalck-Golodkowski verhandelt, ist ein Freund von Strauß: Josef März aus Rosenheim, mit seinem Bruder Willy Inhaber der Großschlächterei Marox und dick im DDR-Geschäft, auch mit Milchprodukten, die er allerdings nicht aus der DDR bezieht, sondern dorthin liefert.

Schalck hat die Kontakte in zahlreichen Vermerken für die DDR-Regierung, insbesondere auch für den Minister für Staatssicherheit, Kurt Mielke, dokumentiert. März war von der DDR natürlich vor dem ersten Kontakt mit Schalck 1975 abgecheckt worden. Er sei »Mitglied der CSU, war Schatzmeister dieser Partei [allerdings nur in einer Untergliederung – der Autor] und ist jetzt Mitglied des Wirtschaftsausschusses der CSU, intimer Freund von Strauß. März ist Käufer von Fleisch und Lebendtieren, ist für exakte kommerzielle Abwicklung bekannt. Er bemüht sich gegenwärtig mit uns eventuell um die Bildung einer gemischten Gesellschaft mit Sitz im Libanon zum Export von Fleisch insbesondere nach Saudi-Arabien«, heißt es in einer Notiz vom 14. März 1975.

Im November 1982 übermittelt März laut Schalck-Notiz »unbekannterweise beste Grüße von Strauß«. Erstmals wird ein Kredit erwähnt, den die DDR durch Vermittlung von Strauß erhalten soll. »Zu dem von März unterbreiteten Vorschlag der Aufnahme von Kreditverhandlungen zwischen der Außenhandelsbank der DDR und einem Bankenkonsortium westdeutscher Banken bei gleichzeitiger Erklärung des Bankpräsidenten der Außenhandelsbank der DDR, mit vorhandenen Forderungen, z. B. aus der Transitpauschale, für den Kredit zu bürgen, wurde von Strauß mit dem Bemerken, ›er wird das wohlwollend prüfen‹ eingeschätzt«, notiert Schalck. Erst müsse aber Bundeskanzler Kohl eingebunden werden. Bald kam es zum persönlichen Kontakt von Schalck und Strauß, März arrangierte das Treffen im Gästehaus seiner Fleischfabrik. Die beiden kamen sich näher, in der Folge plauderte Strauß immer wieder locker mit dem DDR-Staatssekretär, der in Ostberlin alles an die Stasi weitergab.

So erfährt Schalck, dass Strauß den rumänischen Diktator Nicolae Ceauşescu stützt, indem er eine Zusammenarbeit Rumäniens mit der Firma Siemens zur Errichtung eines Werks für elektronische Geräte fördert. »Im Zusammenhang mit seinem letzten Treffen mit Genossen Ceauşescu teilte Strauß mit, dass die Gespräche mit Ceauşescu in einer sehr sachlichen und freundlichen Atmosphäre verliefen«, notierte Schalck. Strauß habe dem Rumänen klargemacht, »dass das überspitzte Tempo beim Aufbau der Schwerindustrie bei grober Vernachlässigung besonders der Landwirtschaft zu schwerwiegenden Versorgungsproblemen führen muss. Diese Fehler haben auch schon andere Länder teuer bezahlt.« Die chinesische KP habe begriffen, dass sich Konsumgüter- und Schwerindustrie in einer vernünftigen Proportion entwickeln müssen.

In den Folgejahren plaudert März mit dem Finanz- und Geheimdienstexperten der DDR über wirtschaftliche Fragen, über den Austausch von Gefangenen und Erleichterungen im Grenz- und Reiseverkehr, über Interna von CSU und CDU, über das Liebesleben von Strauß und den übermäßigen Genuss von Alkohol. März gibt zum Teil völlig falsche politische Einschätzungen, sagt immer wieder den Eintritt von Strauß in die Bundesregierung sowie das Aussscheiden der FDP aus dem Parlament voraus. Die Auffassung von Strauß und der CSU über DDR-Dissidenten gibt März so wieder: »Von den Bahros, den Biermanns, den Krawczyks und Kliers haben wir in der BRD schon genug. Das ist die Politik der SPD und der Grünen, die nicht mit unserer übereinstimmt.«

Maßnahmen der DDR gegen Grüne-Politiker, die in Ostberlin die Menschenrechte einfordern, finde Strauß in Ordnung; so gehe Politik nicht. Die Flucht von DDR-Bürgern in die ständigen westdeutschen Vertretungen in Ostberlin und Prag nenne Strauß problematisch, weil sie die rationale Politik gefährde. Vor einer Polenreise sichert Strauß im direkten Gespräch mit Schalck auf dessen ausdrücklichen Wunsch der DDR zu, nicht mit Oppositionsgruppen zusammenzutreffen: »Ich war noch nie für Geheimbündeleien, was ich zu sagen habe, sage ich laut und brauche dazu nicht illegale Plattformen«, meint der Bayer. Die polnische Regierung könne davon ausgehen »dass er selbstverständlich diese Bitte voll respektiert«. So also sieht die Entschlossenheit aus, mit der Strauß den Kommunisten entgegentritt.

März, der auch Rinderfarmen und Fleischfabriken in Togo besitzt, betätigt sich als Kurier, wenn die DDR für Strauß Termine im Ostblock oder Privatjagden bei den Machthabern in Rumänien oder Ungarn arrangiert. Stoiber ist Schalck nicht bekannt, man merkt es, weil er dessen Namen »Stäuber« schreibt. März beschreibt Schalck Stoiber als »politisch unrealistische Kraft«, die nicht zur ersten Reihe der CSU gehöre. Auch über den Fleisch- und Käsehandel wird gesprochen. Unter Berufung auf Strauß berichtet März, dass von der DDR erwartet werde, weiter März-

Käse aus Bayern zu kaufen und den März-Konzern mit ähnlich guten Kontrakten im Fleischhandel auszustatten, wie das beim Konkurrenten Alexander Moksel der Fall sei, einem Fleischhändler, SPD-Kommunalpolitiker in Buchloe (Schwaben) und angeblichen Freund von Willy Brandt.

Von der ebenso wie März skandalumwitterten Firma Moksel hat Stoiber später eine ansehnliche Spende für den Wahlkampf 1990 erhalten. Dieser Hinweis kam just zu dem Zeitpunkt aus der CSU, als sich Stoiber im Frühjahr 1993 anschickte, im Kampf um die Nachfolge von Max Streibl seinen Rivalen Theo Waigel zu düpieren. Die Spende war vom CSU-Justitiar Franz Dannecker vermittelt worden und lag knapp unter der damaligen Grenze von 40 000 Mark, die zur Veröffentlichung im Rechenschaftsbericht geführt hätte. Sie war auf ein Unterkonto des CSU-Ortsverbands Geretsried im Stoiber-Stimmkreis Bad-Tölz/Wolfratshausen eingezahlt worden, wie sein dortiger Vertrauter, der Ortsvorsitzende Gerhard A. Meinl, einräumte. Stoiber reagierte verärgert auf die Veröffentlichung, in der er eine Intrige gegen sich sah. Er schrieb der *Süddeutschen Zeitung*: »Aufschlussreicher als die Ihnen gegenüber erhobenen Behauptungen und die aufgeworfenen Fragen wäre allerdings wohl, warum und von wem ausgerechnet im gegenwärtigen Zeitpunkt derartige Dinge mit dem davon offenbar erhofften Verdächtigungspotenzial an die Presse gespielt werden.«

Obwohl Spenden stets über die Parteigliederungen abzuwickeln sind, hielt es Stoiber damals für notwendig, darauf hinzuweisen: »Von der Fa. Moksel habe ich nie selbst und direkt eine Spende bekommen.« Im Zusammenhang mit Zuwendungen dieser Firma wollte er nicht genannt werden, obwohl das Geld für seinen Wahlkampf bestimmt war. Der bei den Bauern wegen seiner Preispolitik verhasste Viehhändler Moksel war im Rechenschaftsbericht 1991 erneut mit einer Spende für die CSU in Höhe von 45 000 Mark verzeichnet. Zu dieser Zeit befasste sich ein Untersuchungsausschuss im Landtag mit den Machenschaften zwischen Schalck und den Fleischfirmen März und Moksel. Gegen Moksel waren zudem Verfahren wegen der Verrechnung von Bestechungsgeldern in Millionenhöhe mit der Steuer anhängig.

Strauß, so scheint es, hatte damals womöglich ein massives Eigeninteresse am Gelingen der März-Geschäfte, und der Handel »Kredit gegen menschliche Erleichterungen« entsprach auch dem Motto »Geld gegen gute Umsätze für März«. Darüber hinaus beteiligte er sich, versteckt hinter seinem Freund Walter Schöll und einem Treuhänder, an dessen florierender Werbeagentur »Contas«, die für März und andere Strauß nahe stehende Unternehmen, Institutionen und Behörden arbeiten durfte. Sogar der von Strauß befehligte Freistaat beauftragte die »Contas« mit der Werbung für Industrieansiedlung in Bayern. Es war ein ausgeklügeltes, in sich geschlossenes System: Der Ministerpräsident warb über das Wirtschaftsministerium mit einer ihm teilweise gehörenden Agentur für seine Politik und verdiente sich jährlich ein paar zehntausend Mark zu seinem ansehnlichen Gehalt als Regierungschef und Abgeordneter dazu. Nach dem Tod von Strauß verkaufte Schöll die »Contas« und zahlte die Strauß-Erben aus. Der Käufer wurde seines Lebens nicht mehr froh. In kürzester Zeit sprangen fast alle Kunden aus dem bis dahin glänzenden Bestand ab, das Geschäft war offensichtlich an Strauß und Schöll gebunden gewesen. Die Agentur musste schließlich Konkurs anmelden.

Als Schöll dazu später vor einem Untersuchungsausschuss im Landtag aussagen sollte, log er lieber, als Strauß postum »hinzuhängen«. Er sagte, Geschichten aus der Strauß-Zeit fielen unter die »Omerta« – das Schweigegebot der Mafia – und nahm lieber einen Strafbefehl wegen Falschaussage in Kauf. Viele aus der Strauß-Umgebung verhielten sich damals so; deshalb kamen zahlreiche Affären aus der Zeit, in der Stoiber für Strauß in der Staatskanzlei wirkte, erst später an die Öffentlichkeit. Den Enthüllern trug das dann den Vorwurf der Strauß-Familie und von Stoiber ein, sie verfolgten den großen CSU-Politiker mit blindem Hass selbst weit über den Tod hinaus.

Auch an dem von Strauß massiv geförderten März-Engagement in Togo hatten sich Gerüchte gerankt, dass der CSU-Vorsitzende selbst etwas davon haben könnte. Als kurz nach dem Tod von Strauß im Februar 1989 der neue bayerische Ministerpräsident Max Streibl und CSU-Chef Theo Waigel den Kontakt mit Schalck fortsetzten, schrieb Schalck auf: »Die bisher aufrechterhaltene Verbindung über März wird von beiden Politikern nicht mehr gewünscht. Von ihrer Seite werden Personen ihres Vertrauens genannt … Auf meine Frage, ob sich die Verbindung nicht bewährt habe, erklärten beide, dass die Verknüpfung der Freundschaft Strauß und Josef März nicht immer glücklich war und die CSU aufgrund auch finanzieller Verknüpfungen oft in eine schwierige Situation brachte. Die Interessen von Josef März u.a in Togo, Spanien und Argentinien wurden von Strauß abgedeckt und dienten nicht nur staatlichen Interessen.« Wenn Waigel und Streibl das wussten, konnte es Stoiber, der Strauß in der Staatskanzlei am nächsten war, nicht entgangen sein.

Die Grüße von Erich Honecker hätten beide »herzlich erwidert«, hielt der DDR-Staatssekretär fest. Honecker solle immer im Auge behalten, »dass die CDU und die CSU weiterhin für die DDR berechenbar sind und bleiben, was für die »Republikaner« in keiner Weise zutreffen würde«, habe Waigel gesagt. Es war gar nicht mehr so lange hin bis zum Fall der Mauer. Von Streibl war ohnehin bekannt, dass er bis 1989 der Meinung war, Bundesrepublik und DDR sollten »in ihren Blöcken bleiben«, Flüchtlinge aus der DDR bald wieder dorthin zurückkehren.

Der Abschluss und das Bekanntwerden des Milliardenkredits Mitte 1983 unter Führung der Bayerischen Landesbank versetzten die CSU in Aufruhr, zumal Strauß wenig dazu beitrug, seiner Partei die Beweggründe zu erläutern: »So schnell könnt ihr gar nicht schauen, wie ich von einer Ecke in der anderen bin«, sagte der Parteivorsitzende damals. Wegen der vereinbarten Geheimhaltung machte er gar nicht erst den Versuch einer plausiblen Erklärung. Bundeskanzler Kohl, der eingeweiht war und sein Kabinett hinter das Geschäft gebracht hatte, verteidigte den CSU-Vorsitzenden.

Stoiber wäre jetzt erstmals in der Staatskanzlei richtig gefordert gewesen: vermitteln, informieren, Strauß zu vernünftigen Erklärungen bringen, die es für den Kredit ja auch gibt. Er bedeutet nicht nur eine Aufwertung und Stabilisierung der DDR; man könnte ihn ja auch als Geste der Entspannung ausgeben, mit der man der DDR tatsächlich Erleichterungen auf dem humanitären Sektor abringen könnte. Aber diplomatisch ist Stoiber nun einmal nicht, lieber zettelt er einen Streit an, um vom eigentlichen Problem abzulenken.

Tatsächlich hat Strauß insgeheim immer wieder Listen von eingesperrten Regime-Opfern übergeben, deren Freilassung er forderte und zum großen Teil auch erreichte. Es spricht für ihn, dass er das nicht an die große Glocke hängte, sonst wäre die Mission beendet gewesen. Die DDR, die auch mit den CDU-Politikern Philipp Jenninger und Wolfgang Schäuble verhandelte, lehnte jedes offizielle Junktim zwischen Kredit und humanitärem Entgegenkommen ab; unter der Hand war sie aber bereit, solchen Wünschen des Westens nachzukommen. Strauß hat bewegende Dankschreiben von Befreiten und von zusammengeführten Familien erhalten.

In der öffentlichen Debatte hielt Strauß auch weiterhin mit seiner Meinung über den Sozialismus und die DDR sowie über deren Terrorregime nicht hinterm Berg. Gerade deshalb war die CSU so schockiert, dass ihr Vorsitzender geholfen hatte, dieses Regime mit einer Milliarde Mark zu stabilisieren. So wie Strauß, Stoiber und seine Regierung in Bayern mit DDR-Sympathisanten aus der DKP oder deren Vorfeldorganisationen umgingen, wenn die Anstellung im öffentlichen Dienst anstand, hätte jeder selbstbewusste sozialistische Staat seine Kontakte mit diesem Politiker sofort abgebrochen. Seine Aussage: »Nach unserer Generation darf es keinen Kommunismus mehr geben«, war seinen Gesprächspartnern in der DDR natürlich bekannt; sie hat sich sogar erfüllt, was man nicht von jeder Strauß-Prophezeiung sagen kann. Jede seiner Angriffe verärgerte seine DDR-Gesprächspartner, aber sie hatten keine Wahl und sie brauchten das Geld. Sie mussten sich demütigen lassen. Luden sie SPD-Politiker ein und war der protokollarische Aufwand groß, ärgerte sich wiederum Strauß. Das Hofieren von Willy Brandt ging ihm gegen den Strich, selbst bei den DDR-Machthabern konnte der stets um Anerkennung buhlende und ausgesuchteste Behandlung erwartende Strauß seine Eifersucht nicht unterdrücken.

Als der bayerische Oppositionsführer Karl-Heinz Hiersemann hochrangig in Ost-Berlin empfangen wurde, ließ Strauß seinen Kurier März ausrichten, dass er das nicht gerne sehe. Der bayerische Ministerpräsident war so sauer, dass er Hiersemann nach seiner Rückkehr nicht einmal zum üblichen Rapport empfing. Auch über den Austausch enttarnter Agenten wurde in geheimnisvollen Chiffren geredet, die Schalck zu Papier brachte. Peinlicherweise hatte die DDR laut Schalck einen Mitarbeiter der Hanns-Seidel-Stiftung der CSU enttarnt und eingesperrt.

Die unbestreitbaren Erfolge, die Strauß erzielte, stehen trotzdem kaum in Relation zur Aufwertung und Festigung der Honecker-DDR. Das Westgeld kommt auch nicht, wie der Bundesrepublik vorgegaukelt wird, den DDR-Bürgern etwa durch eine Verbesserung des Warenangebots zugute. Der größte Teil wird erst einmal in Luxemburg angelegt, um internationalen Handelspartnern eine ausreichende Devisenreserve vorweisen zu können. Was mit den Zinsen geschieht, ist unbekannt. Ob sie in den DDR-Haushalt oder in die Versorgung der Parteiprominenz mit Luxusgütern fließen, ob damit ein Teil des Schuldendienstes oder gar Provisionen bezahlt werden, wie es gerüchteweise heißt – es wird nie bekannt. Nach der Wende gab es vage Hinweise, es seien Millionenprovisionen in den Westen geflossen. Die Banken dementierten kategorisch, nur die üblichen Spesen seien verrechnet worden. Was Strauß betrifft, gibt es nicht die geringsten Beweise, Aussagen von Stasi-Offizieren erweisen sich als nicht substanziell genug, um ihnen nachgehen zu können.

Einen Vorteil hat die gigantische Transaktion auf jeden Fall für Strauß-Partner März. Seine ohnehin schon immer guten Geschäfte mit der DDR florieren jetzt richtig, und wenn man Waigels und Streibls Hinweisen an Schalck von 1989 folgt, dann war das auch gut für Strauß. März steigt auch ins Biergeschäft ein, doch es ist bezeichnend, dass der Konzern bald nach dem Tod von Strauß 1988 und der Wende ins Trudeln kommt. Die Familie März, die etwa 80 Prozent gehalten hatte – wem der Rest gehörte, blieb unbekannt, er wurde stets als »Streubesitz« bezeichnet –, zieht sich bald zurück aus dem Unternehmen, das nach missglückten Fusionen mit der Getränkebranche zum Sanierungsfall wird. Nicht einmal die erstklassige Eishockey-Mannschaft »Rosenheim Star-Bulls« kann weiter gesponsert werden.

Auch März-Konkurrent Alexander Moksel aus Buchloe schreibt bald rote Zahlen, bekommt dazu noch Steuerprobleme wegen Schmiergelder, die aber vom Fiskus auf bayerische Art großzügig geregelt werden. Die glänzenden Geschäfte, die die DDR dem SPD-Sympathisanten ermöglichte, sollten der SPD signalisieren, dass sie nicht allein auf Strauß-Freund März setzte. Zurück blieben wütende bayerische Bauern. Die Massenimporte der beiden Fleischmultis zur Strauß-Zeit, die nicht immer aus der DDR kommen, sondern manchmal – nur zur Erlangung der Vorteile aus dem innerdeutschen Handel – aus dem Ausland durch die DDR geschleust wurden, haben den Fleischpreis auf Dauer ruiniert.

Das alles regte große Teile der CSU mächtig auf. Hätten ihre Abgeordneten damals schon die Stasi-Akten gekannt und alle Hintergründe, die plumpen Vertraulichkeiten zwischen Strauß und den DDR-Machthabern, die Interessen von Strauß außerhalb der Politik, die Verflechtungen mit März – es wäre womöglich zum Aufstand gekommen. Selbst im bayerischen Kabinett, das nicht gerade eine Versammlung von Strauß-Kritikern ist, machen sich Dissonanzen breit. Im *Münchner Merkur* sind im Juli 1983 Einschätzungen von Regierungsmitgliedern über eine Kabinettssitzung zu lesen, in der Strauß über den Kredit informierte und die Kritik aus der Partei zurückwies: Die Sitzung sei »deprimierend« gewesen, Strauß habe sich als »Opfer« von Kohl und Außenminister Hans-Dietrich Genscher dargestellt, die das DDR-Geschäft eingefädelt hätten, um Strauß politisch auszumanövrieren. Autor ist wieder der landespolitische Korrespondent Rudolf Lambrecht.

Stoiber eröffnet den Zeitungskrieg von 1980 neu, in dem für einige Zeit Waffenstillstand geherrscht hatte. Die Darstellung aus dem Kabinett sei »nachweislich« falsch, tobt er. Der Staatssekretär verlangt vom *Münchner Merkur* ultimativ eine Unterlassungserklärung und einen Widerruf und blitzt ab. Daraufhin zieht Stoiber vor Gericht und erwirkt eine einstweilige Verfügung. Der *Merkur* legt sofort Widerspruch ein. Lambrecht erklärt, ein Kabinettsmitglied habe ihn um Informantenschutz nach der Strafprozessordnung gebeten, weil sonst seine politische Existenz vernichtet würde. Stoiber wird von Lambrecht aufgefordert, eine Unterlassungserklärung abzugeben. Der Staatssekretär hatte dem Journalisten »Informationsfälschung« vorgeworfen.

Um seine Klage zu untermauern, griff Stoiber damals zu einer in der Nachkriegsgeschichte einzigartigen Methode. Er forderte von allen 19 Regierungsmitgliedern – die Staatssekretäre zählen in Bayern zum Ministerrat – die Unterschrift unter eine vorgefertigte eidesstattliche Erklärung, dass die Debatte im Kabinett nicht so verlaufen sei, wie es die Zeitung geschildert hatte. Die Note hatte folgenden Wortlaut:

»Zur Vorlage beim Landgericht München I in einem Zivilrechtsverfahren gebe ich folgende Erklärung ab: Ein Artikel von Herrn Rudolf Lambrecht auf Seite 1/2 der Ausgabe des *Münchner Merkur* vom 6. Juli 1983 enthält folgende Behauptungen: In einer nach Angaben von Kabinettsmitgliedern ›deprimierenden Sitzung‹ hat der CSU-Vorsitzende am Dienstag den Ministerrat über das Zustandekommen des Kreditgeschäfts unterrichtet. In Kabinettskreisen wird es als ›rätselhaft‹ bezeichnet, dass Strauß das Kreditansinnen nicht ablehnte. Vor allem versteht man nicht, weshalb er keinen seiner Vertrauten informierte. ›Das spricht Bände‹, kommentierte einer aus der Kabinettsrunde. Wie problematisch der CSU-Vorsitzende seine Lage selbst betrachte, sehe man darin, dass er nicht fähig sei, an die Öffentlichkeit zu gehen und reinen Tisch zu machen.

Ich versichere an Eides Statt, dass keine der dort behaupteten Äußerungen weder in der Kabinettsrunde noch bei sonstiger Gelegenheit von mir aufgestellt wurde.« Dann folgte die Unterschrift jedes Kabinettsmitglieds.

Stoiber selbst gab seine Erklärung sogar mit einem Zusatz ab: »Ferner erkläre ich an Eides Statt, dass in dieser Ministerratssitzung sich Ministerpräsident Strauß weder als Opfer dargestellt hat noch der Eindruck vermittelt worden ist, als habe FDP-Chef Hans-Dietrich Genscher mit Bundeskanzler Helmut Kohl das DDR-Geschäft eingefädelt, um Ministerpräsident Strauß persönlich auszumanövrieren, damit ›die in Bonn ihre Politik ungestört weitermachen können‹.«

Kurz darauf verhedderte sich Stoiber völlig in seinem juristischen Gespinst. Die Kabinettsmitglieder sollten noch eine zweite eidesstattliche Erklärung abgeben, dass niemand dem *Merkur* gesagt habe, ohne Informantenschutz werde die politische Karriere ruiniert. Kultusmister Hans Maier weigerte sich in einem Brief an Strauß, das »Kasperletheater« weiter mitzumachen. Unter Hinweis auf die erste Erklärung fragte Maier: »Genügt das nicht?« Ein Umgang, der auf dem Austausch eidesstattlicher Erklärungen beruhe, sei unwürdig und mache das Kabinett in den Augen der Öffentlichkeit lächerlich.

Im Landtag will sich Strauß nicht verteidigen. Wieder einmal gebraucht er, unterstützt von Stoiber, die Ausrede, er habe entweder als Privatmann oder als CSU-Vorsitzender gehandelt und seine Minister als CSU-Funktionäre unterrichtet. Der SPD-Landesvorsitzende Helmut Rothemund zitiert aus der CSU-Zeitung *Bayernkurier*, deren Herausgeber Strauß ist. Dort wurde 1976 gegen die sozial-liberale Bundesregierung geschrieben: »Die Bundesrepublik zahlt und zahlt – die DDR kassiert und kassiert, dafür kann Ostberlin eine Menge Munition kaufen.« Die marxistischen Funktionäre »sind freilich nur auf einem Gebiet unübertreffbar: auf dem des Schuldenmachens. Sie leben davon, dass der angeblich bankrotte Westen zahlt und zahlt und damit das Versagen des in Wahrheit zahlungsunfähigen marxistischen Systems ausbügelt.« Im Lenin'schen Sinn müsse sich Strauß, so Rothemund, die Frage gefallen lassen, ob er die »Stricke liefert, an denen er eines Tages aufgehängt wird«.

Auch in der CSU-Landtagsfraktion herrscht kein Verständnis für Stoibers Stil, dagegen wird Maiers Mut gelobt. Er hat aber bei Strauß und Stoiber seitdem schlechte Papiere. Jeder weiß, dass der Kultusminister enge Beziehungen zum *Münchner Merkur* unterhält; er schreibt dort auch eine Kolumne. Daraus ziehen Strauß und Stoiber ihre Schlüsse. Drei Jahre später, bei der Neubildung des Kabinetts nach der Landtagswahl, kommt der Tag der Rache, obwohl Maier nach wie vor zu den herausragenden Persönlichkeiten der Strauß-Regierung zählt. Strauß teilt kurzerhand sein Ministerium in einen Schul- und Kultusteil sowie in einen Wissenschafts- und Kunstteil, wohl wissend, dass Maier einer Teilung nicht zustimmen werde. Er verlässt erhobenen Hauptes die Regierung. Die Teilung wird noch in der gleichen Legislaturperiode wieder rückgängig gemacht. Hans Zehetmair, der mit Stoiber im katholischen Tuntenhausener Männerverein aktiv ist, heißt der neue starke Mann in der bayerischen Schul- und Kulturpolitik.

Der Streit um den Milliardenkredit und den *Münchner Merkur* geht für den Staatssekretär nicht so glimpflich ab. Der Parteitag 1983 steht unmittelbar bevor, die CSU-Spitze muss neu gewählt werden. Stoiber ist hektisch um Schadensbegrenzung bemüht. In Bonn macht der CSU-Abgeordnete Franz Handlos Anstalten, die CSU zu verlassen und eine neue Partei rechts von der Union zu gründen. Dafür gewinnt er den in Bayern bekannten Fernsehjournalisten Franz Schönhuber, der sich mit einem äußerst fragwürdigen, die Nazi-Zeit bagatellisierenden Buch über seine Zeit bei der Waffen-SS auch bei der CSU ins Aus manövriert hat. Fraktionschef Gerold Tandler vermittelt beim Verleger des *Münchner Merkur*, Dirk Ippen, und es kommt zu einer Friedenserklärung zwischen Stoiber, dem Verlag und Redakteur Lambrecht: Stoiber und die Staatskanzlei bleiben bei ihrer Auffassung, dass die Berichterstattung aus dem Kabinett falsch war, nehmen aber den Vorwurf der »Informationsfälschung« zurück. Alle Rechtsmittel werden zurückgenommen, der *Merkur* wird den Inhalt des umstrittenen Berichts nicht wiederholen. Die Kosten werden geteilt, »die Parteien betrachten die Angelegenheit in jeder Hinsicht als erledigt«.

Die Delegierten auf dem Parteitag tun das nicht. Stoiber wird faktisch aus dem Vorstand gewählt, bekommt in seinem Wahlgang ohne Gegenkandidaten nur 46,9 Prozent Zustimmung. Er erhält die Quittung nicht nur für den gerade beendeten Kreuzzug gegen den CSU-nahen *Münchner Merkur*, sondern für seine herablassende, streberhafte Art. Auch der Milliardenkredit spielt eine Rolle. Stoiber hat ihn zwar nicht eingefädelt und war wohl selbst überrascht davon. Dann aber hat er Strauß mit Hingabe verteidigt. Viele Delegierten hatten das Gefühl, dass Stoiber eine Abreibung der verschärften Art brauchte. Dass sie so drastisch mit einem Misstrauensvotum endete, erschreckte den Parteitag dann doch.

Der CSU-Bundestagsabgeordnete Günther Müller lästert allerdings: »Wenn ich Charakter habe, dann nehme ich doch eine Wahl nicht an, in der ich ohne Gegenkandidaten nicht einmal 50 Prozent bekomme.« Stoiber sieht das nicht als Charakterfrage: Er bleibt. Auch Strauß bleibt, wenn auch noch verbitterter als Stoiber. Er, der Ergebnisse über 90 Prozent gewohnt ist, bekommt bei der Wahl nur 77 Prozent der Stimmen. Friedrich Voss beschreibt die Szene: »Nach der Bekanntgabe des Ergebnisses der Stimmenauszählung verlässt FJS mit hochrotem Kopf seinen Platz auf der Empore des Parteitagspräsidiums. Seine Enttäuschung, seine Wut sind für jeden sichtbar. Fritz Zimmermann, der in der Reihe vor mir auf dem Podium sitzt, dreht sich zu mir um und zischt: ›Nun kümmere dich um den Alten! Du hast ihm die ganze Sache eingebrockt!‹ FJS sitzt ganz alleine in dem kleinen Parteitagsbüro hinter der Bühne. Alle negativen Gefühle haben sich seiner bemächtigt. Er ist innerlich stark aufgewühlt. Er will alles hinwerfen. Traurig sagt er: ›Bei so viel Dummheit und Uneinsichtigkeit lohnt sich kein weiterer Einsatz!‹ … Wir trinken ein Glas Sekt. Wilfried Scharnagl, einer der treuesten Wegbegleiter von FJS und publizistisch der treueste seit dem frühen Tod von Marcel Hepp kommt, gefolgt von Gerold Tandler. Sonst lässt sich in dieser Stunde niemand blicken.«

Scharnagl, Tandler und Voss bewegten Strauß schließlich doch noch, auf das Podium zurückzukehren und die Wahl zum Vorsitzenden anzunehmen. Das sonst übliche Schlusswort von Strauß entfiel. Er wollte die Parteifreunde nicht mehr sehen. Strauß begibt sich in den Tagen danach auf eine Rundreise durch den Ostblock. Stoiber hat an dem Dämpfer zu schlucken, um ihn wird es etwas ruhiger. Vom Debakel des CSU-Parteitags unbeeindruckt, geht Josef März daran, eine nächste Tranche des DDR-Kredits auszuhandeln. Aus Schalcks Unterlagen geht hervor, dass insgesamt drei Milliarden Mark Darlehen geplant waren. Am 27. Januar 1984 teilte Schalck Strauß mit, er habe dessen Vorschläge seiner »Nummer 1« vorgetragen. »Nummer 1« sei einverstanden, »dass Sie im Gespräch mit BK [Bundeskanzler – der Autor] davon ausgehen, dass die AH-Bank [Außenhandelsbank – der Autor] der DDR in der zweiten Hälfte März einen weiteren Kredit in der bekannten Höhe angeboten bekommt und dass in absehbarer Zeit ohne die Forderungen nach neuen unerfüllbaren Bedingungen eine dritte Tranche angeboten wird.«

Schalck bietet dafür »ohne Herstellung eines Junktims« die Beseitigung von Selbstschussanlagen, die Senkung des Mindestumtauschs für Rentner und eine schriftliche Garantieerklärung durch die DDR gegenüber dem Bundesfinanzminister »bis zur

Höhe von 3« [Milliarden Mark]. »Stimmen mit Ihnen überein, jetzt in der Öffentlichkeit nicht von einem 2-M-Kredit zu sprechen«, heißt es in Schalcks Geheimpapieren. Trotz vieler Verhandlungen und Botschaften, die hin- und hergehen, kommt es nicht mehr zur Verdreifachung des Milliardenkredits von 1983. Die Bundesregierung bekommt kalte Füße. Rätselhaft bleibt das ausgeprägte Interesse von Strauß, die DDR weiter mit Geld zu versorgen. Ist es Entspannungspolitik auf seine Art, sind es Kompensationsgeschäfte, die die DDR mit dem Geld bayerischer Firmen wie MAN oder Siemens anbietet, sind es persönliche Interessen am Gelingen der März-Unternehmungen, die Strauß leiten? Und entgeht dem durch den Parteitag geschockten Stoiber in der Staatskanzlei wirklich, dass trotz des eindeutigen Votums der CSU, das sich im Abstimmungsverhalten auf dem Parteitag 1983 ausgedrückt hat, die Drähte zwischen Strauß und Schalck weiter glühen?

1987 wird Stoiber direkt mit einem DDR-Geschäft konfrontiert. Die DDR-Linie Interflug zeigt Interesse am Erwerb von zwei bis drei Airbus-Flugzeugen. Den Deal hatten der Hamburger Schiffsmakler Walter J. Hinneberg und dessen Sohn Christian eingefädelt. Doch zum Gelingen brauchte man politische Unterstützung. Die wollte ein Verwandter der Familie, Peter Tamm, einst Vorstandsvorsitzender des Springer-Konzerns, bei Edmund Stoiber besorgen, der auch Medienbeauftragter der bayerischen Regierung war. Bei einem Termin im Mai 1987 sprach Tamm in der Staatskanzlei den Staatssekretär auf das angebahnte Airbus-Geschäft an. Der sei zu Strauß geeilt, und dieser habe Kontakt zu Schalck aufgenommen, berichtete Tamm später.

Nach einem Jahr wurden die Kaufverträge in Toulouse, dem internationalen Sitz des Flugzeugbauers, tatsächlich unterzeichnet. Zwei Maschinen sollten noch 1988, eine 1989 geliefert werden. Die DDR wollte sie leasen. Doch auf die vereinbarte Provision von rund 16 Millionen Mark warteten die Hamburger Makler vergeblich. Es kam zu Streitigkeiten. Hochrangige Airbus-Manager hätten den Hamburgern bedeutet, die Kommission auf dieses Geschäft sei bereits »an die Münchner Adresse« gegangen, mit der sie sich auseinandersetzen sollten, erklärten die Hinnebergs. Unter »Münchner Adresse« verstanden die Hamburger nach der Vorgeschichte die Familie Strauß. Doch Max Strauß, Sohn des Ministerpräsidenten, warnte die Familie Hinneberg, »haltlose Gerüchte« zu verbreiten. Die Hamburger Makler schrieben die Millionen schließlich ab. Die in die DDR verkauften Airbus-Flugzeuge flogen nach der Wiedervereinigung in der Flotte der Lufthansa. Von Provisionsabsprachen habe er überhaupt nichts gewusst, sagte Stoiber später.

14 Verzicht auf ein Ministeramt

Nach dem Parteitag von 1983 wurde es etwas ruhiger um Stoiber. Er gestand öffentlich ein, dass er wohl zum Taktiker nicht geboren sei, und kümmerte sich um die Medienpolitik. Es gab den Plan von Strauß, ihn als Bundesratsminister nach Bonn zu schicken, um dort in seinem Sinn nach dem Rechten zu sehen. Stoiber blieb aber in München, ihm winkte ein besseres Amt. Bei der Europawahl 1984 wurde der bisherige bayerische Sozialminister Fritz Pirkl Listenführer der CSU. Stoiber stand als Pirkls Nachfolger so gut wie fest und er hätte in diesem Ressort eine gute Figur gemacht, da ihn Sozial- und Familienpolitik von Anfang an interessiert hatten. In diesem Themenkreis nahm er häufig Positionen der christlich-sozialen Arbeitnehmerschaft ein; den Bonner Koalitionspartner FDP schalt er wegen dessen »sozialer Kälte«.

Doch der Wechsel zerschlägt sich. Im Juli hätte der Umzug in das neue Ministerium sein können. Im Juni verunglückt die Ehefrau von FJS, Marianne Strauß, auf einer Fahrt zwischen Rottach-Egern am Tegernsee und Kreuth tödlich mit ihrem Auto. Stoiber beschließt aus freien Stücken, auf den Ministerposten zu verzichten und bietet Strauß an, in der Staatskanzlei zu bleiben. Er weiß, dass der Ministerpräsident jetzt für eine Zeit lang vertraute Gesichter um sich braucht. Strauß nimmt die selbstlose Offerte Stoibers bewegt an. Er kann sich damit trösten, dass es für ihn in Bayern keinen wichtigeren Platz gibt, als den in der Nähe von Strauß. In der Staatskanzlei fallen die Entscheidungen, dort sammelt Stoiber sein Wissen, das ihm später zupass kommt, dort erfährt er, wer für Strauß wichtig ist und warum. Noch dazu dankt Strauß seinem Adlatus die Geste von 1984 zwei Jahre später dadurch, dass er ihn zum Minister befördert. Die Staatskanzlei hat ab 1986 einen »Staatsminister für Sonderaufgaben«. Das hebt das Selbstbewusstsein weiter.

Einfach war es nicht immer, mit Strauß zusammenzuarbeiten. Seinem Biographen Peter Köpf schilderte Stoiber die Abläufe so: »Ich hatte immer ein Bündel von fünf, sechs, sieben Fragen, die ich zu klären hatte. Dann kriegte ich ihn nicht am Telefon, dann war er unwillig, dann wollte er der Entscheidung ausweichen, es war ja nicht so, dass Strauß immer schnell entschieden hätte.« Manchmal sei er ihm sogar in Sitzungen des Franzens-Clubs gefolgt: »Ich nutzte natürlich viele dieser Runden, saß neben dem Strauß und fragte ihn: Erstens, zweitens, drittens, und nach dem vierten wurde er sauer, das hat ihm nicht gepasst, er war in anderen Dingen, und die anderen haben das gemerkt und gesagt: Mensch, der Stoiber stört immer die Gemütlichkeit. Lass doch den Mann jetzt endlich mal in Ruhe, der muss doch auch mal ausspannen. Hör doch mal auf, kannst du nicht mitfeiern?«

Oft habe er nicht gewusst, was er machen sollte, erzählte Stoiber: »Am nächsten Tag hat der Kohl gefragt, ich möchte das jetzt wissen, oder der Zimmermann hat gesagt, Mensch, ich brauche dringend die Entscheidung, ob ich das so oder so machen kann, aber ich erwisch den Strauß nicht.« Manchmal habe er Strauß einfach im zur Abfahrt bereiten Auto überfallen, wenn der Regierungschef zu einer Veranstaltung gefahren sei, und habe gesagt: »Du, ich muss jetzt zwei Dinge klären. Dann bin ich mitgefahren, irgendwohin, um das zu klären.«

Andere zeigen nach dem Tod von Marianne Strauß weniger Feingefühl als Stoiber. Bundeskanzler Kohl nutzt die Trauerzeit von Strauß, um den wegen seiner Verwicklung in eine Parteispendenaffäre zurückgetretenen Wirtschaftsminister Otto Graf Lambsdorff gegen Martin Bangemann auszuwechseln. Das wäre noch einmal ein Zeitpunkt und ein Ressort für Strauß gewesen, um nach Bonn zu wechseln, denn die Ernennung Bangemanns war keineswegs zwingend. Kohl behauptet zwar, sich das Einverständnis von Strauß geholt zu haben, doch Rücksicht hätte es geboten, mit der Kabinettsumbildung zu warten, bis Strauß wieder klare Gedanken fassen konnte.

Stoiber hat sich 1984 einen Lieblingsgegner gesucht, an dem er sich reiben konnte. Es ist ein Grüner, der ihm im Bundestagswahlkampf 2002, obwohl bereits siebzig Jahre alt, als Spitzenkandidat der SPD in Bayern begegnen wird. Otto Schily setzte der Union im ersten großen Parteispenden-Untersuchungsausschuss des Bundestags schwer zu. Stoiber stellte die wohlfeile Frage, woher Schily, der Mitglieder der Roten-Armee-Fraktion verteidigt hatte, seinerzeit seine Honorare bekommen habe. Es sei doch eine »seltsame Moral«, dass solche Leute, die Mörder und Terroristen verteidigt hätten, sich nun als »Saubermänner der Republik« aufspielten. Mit nahezu identischen Vorwürfen wird 16 Jahre später auch der Aufklärer der Grünen im zweiten Parteispendenausschuss des Bundestags, Hans-Christian Ströbele, verunglimpft.

Da Stoiber auch eine Rechtsanwaltslizenz hat, die er als Abgeordneter brauchte, um für einige Zeit den mit mehreren tausend Mark monatlich dotierten Nebenjob als Syndikus der bayerischen Lotto-Annahmestellen ausüben zu können, zitiert ihn der SPD-Bundestagsabgeordnete Rudolf Schöfberger vor die Rechtsanwaltskammer. Als Anwalt dürfe er nicht ein so krudes Bild von der Bedeutung eines Verteidigers im demokratischen Rechtssystem zeichnen, meinte der SPD-Politiker.

Zu einer Rüge an Stoiber mochte sich die konservative Standesorganisation der Anwälte natürlich nicht durchringen. Immerhin teilte die Kammer dem Leiter der Staatskanzlei mit, es dürfe »nicht möglich oder gar gang und gäbe sein, Rechtsanwälte wegen ihrer Berufszugehörigkeit oder wegen der ordnungsgemäßen Ausübung ihres Berufs zu diffamieren oder in ihren Rechten oder in der Ausübung öffentlicher Ämter zurückzusetzen«. Stoiber wurde aufgefordert, »bei sich bietender Gelegenheit der Verdächtigung des Berufsstands entgegenzutreten«.

Selbst den sanften Kammerton wollte sich der rechthaberische Stoiber nicht gefallen lassen und erst recht keine Ehrenerklärung für Schily abgeben. In einem langen Antwortschreiben fragte Stoiber den Vizepräsidenten der Kammer, Georg Gruno, der den Mahnbrief unterschrieben hatte, ob er ihn »etwa über die Standespflichten eines Rechtsanwalts belehren möchte«, wo er doch ein »gründliches Studium der Rechte und der politischen Wissenschaft« hinter sich gebracht habe. Schily – »dieser Herr«, wie Stoiber schrieb – wurde mit weiteren Invektiven belegt.

Wie das CSU-Juristenbild in Wirklichkeit beschaffen ist, zeigte sich wenig später, als bekannt wurde, dass die Witwe des Nazi-Blutrichters Roland Freisler in Bayern eine »Schadensausgleichsrente« erhielt. Die Behörden hatten sie der Frau zugesprochen, weil nach ihrem Dafürhalten ihr Ehemann, wenn er nicht vor dem Kriegsende umgekommen wäre, »als Rechtsanwalt oder Beamter des höheren Dienstes tätig gewesen« wäre. Die Entscheidung war vom Sozialministerium ausdrücklich gebilligt worden.

Heftige Richterschelte übte Stoiber, wenn er meinte, Demonstranten der Friedensbewegung seien vor Gericht zu milde behandelt worden. Als ein Frankfurter Amtsrichter sechs Personen freisprach, die sich an Blockadeaktionen gegen die Nachrüstung mit »Pershing-2«-Raketen beteiligt hatten, forderte Stoiber zusammen mit anderen Unionspolitikern dienstrechtliche Maßnahmen wegen Rechtsbeugung und Strafvereitelung gegen den Richter. Der Frankfurter Amtsgerichtspräsident Manfred Wick zeigte sich bestürzt über den Angriff auf die richterliche Unabhängigkeit. Politiker sollten sich erst dann äußern, wenn sie ein Urteil samt Begründung kennen, sagte er. Er denke nicht daran, Maßnahmen der Dienstaufsicht auch nur zu erwägen. Die in der Gewerkschaft ÖTV organisierten Richter und Staatsanwälte bezeichneten Stoiber als »unbelehrbar«. Hinter Stoibers Angriff stecke Methode: »Bayerische Richter und Staatsanwälte sollen bei der Verfolgung der Strauß-Beleidiger, Friedensbewegten und Naturschützer, der Beurteilung von Planungen von Großflughäfen und WAA auf Linie gebracht werden«, hieß es in einer Erklärung.

Auch der heutige Bundeskanzler Gerhard Schröder machte 1986 in Bayern vorübergehend von sich reden. Mit seinem Freund Karl-Heinz Hiersemann war er auf Wahlkampftournee und hatte in einem Bierzelt im bäuerlichen Hinterland von Dachau zu reden. Man muss ihm gesagt haben, dass es deftig zuzugehen habe, was den Bundestagsabgeordneten Schröder damals wie heute vor keinerlei Probleme stellte. Er nannte den bayerischen Ministerpräsidenten eine »Sau« und konnte von Glück reden, dass er nicht von CSU-Treuen an Ort und Stelle verprügelt wurde. Der Grund, weshalb Schröder auf Strauß losging, würde heute zu keiner Beschimpfung mehr führen. Er hielt dem bayerischen Ministerpräsidenten nämlich seine inhumane Asylpolitik vor. Heute gibt es auf diesem Feld zwischen CSU und SPD, zwischen Stoiber und Schröder kaum noch einen Dissens, höchstens bei der Frage der Zuwanderung, die von der Wirtschaft dringend gewünscht wird. So ändern sich die Zeiten, so gleichen sich die Kandidaten. Schröder hat sich für den Herbst 2002 zum Dachauer Volksfest angesagt. Das Wort »Sau« wird er für nichts und niemand mehr in den Mund nehmen.

Mit ihrer Asylpolitik, die Flüchtlinge in Bayern zum Teil verzweifeln ließ, wie viele Betreuer erzählten, wollten Strauß und Stoiber damals den gefährlich aufkommenden »Republikanern«, bei denen inzwischen Franz Schönhuber allein das Sagen hatte, das Wasser abgraben. Am liebsten hätte der Minister in der Staatskanzlei, der dieses Werk später als Innenminister fortsetzte, die »Republikaner« noch rechts überholt und das Grundrecht auf Asyl, das auf den schrecklichen Erfahrungen der Flüchtlinge in der Nazi-Zeit beruht, abgeschafft. Bei den Sozialdemokraten, die damals noch kämpferisch dagegenhielten, zeigte sich erste Resignation.

Viele Abgeordnete hatten es satt, in ihren Versammlungen fast nur noch auf das Thema »Ausländer« statt auf ihre Leistungen angesprochen zu werden. Dass es heute nur noch ein rudimentäres Asylrecht gibt, ist gemeinsames Verdienst der rechtsextremen »Republikaner« und der CSU, die sich gegenseitig hochschaukelten. 1992 hatten sie ihr Ziel erreicht: Die SPD knickte ein, ihre »Petersberger Beschlüsse« bedeuteten die Kapitulation vor dem rechten Trommelfeuer. Seither gibt es kaum noch Unterschiede im Vollzug des Asylrechts in den einzelnen Bundesländern, Günther Beckstein (CSU) und Otto Schily (ehemals Grüne, jetzt SPD) trennt nicht viel.

Spaßeshalber hat die CSU dem Bundesinnenminister, der im Alter sein Regierungsamt dazu benutzt, als Hardliner und Verfechter unbedingter Staatsallmacht seine Zeit bei den Grünen vergessen zu lassen, schon die Parteimitgliedschaft angeboten. Angriffe der SPD auf die bayerische Regierung wegen angeblich besonders rigider Praktiken im Asylrecht sind heute längst unberechtigt; rot-grün regierte Länder schieben genau so gnadenlos ab, nur geräuschloser. Eher sind inzwischen noch die Bayern zu Ausnahmen in Einzelfällen oder zu humanitären Sonderaktionen bereit, wie sich bei der Aufnahme bosnischer Flüchtlinge zeigte. Auch hat die Präsenz der bayerischen Polizei dafür gesorgt, dass Ausländer in Bayern vergleichsweise sicher leben können.

Das Wahlergebnis von 1986 ermunterte die Sozialdemokraten

damals in Bayern nicht gerade, die eindeutige Pro-Asyl-Linie fortzusetzen. Sie fielen auf 27,5 Prozent ab, die CSU verlor leicht auf höchstem Niveau und erzielte 55,8 Prozent. Jene Genossen vom rechten Parteiflügel, die dem in der Asylfrage kompromisslosen Karl-Heinz Hiersemann die Schuld für die »Klatsche« in die Schuhe schieben wollten, übersahen, dass ein Teil der SPD-Stimmen zu den Grünen gewandert war, die mit 7,5 Prozent in den Landtag einzogen und die Tristesse des Zwei-Parteien-Parlaments beendeten. Auch auf Bundesebene konnte sich die Union 1987 behaupten, wenn auch mit Verlusten. Aufkommender Streit über die Ursachen verebbte schnell, auf das Grollen von Strauß hörte niemand mehr so recht. Als er, der Freund der Flieger, auch noch die Besteuerung des Flugbenzins aufheben lassen wollte, bekam er Ärger mit der eigenen Partei. Stoiber war einer der wenigen, die ihn bei dieser Begünstigung der Hobby-Fliegerei unterstützten.

Ein zweiter landespolitischer Krisenherd war vor allem nach der Katastrophe von Tschernobyl bis 1988 die geplante Wiederaufarbeitungsanlage in Wackersdorf (WAA). Stoiber stand mit an der Spitze der Verteidiger des Projekts. Obwohl die Industrie bald Skepsis zeigte, hielt die CSU-Regierung am Bau fest. Mit zum Teil brutalen Mitteln und CS-Gas, dem so genannten Kotzgas, ließ die Regierung die Polizei gegen Demonstranten vorgehen, unter denen es freilich auch gewalttätige gab. Bei der Anfeuerung der Sicherheitskräfte taten sich sowohl Strauß und Stoiber als auch der Staatssekretär Peter Gauweiler besonders hervor. Der trat auch mit der Nachinszenierung eines Geiseldramas in Erscheinung, das sich in Nordrhein-Westfalen ereignet hatte. Die bayerische Regierung wollte nachweisen, um wie viel besser sie mit dem »finalen Todesschuss« das Verbrechen verhindert hätte. Die Aktion wurde zu einer bundesweit kritisierten, peinlichen Show. Das WAA-Projekt, das nur Unfrieden ins Land brachte, verteidigte Stoiber noch 1988 gegen seinen weitsichtigeren Parteifreund Josef Deimer, den Bürgermeister von Landshut, in einem Streitgespräch als sinnvoll und notwendig. Schließlich wurde der Bau auf Eis gelegt, die Industrie hatte das Interesse verloren.

Gebaut und teuer bezahlt wurde dagegen eine neue Staatskanzlei mitten in München, ein pompöses Gebäude, das mit dem alten Armeemuseum verschmolzen wurde und viele Münchner gegen die Regierung aufbrachte. Stoiber, der heute dort residiert, war ein Wegbereiter dieses missratenen Protzbaus, dessen Innenausstattung schon längst nicht mehr den üblichen Büroansprüchen genügt. Ministerpräsident Streibl hat sich später in den modernistischen Bau ein gemütliches, bundesweit belächeltes Zirbelstüberl eingebaut, was einige der Innenarchitekten schockierte. Strauß hatte den Neubau eher lässig betrieben. »Ich arbeite auch in einem Zelt«, hatte er im Haushaltsausschuss des Landtags gesagt.

Um die Jahreswende 1987/88 hatte es für kurze Zeit den Anschein, als würde das von Stoiber gestützte »System Strauß« hochgehen. Ludwig Huber, der Ex-Kultus- und Finanzminister der CSU, seit 1977 Präsident der Bayerischen Landesbank, war wegen seiner Amtsführung, einiger fragwürdiger Engagements seines Instituts und einer privaten Affäre mit der Münchner Society-Lady Renate Thyssen bei der CSU in Misskredit geraten. Strauß zögerte noch, aber Finanzminister Max Streibl, der die staatliche Aufsicht über die Bank hatte, war entschlossen, Huber zum Rücktritt zu zwingen. Der drohte unverhohlen mit peinlichen Enthüllungen. Der *Süddeutschen Zeitung* sagte er: »Man wirft mir vor, ich hätte praktisch unerlaubt eine Beteiligung an einer Gesellschaft in Österreich. Da muss ich fragen: Warum soll ich unter Ausnahmerecht stehen? Andere waren beteiligt oder sind noch beteiligt an Gesellschaften zum Beispiel in Luxemburg, in der Schweiz, in Liechtenstein. Ich habe auch keine Provisionen kassiert!«

Das war eindeutig auf Strauß gemünzt und klang so, als wolle Huber das Imperium herausfordern, um seinen Stuhl in der Landesbank zu retten. Was war mit diesen Provisionen, wer hatte welche Firmen in den genannten Ländern? Sollte es Huber, der als Banker an heikelstes Material kam und auch den Milliardenkredit mit der DDR banktechnisch abgewickelt hatte, schaffen, seinen alten Widersacher Strauß zu enttarnen und ans Licht zu bringen, welche Geschäfte gelaufen waren? Das hätte womöglich die gesamte CSU-Spitze samt Stoiber in den Abgrund gerissen. Doch nach seinem Abgang aus der Landesbank, den Streibl im Januar 1988 erzwang, als Strauß gerade in Südafrika weilte, blieb

Huber stumm. »Sechzehn Kisten mit Material« habe er im Ausland bei Freunden gelagert, hatte er vorher noch getönt. Dann taten offenbar die Millionenabfindung, die Huber erhielt, und das Gesetz der »Omerta«, das schon Strauß-Freund Walter Schöll bemüht hatte, ihre Wirkung. Jede Indiskretion hätte die Zahlungen an Huber gefährdet.

Wenn Stoiber behauptet, er sei in jener Zeit nicht mit illegalen Geschäften von Strauß in Berührung gekommen, entspricht das nicht der Wahrheit. Er kannte fast alle Strauß-Freunde, mit Einzelnen wie Dieter Holzer oder dem spendablen Münchner Mercedes-Residenten Karl Dersch, der eines Tages in seinem Garten die Reichskriegsflagge hisste, hatte sich Stoiber selbst angefreundet. Im Dezember 1986 verteidigte Stoiber im Landtag den Strauß-Sohn Max, der seinen Vater, weitere CSU-Politiker und mehrere Dutzend Industrielle nach Saudi-Arabien begleitet und sich dort danebenbenommen hatte, hingebungsvoller, als man von ihm verlangen durfte. Zweck der Reise war, deutsche Exporte, vor allem von Waffen, in die arabischen Länder vorzubereiten. Der Trip gilt als Initialzündung für die 1990 von Schreiber eingefädelte Lieferung von 36 Thyssen-Spürpanzern der Marke »Fuchs«, nach deren Abschluß der Lobbyist dem damaligen Schatzmeister der CDU, Walther Leisler Kiep, eine Million Mark in bar übergab. Auch aus diesem Geschäft hat laut Staatsanwaltschaft Strauß junior eine Provision von 500 000 Mark erhalten und nicht versteuert, was er aber bestreitet.

Als die Wirtschaftsvertreter in Riad auf einer Konferenz ohne Strauß senior ihre Angebote unterbreiteten, erlaubte sich der deutsche Botschafter in Saudi-Arabien, Walter Nowak, auf die restriktive Haltung der Bundesregierung bei Waffenexporten in Spannungsgebiete hinzuweisen. Er wurde von Max Strauß heftig attackiert. »Seien Sie doch still«, sagte der Politikersohn zu dem Diplomaten, »jetzt können wir ja gleich gehen.« Was der Botschafter vortrage, sei eine Linie des Auswärtigen Amts, die sein Vater nicht billige. Dieser werde nach den nächsten Bundestagswahlen dafür sorgen, dass »die deutschen Kooperationsmöglichkeiten eine wesentlich breitere Grundlage« erhielten. Damit fand der junge Strauß den Beifall der Spitzenkräfte aus der Rüstungsbranche, die ihre Auftragsbücher füllen wollten. In Deutschland, wohin Nowak den Zusammenstoß meldete, war das Echo freilich nicht so schön.

Stoiber nahm den Strauß-Filius massiver in Schutz, als es nötig gewesen wäre. Dieser habe doch nur die durch den Botschafter verschuldete peinliche Situation in Riad gerettet und vom selbstverständlichen Recht jedes Deutschen Gebrauch gemacht, einen Beamten zu kritisieren. »Das muss wohl noch möglich sein in diesem Land«, sagte der Staatssekretär. Nowak habe »eine sehr unglückliche Figur abgegeben und die Saudis beleidigt«. Vater Strauß werde das bei Bundeskanzler Kohl noch zur Sprache bringen, sagte Stoiber. Fragen der Grünen, ob er denn keine moralischen Bedenken gegen die Ausweitung von Waffenexporten habe, wich Stoiber aus. »Die Frage ist falsch gestellt, es geht um wichtige Beziehungen zu einem wichtigen Land. Wenn Sie das nicht einsehen, tun Sie mir Leid«, sagte Stoiber zur Abgeordneten Ruth Paulig. Grüne waren für ihn ohnehin ein rotes Tuch, vor allem, weil diese seit dem Reaktorunfall von Tschernobyl und durch die geplante »Nach«-, in Wahrheit aber Aufrüstung bundesweit Auftrieb hatten. Auf den Einwand, es gebe unter ihnen auch nette Menschen, sagte er auf einer Wahlveranstaltung 1986 im »Andechser Hof« in Herrsching: »Es hat auch nette Nazis gegeben.«

Intensiv befasste sich Stoiber mit dem Aufbau neuer Medien, ab und zu drohte er, dass Bayern aus der ARD aussteigen werde. Am 15. Juli 1987 verfasste er einen 18-seitigen Brief, der aber nur ein paar Türen weiter, zum »Sehr geehrten Herrn Ministerpräsidenten und lieben Franz Josef« ging. Ein Sachvortrag reichte in diesem Fall offensichtlich nicht aus, Strauß brauchte etwas Schriftliches, um bei anderen Dampf machen und etwas vorweisen zu können. Stoibers Expertise befasst sich mit »grundsätzlichen Problemen der bayerischen Medienpolitik«, die Strauß dem in seiner Nähe sitzenden Minister für Sonderaufgaben am 2. Juni 1987 ebenfalls schriftlich herübergereicht hatte. In Wirklichkeit ging es um ein Privatgeschäft der Familie Strauß, das der Ministerpräsident in Gefahr sah.

»Ich habe versucht, mich mit den einzelnen Themen so sorgfältig wie möglich auseinanderzusetzen«, schrieb Stoiber ergeben. Auf Seite fünf kommt er zu den Einzelheiten, die Strauß vor allem interessierten: die angebliche Benachteiligung des Privatsenders TV Weiß-Blau, an dem Strauß-Sohn Franz Georg einen Anteil hielt. Der Sender, der anfangs nur über das noch kaum genutzte Kabel zu empfangen war, war damals wegen zu optimistischer Prognosen über die Entwicklung der Zuschauer in eine wirtschaftliche Schieflage geraten. Durch bayerische Extrawürste waren die privaten Anbieter in der Tat unbeabsichtigt beeinträchtigt worden. So hatte die Staatskanzlei in Bayern eine zusätzliche Kabelgebühr eingeführt, was die Nachfrage nach Kabelanschlüssen nicht gerade förderte. Als die Post die ersten Satellitenprogramme in ihr Kabel einspeiste, hob sie ihre Kabelgebühr an.

Stoiber verlangte daraufhin von der Post, sie müsse ihren Kabelanschluss wahlweise anbieten, mit Satellitenprogramm oder ohne, dann aber zu den alten Gebühren. Die technischen Probleme, die er damit verursachte, waren für die Post schier unlösbar. Ganze Straßenzüge mussten in München mit speziellen Filtern (bundesweit als »Bayernfilter« verspottet) vom Empfang der Satellitenprogramme ausgeschlossen werden. Noch heute liegen im Untergrund quer durch München verlaufende Kabel, die von der Schnapsidee zeugen. Was nicht bedacht worden war: Auf den im Kabel ausgefilterten Frequenzbändern lag auch der Strauß-Sender. Die Techniker der Post erzählten den privaten Anbietern, was die Staatskanzlei angestellt hatte, und Stoiber geriet mächtig unter Druck. Eine terrestrische Frequenz für TV Weiß-Blau und andere musste her.

Stoiber rechtfertigte sich bei Strauß: »Als im Frühjahr 1986 TV Weiß-Blau (ebenso wie andere Fernsehanbieter in München) wirtschaftliche Schwierigkeiten hatte, wurde ich massiv bedrängt, mich für die möglichst umgehende Zurverfügungstellung einer terrestrischen Fernsehfrequenz in München einzusetzen, wobei betont wurde, dass jede Woche wichtig sei. Ich habe den Postminister bis zur Grenze des Möglichen bedrängt. Schließlich hatte sich die Staatskanzlei (als erste im Bundesgebiet) schon seit Februar 1984 um diese Frequenz bemüht. Das Drängen hatte schließlich Erfolg, in München stand die erste Fernsehfrequenz für private Anbieter zur Verfügung.«

Allerdings gab es nur einen kleineren Sender, der von TV Weiß-Blau gewünschte Olympiaturm stand noch nicht zur Verfügung, weil er nicht so schnell umzurüsten war. Trotzdem war der Sender an der Münchner Blutenburgstraße auf etwa eine Million Zuschauer in München und im Umland ausgelegt, was die Erreichbarkeit von TV Weiß-Blau und damit die Werbeeinnahmen schlagartig verbessert hätte. Allerdings hätten in größeren Häusern die Antennenanlagen umgerüstet werden müssen. Das lehnten angesichts des unattraktiven Programms viele Hausbesitzer ab, sodass Stoibers Kraftakt die Familie Strauß immer noch nicht zufrieden stellte.

Stoiber tat, was er auch als Ministerpräsident gern tut: Er suchte sich einen Sündenbock. Den sollte der Münchner Postpräsident Alfred Meier abgeben, der bei der CSU sowieso unten durch war, weil er mit seinen Mitarbeitern 1985 Unregelmäßigkeiten und Manipulationen bei der Ausschreibung von Postbauten aufgedeckt hatte. Sie betrafen die Baufirma Kunz, die der CSU reichlich Spenden gegeben hatte. Stoiber schob Meier das TV-Weiß-Blau-Debakel in die Schuhe, obwohl die Post nachweisen konnte, dass der Empfang in München und Umgebung in Ordnung war. Nur über die Hausantennen ging nichts.

Meier sei schuld, schrieb Stoiber wider besseres Wissen seinem Herrn und Meister. Die Staatskanzlei habe ohnehin keine Zusagen gemacht oder Erwartungen geweckt, weil nur die Umstellung auf den Olympiaturm Abhilfe bringen werde. »Ich darf bei der Gelegenheit auch auf die fast destruktive Haltung des Präsidenten der OPD München (Dipl. Ing. Alfred Meier) hinweisen, was mich zu vielfältigen Interventionen bei Bundespostminister Dr. Schwarz-Schilling und Staatssekretär Dr. Florian veranlasst hat. Staatssekretär Dr. Florian hat mir hierzu letzten Freitag berichtet, dass Bundespostminister Dr. Schwarz-Schilling und er den Präsidenten ins Ministerium nach Bonn zitiert und ihm die Zwangsversetzung nach Hamburg eröffnet hätten, was nun wohl zu neuen Gerichtsverfahren führen wird«, schrieb Stoiber an Strauß. Dem Strauß-Sohn sollte noch gesondert geholfen werden. »Mit Franz Georg habe ich Ende Juli ein erneutes Gespräch bereits vereinbart«, teilte Stoiber FJS mit. Mit Leo Kirch sprach er alle Details ab.

Da entsprach kaum ein Satz dem, was man die Wahrheit nennt. Weder stand für TV Weiß-Blau noch für andere Anbieter 1986 der Münchner Olympiaturm zur Verfügung, noch konnte Meier daran etwas ändern, noch hatte Stoibers Demarche bewirkt, dass der Postpräsident nach Bonn zitiert wurde und nach Hamburg versetzt werden sollte. Mit diesen Hinweisen wollte sich Stoiber, der Medienreferent der Familie Strauß, nur wichtig machen. Seine Vorgesetzten bestätigten Meier, dass das Angebot, nach Hamburg zu wechseln, »in keinerlei Zusammenhang mit der Versorgung privater Fernsehanstalten in München stand«. In dieser Beziehung habe die Bundespost »alle Möglichkeiten baulicher und rundfunktechnischer Art erschöpft. Es ist klargestellt worden, dass Ihnen persönlich und der OPD München in diesem Zusammenhang keine Vorwürfe gemacht werden können.«

Meiers Versetzung nach Hamburg, gegen die dieser rechtlich vorging, hatte mit der Aufdeckung des Ausschreibungsbetrugs zu tun, an dem auch hohe Postbedienstete beteiligt waren und den später der Bundesrechnungshof inhaltlich voll bestätigte. Die Gerichte und die Post drückten sich bis in die neunziger Jahre darum herum, die Konsequenzen aus diesen Feststellungen zu ziehen und Meier sowie seine tüchtige Arbeitsgruppe, die allen Anfeindungen zum Trotz den Millionenskandal aufgedeckt hatte, zu rehabilitieren. Wieder einmal waren Beamte, die Staats- und nicht Parteiinteressen verfolgten, auf politischer Ebene ins Zwielicht gezogen worden; wieder einmal wurden nicht die zur Rechenschaft gezogen, die den Skandal verursachten, sondern jene, die ihn aufdeckten. Zu Stoiber, der sich das zunutze machte, und dessen Brief an Strauß fällt Meier, inzwischen Pensionist, nur Folgendes ein: »Ohne ausreichenden Sachverstand und ohne die Fähigkeit, Probleme unvoreingenommen zu analysieren, setzt er seine Entschlüsse gegen alle vernünftigen Einwände durch. Geht die Sache schief, findet er immer einen Schuldigen.«

Wenigstens in einer Beziehung hatte Strauß mit dem Familiensender TV Weiß-Blau, aus dem sich Sohn Georg inzwischen längst zurückgezogen hat, Glück. Er lernte dort Renate Piller kennen, die vorher mit dem Chefredakteur Julian Gyger, dem früheren FDP- und späteren SPD-Sprecher im Landtag, befreundet war. Strauß und Renate Piller wurden ein Paar, der Ministerpräsident dachte sogar an eine zweite Ehe. Dazu kam es nicht mehr, die beiden hatten nicht mehr viel Zeit. Am 1. Oktober 1988 erlitt Strauß in Regensburg vor einem Jagdausflug mit Fürst Thurn und Taxis einen Kreislaufkollaps, an dessen Folgen er am 3. Oktober im Alter von 73 Jahren starb.

Aus den Rochaden, die danach in der CSU vorgenommen werden, geht Stoiber als Innenminister hervor. Auch Gerold Tandler, der liebste Jünger von Strauß, kommt nicht zum Zug. Er wird in das Finanzministerium abgedrängt. Beide werden durch Max Streibl und Theo Waigel von den beiden Spitzenämtern fern gehalten. Die teilen sich Streibl und Waigel, der eine wird Regierungschef, der andere Parteichef. Das soll eine gewisse Distanz zur Ära Strauß, aber auch zum Amigo-System signalisieren, das mit ihr zu Ende gegangen sei. Tandler und Stoiber können nicht aufbegehren, denn in dieser Situation darf in der CSU um Gottes willen kein Diadochenstreit ausbrechen. Der wird in einigen Jahren nachgeholt und Stoiber als Sieger sehen.

Einen Monat nach dem Tod von Strauß hat Stoiber ein Hintergrundgespräch mit bayerischen Journalisten. Schnell geht es um die damals alles beherrschende Frage: die Asylpolitik. Von diesem Treffen ist ein Zitat an Stoiber hängen geblieben, eigentlich das einzige markante, das geläufig ist und auf das seine Gegner immer wieder zurückgreifen. Er habe, heißt es, gegen eine »durchmischte und durchrasste Gesellschaft« polemisiert und sich damit einer rechtsextremen Ausdrucksweise bedient, die seine wahre Gesinnung zeige. Günter Grass hat dieses vermeintliche Zitat bereits in den Wahlkampf 2002 eingebracht. Dabei hat Stoiber damals alles andere getan, als nationalistisch zu hetzen. Er hat in seiner dreißigjährigen Laufbahn eigentlich genug Anfechtbares gesagt, als dass er ewig mit diesem einen differenziert zu beurteilenden Zitat identifiziert werden müsste.

Er redete über die »Republikaner« und dass diese in Münchner Stadtvierteln wie dem Westend, in dem die Ausländer die Mehrheit der Wohnbevölkerung stellten, auf Stimmenfang aus seien. Da komme der Sozialdemokrat Oskar Lafontaine daher und spreche von »Deutschtümelei«. Es folgte eine mehrminütige Stoibersche Suada, ein für ihn typischer Wortsteinbruch, in dem sich das Satzfragment fand, dass Lafontaine eine »multinationale« Gesellschaft wolle, die von den »Republikanern« und vielen Bürgern als »durchmischt und durchrasst« abgelehnt werde. Er aber wolle »Politik für die nationale Identität« machen.

Stoiber hat seinerzeit, vielleicht reflexhaft, mit unpassenden Worten referiert, aber nicht agitiert. Keiner der Journalisten sah sich veranlasst, aufzustehen und die Stätte zu verlassen, was einige mit Sicherheit getan hätten, wenn dort im Nazi-Jargon gesprochen worden wäre. Ein paar Minuten später hatten Egon Scotland (*Süddeutsche Zeitung*, 1991 im Reportereinsatz auf dem Balkan erschossen) und Friedrich Kurz (damals *Bild München*, jetzt ZDF) nachgehakt. »Stoiber machte eindeutig klar, dass er den Sprachgebrauch der Republikaner aufgenommen hat und sich diese Begriffe nicht zu Eigen macht. Ich finde es unfair, dass er ständig falsch zitiert wird«, erinnert sich Kurz an damals. Scotland, ein erfahrener Nachrichtenmann, maß der Aussage ebenfalls keine große Bedeutung bei. Er machte daraus keinen Aufmacher, sondern bettete sie in eine Betrachtung über den neuen Innenminister ein. Stoiber schickte tags darauf vorsichtshalber eine Presseerklärung hinterher, aber es war zu spät. Das Zitat verselbstständigte sich, die SPD machte einen »Rasse-Fanatiker auf einem Ministersessel« aus. Das war Stoiber nie, und heute sagt das auch die SPD nicht mehr. Aber das Zitat klebt an ihm wie Kaugummi an den Schuhsohlen.

Stoiber gelang es in den Jahren nach 1988, seinen Stellenwert in der CSU beträchtlich zu erhöhen und populär zu werden. Er nahm der Basis durch schneidiges Auftreten die Angst, nach dem Tod von Strauß könne die CSU ihr scharfes Profil verlieren. Erstmals war Stoiber als Innenminister eine eigenständige Persönlichkeit, die sich nicht mehr nur über sein stets unerreichbares Vorbild Strauß definieren musste. Bisher hatte er eine dienende Funktion gehabt, und er hatte mit oder ohne Auftrag von Strauß nach Belieben Minister, Abgeordnete, Parteifunktionäre, Journalisten, Schriftsteller gedeckelt und gemaßregelt. Jetzt hatte er eine eigene Aufgabe und musste nicht mehr intrigieren. Er hielt sich nicht lange mit Zorn darüber auf, dass er im zweiten Glied hängen geblieben war.

Die Lücke, die Strauß hinterlassen hatte, konnte für die CSU niemand füllen. Doch das Duo Streibl/Waigel hatte einen passablen Start und Stoiber leistete im Sinn der CSU einen großen Beitrag dazu. Er widmete sich seiner neuen Aufgabe im Innenministerium und als Leiter der CSU-Grundsatzkommission. Waigel rettete Bundeskanzler Kohl 1989 aus einer veritablen Krise, indem er als Finanzminister der Bundesregierung beitrat. Die Übernahme des Amts, in dem unpopuläre Entscheidungen getroffen werden müssen, führt freilich in der CSU bald zu Reibereien. Von Waigels »Steuerlüge« ist plötzlich die Rede und davon, dass er an Autorität in der CSU verliere. Stoiber ist schnell einer der Wortführer gegen Waigel. Er ist inzwischen einer von dessen Stellvertretern geworden und entwickelt mit Streibl eine Art »Doppelkopf-Strategie«. Sie geht so: In Bayern wird gegen Bonner Entscheidungen opponiert, in Bonn beschließt die CSU die in Bayern kritisierten Maßnahmen mit.

Da die »Republikaner« weiter recht lebendig waren und bei der Europawahl 1989 mit einem Ergebnis von knapp 15 Prozent in Bayern für Alarmstimmung sorgten, entwickelte Stoiber erst recht ein hartes Profil: Er betrieb weiter den Abbau des Asylrechts bis hin zur Aufforderung, notfalls auch einen Verfassungsbruch einzukalkulieren. »Wir werden prüfen, wie weit wir mit einfachen Gesetzen gehen können, um den Asylmißbrauch zu lösen«, sagt Stoiber auf einem CSU-Parteitag 1992; wer dann die Verfassungsmäßigkeit bestreite, »soll vor das Bundesverfassungsgericht ziehen«. Ohne dass Stoiber vom Podium aus eingreift, schmäht der CSU-Bundestagsabgeordnete Gerhard Scheu die Bundesrepublik, die von den Asylbewerbern zum »Dorfdepp der Welt« gemacht wird. »Wo bleibt die Autorität in diesem Scheißstaat?«, fragt der Abgeordnete. Stoiber brachte einen Gesetzentwurf durch, der es der Polizei mit richterlicher Genehmigung ermöglichte, die bisher auf 48 Stunden begrenzte Vorbeugehaft – offiziell »Unterbindungsgewahrsam« – auf 14 Tage auszudehnen, und wollte das berüchtigte CS-Gas sogar bei Polizeieinsätzen in geschlossenen Räumen zulassen. Der darin enthaltene Kampfstoff gehört zu den chemischen Waffen, deren Einsatz im Kriegsfall geächtet ist. Bei einem Weltwirtschaftsgipfel ließ Stoiber seine Polizei in München brutal gegen Demonstranten vorgehen.

Kurz vor dem Ziel: 1993 mit Gerold Tandler und Max Streibl auf einer Pressekonferenz

Streibl geht, Stoiber kommt: Händedruck nach dem Rücktritt 1993

Mit Peter Gauweiler 1993 beim Oberbürgermeister-Wahlkampf in München.

Fragile Doppelspitze: Parteichef Theo Waigel und Ministerpräsident Edmund Stoiber auf dem Kleinen CSU-Parteitag 1998

Stoiber als neuer CSU-Vorsitzender auf dem Parteitag 1999 mit den Stellvertreterinnen Barbara Stamm (links), Monika Hohlmeier (rechts) und dem Vorgänger Theo Waigel

Hör ich da das Wort Kandidatur, Frau Merkel?

Bei Sabine Christiansen war Stoiber im Januar 2002 noch nicht in Form

Der Kandidat und sei Konterfei: Wahlkampfauftakt im Januar 2002 in Frankfurt

Beim Starkbieranstich im März 2002 in München mit Ehefrau Karin, die den Senf reicht

Die Rivalen: Stoiber attackiert Schröder im Bundestag 1999

Stoiber verfolgte zusammen mit Peter Gauweiler, den er allerdings im Innenministerium vom Polizeistaatssekretär zum Staatssekretär für die Oberste Baubehörde abgedrängt hatte, weiter seine Gedankenspiele, die CSU über Bayern hinaus auszudehnen. Zwar sahen die Wahlforscher im Gegensatz zu 1976 außerhalb Bayerns kein ausreichendes Potenzial für die CSU mehr, aber so schnell gibt ein Stoiber nicht auf. Natürlich stand nach wie vor die Drohung der CDU im Raum, jede Form von Ausdehnung mit einem Einmarsch in Bayern zu beantworten. Der Fall der Mauer und die Wiedervereinigung 1990 brachten neue Aktualität in die Debatte, die CSU geriet in Zugzwang. Deutschland wurde größer, Bayern und die CSU blieben gleich groß. Stoibers Versuche, mit der Deutschen Sozialen Union (DSU) in den neuen Ländern eine Art Dependance zu eröffnen, scheiterten kläglich. Unverzüglich wollte Stoiber die PDS vom Verfassungsschutz überwachen lassen, und die bayerische Regierung meint, mit ein paar hundert Millionen seien die deutschen Länder leicht zu sanieren und in die Bundesrepublik zu überführen. Die Wahlen im Herbst 1990 für den Bundestag und den bayerischen Landtag enthoben die CSU jeder Sorge. Im Taumel der Wiedervereinigung wurden CDU und CSU in beiden Parlamenten eindeutig bestätigt.

Im Mai 1991 wurden durch ein Machtwort von Kohl und Waigel, die sich eng verbündet hatten, bei einem Strategiegipfel der Union im schwäbischen Kloster Irsee alle Ausdehnungspläne endgültig ad acta gelegt. Nur Gauweiler leistete noch Widerstand, Stoiber gab klein bei. Sein »Ausdehnungspapier«, das im Oktober 1991 der *Süddeutschen Zeitung* zugespielt wurde, änderte nichts daran. Es ist vor der Irseer Klausur konzipert worden, im März 1991. Interessanter ist ein anderer Aspekt. Die Expertise, die als Vorlage für das Parteipräsidium gedacht war, ist unzweifelhaft im Innenministerium konzipiert und geschrieben. Sie stammt von der Kerntruppe, die Stoiber dort unter der Leitung des Ministerialrats Walter Schön um sich geschart hatte: der so genannten Führungshilfe.

Autor der Studie ist »Führungshilfe 3«, der Oberregierungsrat Michael Höhenberger. Das widerspricht der Trennung von Regierungs- und Parteiamt, auch wenn das Innenministerium beteuert, der Beamte habe die Arbeit in seiner Freizeit verfasst.

Der Landtag setzt auf Antrag der SPD einen Untersuchungsausschuss ein, weil sich die Vermengung von Staats- und Regierungsaufgaben häuft. Vor CSU-Parteitagen sind Beamte der einzelnen Ministerien damit ausgelastet, Anträge für die Versammlung zu begutachten und juristisch abzusichern. Im Ausschuss ergibt sich, dass gegen das Beamtengesetz und die Verordnung über Nebentätigkeiten verstoßen worden war. Genehmigungen für eine Nebentätigkeit im Dienst zugunsten der CSU sind nachträglich ausgestellt und zurückdatiert worden. Der Minister und seine Beamten bestätigen sich als Zeugen gegenseitig die Richtigkeit ihrer Versionen. Das verbindet die drei Herren seitdem. Die Beamten stehen auch im Wahlkampf an der Seite von Stoiber: Schön als Amtschef der Staatskanzlei, Höhenberger als Landesgeschäftsführer der CSU und faktischer Generalsekretär, der Thomas Goppel inzwischen in der Parteileitung nahezu isoliert hat.

15 Doppelspitze mit Waigel

Einer der ersten Termine des neuen bayerischen Ministerpräsidenten Edmund Stoiber war ein Besuch am Grab von Franz Josef Strauß in Rott am Inn. Für alle sichtbar wollte er an die Tradition des Mannes anknüpfen, dem er seine Karriere zu verdanken hatte und dem er das durch zehn Jahre treuen Dienst entgolten hatte. So aufrichtig diese Geste auch gewesen sein mag, sie war auch berechnend. Strauß hatte und hat bei einem Teil der CSU-Wählerschaft einen ungebrochenen Nimbus, der auch durch das Hervortreten seiner Selbstbedienungsmentalität und der Skandale, die er zu Lebzeiten verursacht hatte, nicht gemindert wurde. Strauß war für einen Teil der Bayern die Verkörperung des weiß-blauen Selbstbewusstseins, das gegenüber Auswärtigen manchmal ohnehin schwach ausgeprägt ist. »Der hats eahna gsagt«, erinnern sich seine Anhänger gern und meinen damit, dass Strauß sich nichts hat gefallen lassen. So einer wollte Stoiber auch werden.

Andererseits wusste er als kluger Analytiker und genauer Beobachter, dass es in Bayern so nicht weitergehen konnte. Noch war ja nichts erreicht, außer dass es einen neuen Ministerpräsidenten gab. Der Schock in der CSU saß tief, weniger deshalb, weil sich Streibl als zugänglich für Zuwendungen aller Art erwiesen hatte, sondern weil die CSU erstmals seit Jahrzehnten besiegbar erschien. Noch bis ins Jahr 1994 sagten ihr die Umfragen einen Stimmenanteil von nur 40 bis 42 Prozent voraus. Für die CSU war es ein Glück, dass erst im Herbst 1994 Wahlen bevorstanden. Wäre die Amigo-Affäre in einem Wahljahr ans Tageslicht gekommen, hätte die CSU womöglich erstmals seit dreißig Jahren die absolute Mehrheit verloren. Stoiber war von der Landtagsfraktion zum Nachfolger gewählt worden, weil man ihm eher als Waigel zutraute, das zu verhindern und die verbleibende Zeit zu nutzen, die CSU aus den negativen Schlagzeilen zu bringen.

Dem ersten Kabinett, das er bildete, konnte er noch nicht viel eigene Kontur geben. Die Personaldecke der CSU ist bis heute kürzer, als man bei ihrer Allmacht in Bayern annimmt; das mag daran liegen, dass sich seit geraumer Zeit immer weniger fähige Leute für eine Politikerlaufbahn entscheiden und lieber anderswo Karriere machen. Deshalb ist selbst die große CSU-Landtagsfraktion kein Reservoir von politischen Talenten. Außerdem wollte Stoiber bei seiner ersten Regierungsbildung so behutsam wie möglich vorgehen. Er hatte bei seinem Duell mit Waigel so viel Unterstützung gefunden, dass er sorgfältig zwischen Erneuerung und Festhalten an bewährten, verlässlichen Kräften austarieren musste.

In Bayern eine Regierung zu bilden ist ohnehin eine Gratwanderung, auch wenn die CSU seit vierzig Jahren dabei keine andere Partei berücksichtigen muss. Der regionale Proporz zwischen Altbayern, Franken und Schwaben muss beachtet werden, dazu der konfessionelle Proporz zwischen Katholiken und Protestanten, die Frauen sollten besser repräsentiert werden und die Jüngeren auch. Zudem steuerte Stoiber von Anfang an einen Kurs der Reduzierung von Posten, auch in der Regierung. Mit dem Programm »schlanker Staat« blieb er bald stecken; erst ab 1998 sparte er ein paar Staatssekretäre ein. Die Hauptlast der Verschlankung hatten die einfacheren Ränge in der Staatsverwaltung zu tragen, was dazu führte, dass in Finanzämtern und bei der Betriebsprüfung Milliarden von Mark nicht für die Staatskasse eingetrieben werden konnten.

Ausgenommen von der Verschlankung war auch die Staatskanzlei, die Stoiber zielstrebig zu seiner Machtzentrale ausbaute. Er war ja nicht, wie Strauß, zusätzlich Parteivorsitzender und musste nach den Querelen mit Theo Waigel damit rechnen, dass ihm die Parteileitung keineswegs nach Belieben zuarbeitete. Aus dem Innenministerium brachte er seine Führungshilfen Walter Schön, Michael Höhenberger, Friedrich Wilhelm Rothenpieler und Ulrich Wilhelm mit, die das in der CSU bald argwöhnisch beobachtete Küchenkabinett bildeten. Sie waren für Stoiber auch die Abteilung »Strategie und Logistik«, in der Staats- und Parteiinteressen vermischt wurden. Die Trennung dieser Bereiche, die verfassungsrechtlich geboten ist, gilt bei Stoiber als altmodisch; das halten andere deutsche Ministerpräsidenten freilich nicht viel anders.

Förderer seines Kurses und seiner Nominierung zum Regierungsschef rückten 1993 im Ministerrat auf, dem Stoiber von Anfang an klarmachte, dass er auf Loyalität und Unterordnung größten Wert lege. Wer das nicht beherzige, sei »schnell wieder draußen«. Sein Glaubensbruder vom Tuntenhausener Männerverein, Hans Zehetmair, wurde sein stellvertretender Ministerpräsident und blieb Kultusminister, sein getreuer Staatssekretär Günther Beckstein stieg zum Innenminister auf und blieb es bis heute. Er hat Zehetmair inzwischen auch als Stoibers Stellvertreter abgelöst, der als Wissenschaftsminister nach wie vor der Regierung angehört.

Den zweiten Staatssekretär aus dem Innenministerium, Herbert Huber, machte Stoiber zum Leiter seiner Staatskanzlei. An dessen Stelle rückte sein Freund Alfred Sauter, der bald darauf auch Chef des Aufsichtsrats der Landeswohnungs- und Städtebaugesellschaft (LWS) wurde. Diese eigentlich mehr für die Verwaltung von Sozialwohnungen und für die Beratung von Kommunen in städtebaulichen Fragen gegründete Staatsfirma hatte Stoiber noch als Innenminister 1991 entgegen den Warnungen des Finanzministeriums auf das Bauträgergeschäft in den neuen Bundesländern angesetzt. Sauter sollte dafür sorgen, dass die längst beschlossenen und begonnenen Projekte zügig realisiert wurden.

Otto Wiesheu, unter Streibl als Staatssekretär für Wissenschaft und Kunst fehlbesetzt, wurde Wirtschaftsminister, als dessen Staatssekretär rückte ein alter Stoiber-Weggefährte, Hans Spitzner, ins Kabinett. Ausgemustert wurden August Lang und die Justizmininisterin Mathilde Berghofer-Weichner, die sich vorher stark für Stoiber engagiert hatte und, wie Lang, entsprechend enttäuscht war. Die Clans früherer Ministerpräsidenten wurden wie in einer Dynastie von Stoiber im Kabinett verankert. Damit wollte er sich den Rücken freihalten. Mit der Ernennung von Strauß-Tochter Monika Hohlmeier zur Staatssekretärin für Unterricht und Kultus beruhigte Stoiber die weiterhin aktive Strauß-Gemeinde, auf deren Exponenten er künftig aber keine Rücksicht mehr nehmen wollte, hießen sie nun Karlheinz Schreiber oder Karl Desch, Gerold Tandler oder Peter Gauweiler, der noch unter Streibl Umweltminister geworden war.

Dass Monika Hohlmeier keinerlei Voraussetzungen für ihr

Regierungsamt mitbrachte, war nicht so wichtig. Hans Zehetmair passte schon auf sie auf. Er musste sie bald zusammenstauchen, weil ihr Bruder Max mit ihrer Hilfe versucht hatte, mit dem Kultusministerium Geschäfte anzubahnen. Thomas Goppel blieb zunächst Europaminister und rückte später, als Stoiber Gauweiler in die Wüste schickte, zum Umweltminister auf. Vater Goppel war 1978 von Strauß als Regierungschef abgelöst worden, der Name hatte vor allem in der Beamtenschaft einen guten Klang, weil er für ordentliche Verwaltung stand. Sein Filius hat es nicht so weit gebracht, er ist inzwischen zu Stoibers Generalsekretär ohne Portefeuille degradiert worden. Er darf noch repräsentieren und debattieren, die programmatische Arbeit machen Stoibers Führungshilfen.

Schon zu Beginn seiner Amtszeit war Stoiber klar, dass es sinnvoll sein würde, zu gegebener Zeit Regierungsamt und Parteivorsitz wieder in einer Person zu vereinen. Mit seinem Posten als Finanzminister war Waigel in der Phase des Niedergangs der Kohl-Regierung nicht gerade der populärste CSU-Politiker, und Stoiber tat wenig dazu, die Last des Regierens in Bonn und später in Berlin solidarisch mit zu tragen. »So geht es auch nicht, dass die in München immer nur für das Gute und Schöne zuständig sind und wir für die Drecksarbeit«, äußerten damals unabhängig voneinander Waigel und ähnlich sein Verbündeter in Bonn, Horst Seehofer.

Auf den Kreuther Klausurtagungen kam es bis 1998 regelmäßig zum Krach; 1996 berichtete ein Teilnehmer aus der internen Sitzung, Stoiber habe sich »aufgeführt wie ein Brüllaffe«. 1997 wurde dort über die Gesundheitsreform gestritten, die Stoiber bei den Krankenhauskosten im Bundesrat nicht mit tragen wollte. Seehofer unterbrach Stoibers Redeschwall mit den Worten: »Hör auf, hör auf Edmund! Alles falsch.« Bundespostminister Wolfgang Bötsch, ein an sich geduldiger Unterfranke, konnte in der *Bild*-Zeitung einen an ihn gerichteten Brief Stoibers lesen, den er noch gar nicht erhalten hatte und in dem er heftig wegen Telekom-Gebührenerhöhungen gerüffelt wurde. Das sei »hinterhältig«, sagte Bötsch. Waigel steuerte bei, in der Stoiber-Regierung werde »dummes Zeug« geredet, wenn öffentlich eine Mehrwertsteuer-Erhöhung propagiert werde.

Trotzdem funktionierte die »Doppelspitze« Stoiber/Waigel nach außen leidlich, weil bisweilen der Eindruck entstand, die Kontroversen seien zum Nutzen der CSU abgesprochen, um je nach Bedarf als Regierungspartei oder als Opposition vor die Wähler treten zu können. Doch Waigel und seine Bonner Truppe litten unter dieser Strategie, abgesprochen war sie so nicht. Stoiber war immer der Antreiber und Anwalt der Bürgerinteressen, die Bonner waren die Nichtskönner und Geldverschwender. Auf diversen Krisengipfeln in Kreuth oder im Kloster Andechs musste sich die CSU dann noch mit dem immer selbstgefälliger werdenden Bundeskanzler Helmut Kohl einigen. Stoiber verbreitete stets den Eindruck, Waigel sei gegenüber Kohl zu nachgiebig. Waigel konterte, wenn Stoiber Kohl gegenübersitze, fehle es ihm an Durchsetzungsfähigkeit oder er schwadroniere über Allerweltsprobleme wie Autobahngebühren oder Sperrzeiten für Biergärten, als ob er sich auf einem Weltwirtschaftsgipfel befände.

Dem Land Bayern und der CSU hat dieser aggressive Politikstil, den Stoiber einführte, keineswegs geschadet. Früher war die programmatische Friedhofsruhe der Partei beklagt worden, der Mangel an Diskussion, der Parteitage manchmal wie Jubelveranstaltungen in Nordkorea wirken ließ. Fraglich blieb, ob Stoiber immer die richtigen Themen hochzog. Die CSU-Wähler honorierten es aber, dass Fragen wie die Einführung des Euro, die Steuerpolitik oder die Reform des Länderfinanzausgleichs kontrovers diskutiert wurden. Stoiber betonte gegenüber Waigel bis hin zur Rücksichtslosigkeit ständig die strikte Einhaltung der festgelegten Kriterien und des Zeitplans für die Umstellung auf die neue Währung, als ob der Finanzminister anderes im Sinn gehabt hätte.

Er wusste genauso gut, dass die neue Währung, die vom Münchner CSU-Chef Peter Gauweiler zur Unterstützung Stoibers »Esperanto-Geld« genannt worden war, viele Leute ängstigte. Stoibers immer wieder ausgespielter Standortvorteil gegenüber Waigel bestand darin, dass er als Landespolitiker völlig unbekümmert auftreten konnte, während der Bundesfinanzminister gegenüber anderen europäischen Ländern und in der Bonner Koalition diplomatisch agieren musste. Beides war zum Nutzen der CSU, aber besonders verantwortungsbewusst war es nicht. Auch jeder künftige Partner Stoibers in einer Bundesregierung müsste damit rechnen, dass Harmonie nicht zu den Grundbedürfnissen des Bayern gehört und Absprachen mit ihm schwer auszuhandeln sind. Wenn ihm der Wind entgegenbläst, dann braucht Stoiber regelmäßig einen Sündenbock, und der ist bekanntlich kein Herdentier.

Da die bayerische Regierung unter Stoibers Einfluss stets mit relativ solide finanzierten Staatsetats aufwartete, den Industriestandort Bayern weiter stärkte, indem sie Staatsbeteiligungen verkaufte und die Milliardenerlöse investierte, hatte der bayerische Ministerpräsident von Anfang an durchaus gute Argumente für seinen Kurs. Die Dauerdebatte um den Euro zog auch Wähler vom rechten Rand an, für die der Verzicht auf die D-Mark eine nationale Schande war. Das Potenzial war interessant für die CSU und seine Integration in eine demokratische Partei nicht unwichtig für das Gemeinwesen, da die Ultrarechten dort weniger Schaden anrichten konnten als in den kleinen rechtsradikalen Gruppierungen. Untersuchungen hatten gezeigt, dass viele der »Republikaner«-Anhänger Protest- und Wechselwähler waren, die übrigens nicht nur von der CSU, sondern auch von der vernachlässigten, die Ausländer als Konkurrenten um die Arbeitsplätze fürchtenden Arbeiterschaft aus der SPD kamen.

Dieser Wettbewerb um Wähler in einer Zeit, da die CSU wegen der noch nicht ausgestandenen Amigo-Affären schlechte Umfragewerte hatte, führte zwar äußerlich zu einer strikten Abgrenzung gegenüber den Rechtsradikalen. Die hatte Stoiber schon als Innenminister verfolgt, sein Nachfolger in diesem Amt, Günther Beckstein, setzte sie fort. Allerdings mussten die ultrarechten Wähler auch mit inhaltlichen Zugeständnissen zur CSU gelockt werden, und deshalb setzten Stoiber und Beckstein trotz des Asylkompromisses mit der SPD ihren Kampf gegen das Grundrecht auf Asyl fort. Das war damals deswegen unverantwortlich, weil sich Brandanschläge auf Heime und Häuser von Ausländern häuften, Tote zu beklagen und rassistisch motivierte Überfälle auf offener Straße an der Tagesordnung waren. Selbst vor dem Kirchenasyl machten Stoiber und Beckstein nicht Halt. Dabei fiel ihnen in der CSU niemand in den Arm, auch nicht Waigel.

Das Schlimmste an diesen Ausfällen war, dass sie taktisch bedingt waren und schutzsuchende Menschen für politische Strategien herhalten mussten. Stoiber ist weder Rassist noch Ausländerfeind, sondern in erster Linie einer, der Themen besetzt. Ob es um Kruzifixe in Klassenzimmern oder um die Schwangerenberatung geht, um längere Öffnungszeiten für Biergärten oder um eine Autobahnvignette, damit die Österreicher in Bayern auch was bezahlen – Stoiber und seine Helfer machen eine Aktion daraus. Wenn Stoiber glaubt, dass es von ihm erwartet wird, hält er – als erster bayerischer Ministerpräsident überhaupt – eine Rede im ehemaligen Konzentrationslager Dachau und stellt Geld für den Ausbau der Gedenkstätte zur Verfügung. Die Ansprache zum 50. Jahrestag der Befreiung des Konzentrationslagers war bemerkenswert und stieß bei der extremen Rechten auf erbitterte Ablehnung. Er hat sich aber genauso an der grundsätzlichen Verteufelung der inzwischen überarbeiteten Wehrmachtssaustellung beteiligt. Er hat die Industrie für die Zögerlichkeit bei den Verhandlungen um Entschädigung für die Arbeitssklaven des Dritten Reichs heftig kritisiert und sich für die »unangreifbare Traditionspflege« der 1. Gebirgsdivision ausgesprochen. Diese Truppe hat in der Nazi-Zeit eine breite Blutspur durch Europa gezogen.

Die in Bayern lange Zeit gefährlichen »Republikaner« zeigten zu Beginn seiner Amtszeit nach internen Zerwürfnissen Tendenzen, sich aufzulösen, und fielen nach dem Ausschluss des Mitbegründers und Zugpferds Franz Schönhuber 1994 mit Ausnahme von Baden-Württemberg der Bedeutungslosigkeit anheim. Da war für die CSU viel zu erben. Stoiber umwarb auch den erfolglosen Rechtspopulisten Manfred Brunner, der früher Landesvorsitzender der FDP war und in einem »Bund Freier Bürger« Euro-Skeptiker und National-Liberale zu versammeln versuchte. Bestrebungen des bayerischen Ministerpräsidenten, Brunner in die CSU zu holen, scheiterten am erbitterten Widerstand Waigels und des Generalsekretärs Erwin Huber. Mit Stoiber und Gauweiler hatte der Bundesfinanzminister und CSU-Chef schon genug Kritiker in den eigenen Reihen.

Stoiber wusste sich einig mit dem niedersächsischen Ministerpräsidenten Gerhard Schröder, der ebenfalls eine Verschiebung des Euro in Kauf nehmen wollte, wenn die Kriterien nicht erfüllt würden. Heute sind Schröder und Stoiber glühende Euro-Verfechter, der bayerische Ministerpräsident mit der für ihn typischen Begründung, dass er sich eben mit seinen Mahnungen durchgesetzt und der Europawährung damit erst zu ihrer Qualität verholfen habe. Das hört Waigel nach seinem Rückzug aus der »großen« Politik natürlich nicht so gern.

Auch Stoibers Eintreten für eine Änderung des Länderfinanzausgleichs zugunsten Bayerns wurde von den meisten Bayern mit getragen, weil es ihnen suggerierte, dass sie dann mehr Geld bekommen würden. In diesem Punkt wirkte Stoiber von Anfang an äußerst provinziell und eigensüchtig, als typischer Regionalpolitiker ohne Gefühl für die föderalistische Solidargemeinschaft, der Bayern viel zu verdanken hat. Bayern war inzwischen ein »neureiches« Bundesland geworden, das kräftig in die Kassen ärmerer Länder zahlte. Mit der Überlegung, dass Bayern früher Unmengen von Zuschüssen von anderen Ländern bekommen hatte und weiterhin aus diversen Bundestöpfen Ausgleichszahlungen etwa für die marode Landwirtschaft kassierte, hielt sich der Ministerpräsident nicht lange auf. Er rechnete den Leuten vor, von jeder in Bayern sauer verdienten Mark würden fünfzig Pfennig in anderen Bundesländern verbraten, und suggerierte, dass faule Länder wie Bremen oder das Saarland oder der »Osten« auf Kosten des Freistaats lebten.

Auf dem CSU-Parteitag 1997 verhinderten Waigel, Seehofer und Michael Glos, der Chef der CSU-Bundestagsabgeordneten, die schlimmsten Ungerechtigkeiten vor allem gegenüber den neuen Bundesländern, woran Stoiber im Wahlkampf 2002 nicht mehr gern erinnert wird. Damals ließ Stoiber seine Gefolgsleute harte Einschnitte für die neuen Länder bei den Ausgleichszahlungen im Sozialbereich fordern. Seehofer wies ihn darauf hin, dass sich die Forderungen kaum rechnen würden, weil dann Fördermittel auch für Bayern wegfielen. Die verbleibende gesparte Summe lohne den Eklat nicht, der damit in den neuen Bundesländern ausgelöst würde.

Stoibers Besuch am Strauß-Grab zum Auftakt seiner Ministerpräsidentenzeit 1993 konnte nicht kaschieren, dass er von Anfang an vorhatte, sich von seinem Idol abzusetzen. Strauß war bayerische Geschichte, konnte aber nicht mehr Gegenwart sein, auch wenn überall im Bayernland Denkmäler errichtet, Straßen und sogar der Münchner Flughafen nach ihm benannt wurden. Vor dem CSU-Parteitag 1993 hatte Parteichef Theo Waigel Mühe, Stoiber von allzu deutlichen Hinweisen auf eine notwendige Umkehr abzuhalten. Er tat das, so wie schon in den Zeiten, als sich Stoiber von Streibl abzusetzen begann, intern auch mit dem Hinweis, den neuen Ministerpräsidenten könnten dann die Strauß-Zeiten schneller einholen, als ihm lieb sei.

Es war eine eher skurrile Situation: Waigel, der stets Distanz zu Strauß gehalten und seine Eskapaden wenn schon nicht kritisiert, so doch innerlich abgelehnt hatte, wurde zum Strauß-Verteidiger, Stoiber, der Strauß-Eleve, versuchte mit gutem Grund, sich abzuwenden. Waigel fürchtete, Stoibers Versuche, eine neue CSU-Identität zu schaffen, könnten die CSU spalten, wenn sie nicht vor dem Idol Strauß Halt machten. Der neue Ministerpräsident hatte 1993 dem neuen CSU-Grundsatzprogramm, an dem er seit 1988 arbeitete und mit dessen Entwurf er die Parteigliederungen bereist hatte, einen beziehungsreichen Titel gegeben. »In Freiheit dem Allgemeinwohl verpflichtet«, lautete die Botschaft, die nicht mehr besagen sollte, als dass die Zeit der Amigos vorbei sein würde.

Die Enthüllungen aber waren mit dem Amtsantritt von Stoiber nicht zu Ende gegangen. Die Zwick-Affäre kam 1993 mit aller Wucht und mit allen Details einschließlich der Stoiber-Paraphen auf den Akten an die Öffentlichkeit. Stoiber und sein Finanzminister Georg von Waldenfels mussten den Erlass von 62 Millionen Mark Steuern nachträglich aufheben, die Steuerbehörden anweisen, im letzten Winkel der Welt nach Zwick-Geld zu suchen, und verlangen, dass alle an der Affäre Schuldigen bestraft werden müssten. Die Beamten im Finanzministerium waren verblüfft, denn die Zwick-Begünstigung war ja mit höchstem Segen erfolgt. »Plötzlich war Blasmusik gefragt«, sagte einer der Beamten im Zwick-Prozess, an dessen Ende ein Freispruch stand. Eduard Zwick war 1998 gestorben, sein Sohn Johannes, der Beihilfe angeklagt und zeitweise eingesperrt, wurde von seinem Verteidiger Günter Kohlmann herausgepaukt. Der Steuer- und Verjährungsspezialist von der Universität Köln wies nach, dass die

Behörden geschlampt hatten und der Fall verjährt war. Das Schlussurteil des Landgerichts Hof war eine schallende Ohrfeige für die bayerische Verwaltung. Ein anderer Steuerexperte, der Münchner Fachanwalt Peter Spörlein, nervte die CSU-Regierung wegen offenkundiger Fehler bei der Zwick-Besteuerung so lange, bis sie beim Nürnberger Finanzpräsidenten Hans-Peter Müller-Faßbender ein Gutachten in Auftrag gab. Obwohl man damit nicht den progressivsten Sachverständigen ausgesucht hatte, wies er nach, dass von den Zwick-Erben tatsächlich ein zweistelliger Millionenbetrag nachzufordern war. Dieser Teil der Affäre liegt noch bei den Finanzgerichten.

Die Begünstigung Zwicks war vor Stoibers Zeit als Ministerpräsident passiert, zu Zeiten, da Strauß sich auffällig um den Fall gekümmert hatte und Stoiber sein Staatssekretär war. Tatsache ist, dass der bayerische Fiskus inzwischen durch glückliche Fügung das 200-Millionen-Mark-Vermögen des schrulligen Zwick in geheimen Trusts im Offshore-Paradies Jersey ausfindig machen und die Steuerschuld, mit Zinsen und Strafgebühren rund 90 Millionen Mark, eintreiben konnte. Zeitweise hatten die damit befassten Anwälte aber das Gefühl, als müsse man dem Finanzministerium das Geld ins Haus bringen.

Stoibers früherer Kampfgefährte Gerold Tandler sorgte wegen seiner Zwick-Darlehen und seiner Versuche, den Schuldendienst für sein Altöttinger Hotel aufzubringen und die Banken ruhig zu halten, 1993 weiter für Schlagzeilen. Er war der eigentliche Grund für Stoibers Versuch, auf dem Parteitag 1993 einen neuen Kurs vorzugeben. Waigel brachte ihn davon ab, Tandler beteuerte, bevor er als stellvertretender Parteivorsitzender wieder gewählt wurde, nun sei alles Belastende bekannt. Kaum war der Parteitag vorbei, gab es die nächste Enthüllung. 1994 legte Tandler zermürbt sein letztes Parteiamt nieder.

Auch an einer anderen Front gab es massiven Ärger. Ein weiterer Strauß-Jünger, Peter Gauweiler, war 1993 von Stoiber gedrängt worden, in München für das Amt des Oberbürgermeisters zu kandidieren. Der populäre Sozialdemokrat Georg Kronawitter, der unschlagbar gewesen wäre, trat nicht mehr an, hatte allerdings rechtzeitig mit Christian Ude einen passablen Bewerber für die Nachfolge aufgebaut. Trotzdem war Gauweiler nicht ohne Chancen. Seine Rednergabe sicherte ihm volle Säle und Bierzelte, in denen er zur Sache ging, meistens polemisch, nicht selten demagogisch und immer hart am rechten Rand. Das galt vor allem für seine Attacken auf das Asylrecht und für seine rigiden Vorschläge zum Umgang mit Aids-Kranken. Auch fand er nichts dabei, mit dem österreichischen Rechtsaußen Jörg Haider von der FPÖ aufzutreten. Die rote Hochburg München zu erobern, in der mit Erich Kiesl nach dem Zweiten Weltkrieg nur einmal ein CSU-Politiker für eine Amtszeit regierte, wäre ein Signal für eine Trendwende bei der CSU gewesen. Stoiber setzte große Hoffnungen in Gauweiler.

Mitten im Münchner Wahlkampf kam durch eine Recherche des Magazins *Stern* heraus, dass der Rechtsanwalt Gauweiler, ehe er in die Politik gegangen war, seine zum Teil hoch profitablen Mandanten an eine große Münchner Anwaltskanzlei vermakelt hatte. *Stern*-Reporter Wolfgang Krach hatte zudem herausgefunden, dass Gauweiler von dieser Kanzlei monatlich 10 000 Mark kassierte. 1,3 Millionen Mark hatten sich seit 1982 angesammelt. So sehr Gauweiler auch darauf beharrte, dies sei sein gutes Recht und er habe sich nichts vorzuwerfen, die »Kanzlei-Affäre« wurde dennoch Thema des Kommunalwahlkampfs. Es gab Hinweise, dass Gauweiler als Umweltminister an einer Entscheidung beteiligt war, die zu einem Mandat für die Kanzlei geführt hatte, bei der seine Mandanten geparkt waren.

Er verlor die Oberbürgermeisterwahl gleich im ersten Wahlgang deutlich gegen den Sozialdemokraten Ude, obwohl er fast 20 Prozent Stimmen mehr hatte als der vorige Kandidat der CSU. Als Umweltminister konnte er sich auch nicht mehr lange halten. Die Bundesregierung hatte seine Vertragsgestaltung mit der Partner-Kanzlei als unzulässig bezeichnet, ein Gutachten des konservativen Verfassungsrechtlers Hans Domcke war für Gauweiler weder Fisch noch Fleisch. Für Stoiber war es der Anlass, die Geschäftsordnung des Kabinetts so zu ändern, dass Regierungsmitglieder in Aufsichtsgremien nicht mehr abstimmen durften, wenn eigene Interessen berührt waren. In seiner Doktorarbeit hatte Gauweiler diesen Zielkonflikt, dem er schließlich selbst zum Opfer fiel, ausführlich beschrieben.

Mit einer bizarren Rede verabschiedete sich der Umweltminister im Februar 1994 von seinen Anhängern in einem überfüllten Münchner Bierkeller. Er gab sich als Opfer aus, dem seine Treue zu Strauß zum Verhängnis geworden war: »Lasst nicht zu, dass die Treuesten der Treuen die CSU verlassen!«, rief er und verabschiedete sich bei den verhassten Journalisten: »Pfüad euch Gott, Arschlöcher!« Die große Fotografin Herlinde Koelbl hat für ihr Buch *Spuren der Macht* Politikerinnen und Politiker über sieben Jahr hinweg begleitet, immer wieder porträtiert und befragt. Gauweiler sagte ihr 1994, als sie ihn nach den Konflikten mit dem Ministerpräsidenten befragte: »Stoiber kennt sich mit den ganzen parteiinternen Machtstrukturen bestens aus. Ich dagegen mache keine Politik für die Partei. Mir war es immer wichtig, um die Liebe des Volkes zu kämpfen. Und die kriegt man nur, indem man sich in Gefahr begibt ... Stoiber fehlt das Öl der Liebe. Wir kommen da aus verschiedenen Denkschulen. Mir geht es um die Sache, ihm eher um die Taktik.« Er sei »auf eine bestimmte Weise ihm und seiner Kampftechnik nicht gewachsen ... Aber für mich ist das keine Kampftechnik, die zu einem guten Kampf führt, und ich will mich auch gar nicht auf sie einlassen.« Im Wahlkampf 2002 werden Stoiber und Gauweiler wieder aufeinander treffen. Gauweiler strebt in den Bundestag, er sagt, dass sich sein Verhältnis zum bayerischen Ministerpräsidenten entspannt habe.

Als Anfang 1994 über eine Reise Stoibers nach Südfrankreich anlässlich einer Geburtstagsfeier von Eduard Zwick berichtet wurde, musste er wieder einmal einen Befreiungsschlag landen. Er enthüllte die Geschichte mit der Baur-Stiftung, bei der Strauß und Streibl als Testamentsvollstrecker jährlich bis zu 300 000 Mark eingestrichen hatten. Er selbst, kündigte er an, werde diesen Usus nicht weiterführen, dafür habe er keine Zeit. Da stand er da als edler Saubermann, der im Gegensatz zu seinen Vorgängern auf viel Geld verzichtet. Die Strauß-Fraktion nahm ihm die Offenbarung übel. Es wurde berichtet, Strauß-Freund Karl Dersch habe Stoiber deshalb später in der Staatskanzlei so angeschrien und mit Schimpfworten belegt, dass die Sekretärinnen aus den Vorzimmern zusammengelaufen seien. Stoiber hat dies offiziell bestritten.

Verbürgt ist aber, wie Strauß-Tochter Monika Hohlmeier, mit

Stoiber lange Zeit eng befreundet, reagierte. Auch sie war von Herlinde Koelbl interviewt worden und sagte zu der Baur-Enthüllung: »Edmund Stoiber hatte es sich zum Ziel gesetzt, als Ministerpräsident in einer bestimmten Weise gesehen zu werden. Er wollte nicht nur eine Ära beenden, sondern sich selbst als Bote eines neuen Zeitalters präsentieren. Es ist ihm tatsächlich gelungen, das Ruder für die CSU herumzureißen. Ob dazu diese Maßnahmen letztlich notwendig waren, wird sicher umstritten bleiben. Allerdings haben wir uns intern schon gegen einige Formulierungen gewandt.« Freundschaften müssten halt etwas vertragen können, sagte die CSU-Politikerin. Die Freundschaft zu Stoiber habe auch wegen des Tandler-Rücktritts gelitten. »Aber die Details bleiben ein Geheimnis von genau drei Personen. Wenn ich graue Haare habe und mit 85 meine Memoiren schreibe, verrate ich vielleicht mehr«, sagte Monika Hohlmeier.

Stoiber hat sich nie darum gekümmert, dass die der Baur-Stiftung und ihren wohltätigen Zwecken entzogenen Millionen von Max Streibl oder den Strauß-Erben zurückgezahlt wurden, was sogar sein Intimus Günther Beckstein gefordert hatte. Nicht einmal zu einer Geste in Form einer Überweisung eines namhaften Betrags mochte Stoiber seine Staatssekretärin zwingen. Ihr Bruder Max hatte als Sprecher der Erbengemeinschaft Strauß vorsorglich jedem, der so etwas verlangte, eine »blutige Nase« versprochen. Als Stoiber im Juni 1994 im Amigo-Untersuchungsausschuss aussagte, bezeichnete er die anstößige Tätigkeit seiner Vorgänger als »juristisch schlüssig und vertretbar«. Stoiber bezog sich auf ein »Gutachten«, das sich Strauß bei einem Beamten der Staatskanzlei besorgt hatte. Der hatte Strauß in der Baur-Stiftung verschiedentlich vertreten und selbst ein, wenn auch bescheidenes, Honorar bekommen. Stoiber sagte ferner, er habe mit seiner Absage aus politischen Gründen keineswegs seinen Vorgängern am Zeug flicken wollen. »Bösartigerweise« sei in seine Angaben zur Testamentsvollstreckung ein »Werturteil« über Strauß und Streibl hineininterpretiert worden, das ihm fern gelegen habe.

Da die Vorwürfe gegen Stoiber in der Zwick-Affäre nicht verstummen wollten, gab er am 15. April 1994 eine sonderbare Regierungserklärung gegen die Medien ab, die in dem Satz gipfelte: »Diese Regierung lässt sich nicht durch haltlose Vorverurteilungen aus dem Amt schreiben.« Stoiber hielt es für angezeigt, die Abgrenzung von Strauß zu beenden. Die unterschwelligen Drohungen hatten ihre Wirkung getan. »Franz Josef Strauß hat wie kein anderer dieses Land nach vorn gebracht. Seine politische Lebensleistung ist an vielen Orten in Bayern mit Händen zu greifen. Aber vor allen Dingen seine Leidenschaft für dieses Land und seine Bürger ist tief in den Köpfen und Herzen der Menschen verwurzelt. Daran, meine sehr verehrten Damen und Herren, wird Ihr abstoßender und schäbiger Umgang mit dem Staatsmann Franz Josef Strauß nichts ändern«, sagte Stoiber im April 1994. Der Ministerpräsident hatte sich nach kurzem Ausscheren wieder in die Schar der Bewunderer eingereiht. Alle drei Wahlen des Jahres 1994 – Bundestagswahl, Europawahl, Landtagswahl – bestand die CSU trotz aller Befürchtungen mit Bravour. Stoiber war in Bayern endgültig als Ministerpräsident angekommen. Rätselhaft blieb ein spektakulärer Plutonium-Schmuggel von Moskau nach München, den bayerische Behörden kurz vor der Landtagswahl »aufklärten«. Die Gerüchte, das gefährliche Manöver sei inszeniert worden, um mit einem Fahndungserfolg glänzen zu können, wollten nicht verstummen.

Stoiber standen noch die parlamentarischen Untersuchungen bevor, die 1993 von der CSU-Landtagsfraktion unter Alois Glück aus dem Fragenkatalog gestrichen, dann aber vom Verfassungsgerichtshof als zulässig gewertet wurden. Doch die SPD machte von der Möglichkeit, die Verantwortung Stoibers genauer zu klären, keinen Gebrauch mehr. Ihr Aufklärungseifer war schon nach einem katastrophalen Ergebnis bei der Europawahl 1994 erlahmt. Die SPD-Spitze schob die Schuld für das schlechte Abschneiden auf die Amigo-Untersuchungen, die bei den Wählern nicht angekommen seien, statt auf ihr mäßiges Erscheinungsbild.

Der SPD-Politiker Georg Kronawitter hat in seinen Erinnerungen *Was ich denke* über 1994, als Stoibers Besuch bei der Zwick-Geburtstagsfeier ruchbar geworden war, geschrieben, er habe damals die bayerische SPD-Vorsitzende Renate Schmidt schon als Ministerpräsidentin gesehen: »Fantastisch, jubelte ich. Es war sonnenklar. Die Mitwisserschaft beziehungsweise die Einbindung Stoibers in die Amigo-Geschichte Zwick war erheblich gravierender als die Anlässe, die zu Streibls Rücktritt geführt hatten. Und ich ging davon aus, dass Renate Schmidt schwerstes Geschütz auffahren und die Einbettung Stoibers in den CSU-Filz entsprechend hart attackieren würde. Aber Renate Schmidt kam zur gegenteiligen Meinung: ›Ich halte die Darlegung des Ministerpräsidenten hinsichtlich der Geburtstagsfeier-Einladung für glaubwürdig‹, erklärte sie vornehm … Ich meine, die Sternstunde für die SPD wurde nicht genutzt. Im Gegenteil, die letzte Chance, den CSU-Spitzenmann nicht mehr aus dem Amigo-Sumpf herauszulassen, in dem er als engster Mitarbeiter von Strauß jahrelang mitgestrampelt hat, wurde vertan.«

Auch wenn der »rote Schorsch« die damalige Chance der SPD vielleicht zu euphorisch sah, die Beweggründe der SPD-Führung, plötzlich von der Aufklärung abzulassen, blieben rätselhaft. Als Stoiber 1994 bei der Landtagswahl mit der CSU 52,8 Prozent geholt hatte und die SPD auf weitere Untersuchungen gegen ihn verzichtete, saß er fest im Sattel. In der CSU hatte er keine Rivalen mehr, Tandler und Gauweiler waren von der Bildfläche verschwunden. Von der SPD hatte er bis 1998 nichts mehr zu befürchten, denn sie lieferte eine ihrer schlechtesten Parlamentsperioden ab. Die Grünen allein waren zu schwach und auch nicht frei von Zank. Renate Schmidt hatte vollmundig versprochen, sie werde Stoiber »vor sich herjagen«. Stattdessen verzettelte sie sich in den ersten zwei Jahren in fruchtlose interne Streitigkeiten. Als man sich 1996 auf die Arbeit besann, war es zu spät. So schafft man sich Saubermänner, gegen die man dann keine Chance mehr hat.

16 Der Kandidat läuft sich warm

Alle fünf Jahre geschieht etwas Entscheidendes in Stoibers politischem Leben. 1973 wurden die Weichen für seine politische Karriere gestellt, 1978 machte ihn Strauß zum Generalsekretär. 1983 war seine Karriere in der CSU fast beendet, als sich die Parteitagsdelegierten mit einem vernichtenden Ergebnis bei der Vorstandswahl für allerlei Hochfahrenheit rächten, und 1988, nach dem Tod von Strauß, musste er zunächst zurück ins zweite Glied. 1993 taumelte er in der Amigo-Affäre, fiel aber nicht und schaffte mit einem Kraftakt den Weg an die Spitze in Bayern. 1998 war wieder so ein markantes Datum; 2002 wäre nach dieser auffälligen Serie also nicht sein Jahr, sondern erst wieder 2003: Wiederwahl zum bayerischen Ministerpräsidenten. Doch als Fußballfan weiß und hofft Stoiber, dass alle Serien einmal zu Ende gehen.

Hätte sich am 27. September 1998 der Unionskanzler Helmut Kohl bei der Bundestagswahl noch einmal durchgesetzt, hätte es vielleicht nie eine K-Frage an den Bayern gegeben. Einmal wieder im Amt, hätte Kohl womöglich selbst die Parteispendenaffäre ausgesessen, so wie es seinem hessischen Parteifreund, dem Ministerpräsidenten Roland Koch, auch zu gelingen scheint. An Stoiber hätte Kohl nicht gedacht, wenn er sich nach zwei oder vier Jahren dazu bequemt hätte, einem Nachfolger Platz zu machen. Aber seine Zeit war abgelaufen. Bei der überraschend stabilen Mehrheit für Rot-Grün fiel Stoiber automatisch eine herausragende Rolle in der demoralisierten Union neben Wolfgang Schäuble und Angela Merkel zu.

Ihre dunkelsten Stunden hatte die CDU noch vor sich, in denen nach Kohl auch Schäuble zu Fall kam. Über Schäubles Chancen, einmal Kanzler zu werden, hatte sich Stoiber frühzeitig unter Hinweis auf dessen von einem Anschlag herrührende Behinderung despektierlich geäußert. Auch die beiden waren keine Freunde, und die Trauer Stoibers über Schäubles fatalen Bundestagsauftritt, bei dem dieser eine 100 000-Mark-Spende von Karlheinz Schreiber unterschlug, hielt sich in Grenzen. Schreiber, der Stoiber als Kanzler verhindern will, hat bisher nur dafür gesorgt, dass dessen CDU-Rivale ausgeschaltet wurde. Nur noch Angela Merkel blieb übrig, die im April 2000 CDU-Vorsitzende wurde. Sie sollte nach Stoibers Taktik zunächst jede Unterstützung beim Aufräumen des CDU-Sauhaufens haben und durch kein böses Wort aus München beschädigt werden. Eine Kanzlerkandidatur war für Stoiber überhaupt nur vorstellbar, wenn die CDU wieder auf die Beine käme und sich hinter ihm versammeln würde. Für beides hatte Angela Merkel zu sorgen.

Stoiber hatte schon vor der Bundestagswahl 1998 gegen Spekulationen angekämpft, er wolle in die Bundespolitik einsteigen. »Meine Lebensaufgabe liegt in Bayern, nehmen Sie das bitte endlich zur Kenntnis«, sagte er kurz vor dem Wahltag bei einer CDU-Kundgebung in Baden-Baden. Derlei Aussagen wiederholten sich bis Ende 2001 nahezu im Wochenrhythmus, obwohl die Dementis nicht mit den Beobachtungen in Stoibers Umfeld übereinstimmten. »Ich bin nicht Kandidat und werde es auch nicht«, wiegelte Stoiber ab, wenn seine Parteifreunde wieder einmal vorgeprescht waren. Der Ministerpräsident reagierte gleichermaßen gereizt, wenn er von Parteifreunden in Position geschoben, aber auch, wenn er, wie von Theo Waigel, gewarnt wurde, die bundespolitischen »Schalmeienklänge« zu überschätzen. Aus Waigels Mund klang das für Stoiber, wie wenn dieser an seinen Fähigkeiten zweifelte. Er brauche keine öffentlichen Ratschläge und Belehrungen, ließ er noch vor der Bundestagswahl 1998 aus seiner Staatskanzlei verlauten. Er hat wohl bis Ende 2001 nicht gewusst, wie er sich entscheiden soll und ob die CDU ihn überhaupt zulassen würde.

Den Aufsteiger aus Oberaudorf, dem die Mutter eine Adenauer-Karriere vorhergesagt hatte, musste die Kanzlerkandidatur immer schon gereizt haben; auch die CSU hatte großes Interesse daran. Sie ist nach dem missglückten, von Stoiber begleiteten Versuch von Strauß in 1980 wieder einmal »dran« und sie ginge nur dann ein Risiko ein, wenn sich ihr Kandidat eine sehr auffällige Schlappe im Herbst 2002 einhandelte. Eine ehrenvolle Niederlage würden die CSU und ihr Anhang locker als den üblichen Unverstand der Außerbayerischen abtun. Ein Sieg würde Stoiber bei seiner Gemeinde sowieso in den Rang eines Monarchen erheben.

Stoiber selbst aber hatte erstmals in seiner Karriere ernste Bedenken, sich ein Amt zuzutrauen. Sollte er in Lebensumstände wechseln, die noch viel aufreibender sein würden, als sie es in Bayern ohnehin schon sind? Auf alle Fälle wollte er für die CSU und für sich jede Option offen halten, am liebsten bis »zehn Minuten vor Spielende«, wie er selbst sagte. Stoiber erinnerte immer wieder an das Modell der SPD, die sich 1998 auch ganz kurzfristig für Gerhard Schröder und gegen Oskar Lafontaine entschieden hatte. Dabei übersah er aber die unterschiedliche Ausgangslage. Schröder qualifizierte sich durch seinen Sieg bei der Niedersachsen-Wahl endgültig, bei der CDU hatte niemand mehr die Chance, durch einen überragenden regionalen Wahlerfolg auf sich aufmerksam zu machen. Die Konstellation war seit 2000 klar: Merkel und Stoiber. Bald war absehbar, dass die CDU dem medialen Druck nicht gewachsen sein und ihren Bewerber eher als im Frühjahr 2002 nominieren würde.

Stoibers Prognose von 1998, das Bundestagswahlergebnis der CSU werde »nicht signifikant schlechter« ausfallen als das Resultat der Landtagswahl, trat zwar nicht ein. An der CSU lag es aber keineswegs, dass die Niederlage so deutlich ausfiel. Sie steuerte in Bayern wie üblich ordentlich Stimmen für die Union bei, wenn auch das Ergebnis – 47,7 Prozent – deutlich unter dem der Landtagswahl kurz zuvor und unter dem der Bundestagswahl von 1994 lag. Kohl-Malus und Schröder-Bonus hatten selbst in Bayern durchgeschlagen, die SPD, bei der Landtagswahl noch deutlich unter 30 Prozent zurückgefallen, bekam 34,4 Prozent.

Das Ergebnis hatte auch Auswirkungen in die CSU hinein. Stoiber sah die Stunde gekommen, alle Macht auf sich zu vereinen und der Parteivorsitzende Theo Waigel wollte diesem Anspruch nichts mehr entgegensetzen. Er wusste, dass sich Stoiber seiner so schnell wie möglich entledigen wollte und er von Stund an nur noch dessen Befehlsempfänger in der bundespolitischen Opposition sein würde. Das wollte er sich nicht mehr antun. Wenn Stoiber Waigel sah, stiegen seine dunklen Stunden in der CSU wieder vor ihm auf. Damals war er in der Hand Waigels gewesen, ein Satz des CSU-Parteivorsitzenden hätte 1993 Stoibers Karriere ein für alle Mal beenden können. Hätte Waigel nach Stoibers Bekenntnissen in der Amigo-Affäre mit seiner Autorität gesagt: »Was wir Max Streibl nicht durchgehen lassen können, dürfen wir auch unserem Innenminister nicht durchgehen lassen«, wäre Stoiber erledigt gewesen.

Als der bayerische Ministerpräsident dem Parteichef und Bundesfinanzminister in den Jahren danach mit seinem Europopulismus und seiner Hektik das Leben schwer machte, fragte sich Waigel mehr als einmal, warum er damals so rücksichtsvoll war. Dass die CSU stabil geblieben war, während die CDU nach Kohls Niedergang wankte, war auch ein Verdienst Waigels. Als Finanzminister hatte er, um es vorsichtig auszudrücken, dem Land Bayern bei Investitions- und Haushaltsfragen nicht gerade geschadet. Am bayerischen Aufschwung hat er großen Anteil, denn wäre die bundespolitische Repräsentanz der CSU der Industrie nicht Vertrauen erweckend erschienen, hätte sie sich in Bayern nicht so stark engagiert. Auf bundespolitischem und internationalem Parkett hatte Waigel manchen Schnitzer Stoibers auszubügeln. Nie wäre es Waigel eingefallen, sich wie Stoiber völlig unmotiviert in die österreichische Innenpolitik einzumischen und dem Vorsitzenden der Österreichischen Volkspartei, Wolfgang Schüssel, eine Koalition ausgerechnet mit dem politischen Brandstifter Jörg Haider von der FPÖ zu empfehlen.

Nur noch mit Ironie wusste sich Waigel zu helfen, wenn Stoiber von Bayern aus in der Euro-Debatte die Regierungschefs europäischer Staaten abkanzelte oder sich dem italienischen Regierungschef Silvio Berlusconi an den Hals warf. Oft hat sich Waigel gewundert, welche Fehler die meisten deutschen Medien Stoiber durchgehen ließen, während sie ihn in seinem in Zeiten knapper Kassen unpopulären Amt als Finanzminister zur Freude des bayerischen Ministerpräsidenten heftig kritisierten. Aber er selbst blieb zurückhaltend und darauf bedacht, der CSU nicht durch öffentliche Erklärungen zu schaden.

Obwohl Waigel mit seinem bayerischen Bundestags-Wahlergebnis weit vor Kohl lag und diesen gegen Schluss der Amtszeit durch die Forderung nach personellen Änderungen im Kabinett noch auf Sieg hatte polen wollen, übernahm er die Mitverantwortung für die Wahlniederlage der Bundesregierung. Noch in der Wahlnacht kündigte er erwartungsgemäß an, er werde den Parteivorsitz niederlegen und den Weg zum Vorsitz für Stoiber freimachen. Dass dieser hastig und stillos zugriff, statt Waigel zunächst die Wärme des CSU-Rudels spüren zu lassen und ihm wenigstens ein paar Tage für die Inszenierung des Abschieds zu geben, war typisch für das Ende der CSU-Doppelspitze. Stoiber konnte es wieder einmal nicht erwarten, obwohl ihm der Vorsitz bereits völlig sicher war.

Dabei wäre es durchaus eine Diskussion wert gewesen, ob die CSU nach dem Abgang Waigels zwangsläufig zum Strauß-Modell der Personalunion von Partei- und Regierungschef zurückkehren und sich wieder eine Monostruktur aufzwängen lassen musste. Zu Stoiber, der in erster Linie Stratege und Taktiker ist und nicht aktiv Politik gestaltet, sondern häufig bloß reagiert, wäre eine sinnvolle Ergänzung durchaus vorstellbar gewesen. Die CSU war mit der Doppelspitze nicht schlecht gefahren, manche Schwäche Stoibers war in dieser Konstellation verborgen geblieben. Doch wieder einmal trat das Bedürfnis Stoibers hervor, totale Kontrolle über seine Umgebung auszuzüben und Widerspruch gegen seinen Kurs im Keim zu ersticken.

Horst Seehofer wäre, wenn sich Waigel denn schon zum Gehen entschlossen hatte, ein starker bundespolitisch orientierter Tandempartner für Stoiber gewesen. Er hätte den thematisch nicht sehr vielseitigen Ministerpräsidenten, der bei seiner Vielzahl von Regierungs- und Parteiterminen manchmal wirkt wie ein überforderter Kellner in einem überfüllten Ausflugslokal, gut ergänzen können. Doch Stoiber tickt anders. Von Teamwork hält er nicht viel, dazu war er in der CSU noch nie gezwungen gewesen. Ihm war außerdem seit 1993 nicht entgangen, dass mancher Pfeil, der auf ihn abgeschossen worden war, aus der Parteileitung kam. Dieses Nest wollte er ausräuchern und niemand stellte sich ihm in den Weg. Die CSU-Basis ist sowieso stoiber-treu, die wenigen CSU-Politiker mit Übersicht über das Parteigeschehen wie etwa Alois Glück schwiegen zur Wiedergeburt der Ein-Mann-Partei. Der starke Mann Stoiber reicht an Strauß freilich nicht heran – weder im Guten noch im Schlechten.

Welche Gründe letztlich entscheidend waren, dass Waigel 1998/99 den ihm angetragenen Ehrenvorsitz der CSU nicht annahm, ist unbekannt. Es mag von allem etwas gewesen sein: schwäbische Vorsicht, wohin unter Stoiber die Reise der CSU gehen und wofür er als Ehrenvorsitzender noch in Anspruch genommen würde, Bescheidenheit, der Wunsch, nach Jahrzehnten der Parteifron wieder ein freier Mensch zu sein, der mit seiner Meinung nicht mehr hinter dem Berg halten muss. Resignation wegen des endgültigen Siegs des opportunistischen Rivalen, der im letzten Akt den Mitspieler von der Bühne schubste, spielte sicher auch eine Rolle. Mit Waigels Abgang »aus eigener Einsicht«, wie er betonte, kam auch eine neue Bewährungsprobe auf Stoibers allgegenwärtige Führungshilfen Walter Schön, Michael Höhenberger, Wilhelm Ulrich und Friedrich Wilhelm Rothenpieler zu.

Politik, auch die der CSU, wurde ab sofort in Bayern von der Staatskanzlei aus gemacht, verfassungsmäßige Skrupel kennt Stoiber da ebenso wenig wie andere Ministerpräsidenten. Bald hörte man, dass die Teams in der Regierungszentrale bereits zweigleisig arbeiteten: Ein Szenario sah vor, dass Stoiber sich ausschließlich auf sein Amt als bayerischer Ministerpräsident konzentrieren sollte, das zweite berücksichtigte, dass er eine herausragende Rolle in der Bundespolitik spielen werde, die in die Kanzlerkandidatur 2002 münden könnte. Der von Waigel berufene Generalsekretär Bernd Protzner, der eine unglückliche Figur abgegeben hatte und inzwischen durch eine Steueraffäre am Ende seiner Karriere steht, wurde abgelöst. Für ihn kam Thomas Goppel; die Personalentscheidung war rätselhaft, weil dieser nie das Vertrauen Stoibers hatte und inzwischen eine Art politischer Frühstücksdirektor der CSU ist. Die strategische Arbeit macht in der Parteizentrale längst der von Stoiber dorthin delegierte Michael Höhenberger.

Wahrscheinlich brauchte Stoiber Goppels Kabinettsposten. Als Generalsekretär traute er ihm nicht viel zu, sonst hätte er ihn nicht schon Anfang 1999 bearbeitet, als CSU-Listenführer in das Europaparlament zu wechseln. Auch Waigel erhielt diese drittrangige Offerte von Stoiber und lehnte unter Hinweis auf seine langjährige Tätigkeit auf internationalem Parkett indigniert ab. Als auch der Euro-Skeptiker Peter Gauweiler seine lukrative Münchner Anwaltskanzlei dem Europa-Job vorzog, blieb Ingo Friedrich, den Stoiber mit seinen Sondierungen eigentlich in die Wüste schicken wollte, die Nummer eins der CSU in Strassburg und Brüssel. Es war der erste Fehlschlag Stoibers als Parteivorsitzender.

Nach der Landtagswahl vom September 1998 war ein neues Kabinett zu bilden, und auch bei dieser Aufgabe folgte Stoiber der Neigung, sich lieber mit Vertrauten zu umgeben als ein Experiment mit dem einen oder anderen unabhängigen Kopf von außerhalb der CSU zu wagen. Das von Goppel freigemachte Umweltministerium durfte der ziemlich farblose Landrat Werner Schnappauf übernehmen, ein Freund Stoibers aus frühen Tagen. In die Staatskanzlei holte sich Stoiber seinen früheren Adlatus Erwin Huber zurück, der schweren Herzens seinen Posten als Finanzminister an Kurt Faltlhauser übergab. Indem Stoiber den loyalen Huber an sich band, bekam er ihn wieder unter Kontrolle. Ihm war nicht entgangen, dass der frühere CSU-Generalsekretär aus Niederbayern als Finanzminister zur Nummer zwei hinter dem Ministerpräsidenten und zum Mann für alle Fälle aufgestiegen war, ohne sich besonders in Szene zu setzen. Solche Vorentscheidungen bei den Kronprinzen konnte Stoiber nicht brauchen, also wurde Huber vom Großbauern wieder zum Stoiber-Knecht und mimte mühsam Begeisterung über die neuen Aufgaben in der Regierungszentrale. In Wirklichkeit hatte ihn Stoiber zum Abstieg verdonnert. Den Rang als Kronprinzen hat Huber inzwischen Stoibers Innenminister Günther Beckstein abgelaufen, Fraktionschef Alois Glück hat für den Fall eines Wahlsiegs Stoibers Außenseiter-Chancen. Es käme dann darauf an, wen Stoiber aus der CSU in Berlin braucht.

Mit Kultusminister Hans Zehetmair versuchte Stoiber 1998 den »Maier-Trick«, mit dem er und Strauß 1986 den damaligen Kultusminister zum Amtsverzicht getrieben hatten. Stoiber teilte wie 1986 das Kultusministerium in zwei Teile und übertrug der Strauß-Tochter Monika Hohlmeier, die als Staatssekretärin mit Zehetmair nicht ausgekommen war, das Schulressort. Berufspolitiker Zehetmair kannte aber keine falsche Scham und ließ sich nicht wie Maier in den von Stoiber erwarteten Verzicht treiben. Im Hintergrund lauerte nämlich schon der auf ein Amt versessene Professor und Präsident der Technischen Universität München, Wolfgang Hermann. Zehetmair nahm jedoch die zweite Hälfte des Ministeriums mit den Bereichen Hochschulen, Wissenschaft und Kunst dankend entgegen und hält bis heute die Stellung. Hermann sollte später noch von sich reden machen.

Damit Kurt Faltlhauser im Finanzministerium etwas mehr zu arbeiten bekam, als er als Stoiber-Gehilfe in der Staatskanzlei getan hatte, strich ihm der Ministerpräsident den Staatssekretär. Mit der Einsparung mehrerer Staatssekretäre wollte Stoiber demonstrieren, dass es auch an der Spitze Verschlankung gebe. Das Personal in der Staatskanzlei nahm aber kontinuierlich zu. Justizminister Hermann Leeb wurde nicht wieder berufen. Er zog in jenen Trakt des Landtags um, wo der Club der von Stoiber Abgesägten siedelt. Leeb war Stoiber zu wenig dynamisch; dass er einmal für ein paar Stunden Bahnfahrt sein Handy abgeschaltet hatte, erregte den Zorn des Ministerpräsidenten. Auch ins Justizministerium setzte Stoiber einen, auf den er glaubte, sich verlassen zu können: Alfred Sauter, einen alten Weggefährten aus den Zeiten in der Jungen Union. Barbara Stamm, die Stoiber förmlich anhimmelte, wurde als Sozialministerin stellvertretende Ministerpräsidentin. Doch auch sie und Sauter sind inzwischen in den Landtagsclub der toten Regenten umgezogen.

Stoibers latentes Misstrauen, seine Sucht, alles und jeden in Regierung und Partei kontrollieren zu wollen, führt zu skurillen Vorkommnissen. Schulministerin Monika Hohlmeier hatte nie ein Geheimnis daraus gemacht, dass ihre beiden Kinder eine Waldorf-Schule besuchen und sie dem Privatschulsektor aufgeschlossen gegenübersteht. Das gehe nicht, befand eines Tages Stoiber, wer für Bayerns staatliche Schulen zuständig sei, müsse seine Sprösslinge auch dorthin schicken. Die Strauß-Tochter, mit Stoiber eigentlich befreundet, machte dem Regierungschef deutlich, dass ihn das überhaupt nichts angehe. Die Familie Stoiber selbst hatte zudem ihren Sohn Dominic in einer privaten Schule. Die Hohlmeier-Kinder durften schließlich bei ihren Schulkameraden bleiben.

Die Hinweise Stoibers auf sein jahrzehntelanges monogames Zusammenleben mit seiner Frau Karin, mit denen er sich bei den Wählern von Mehrfach-Ehemännern wie Gerhard Schröder oder Joschka Fischer abheben möchte, können nicht darüber hinwegtäuschen, dass die Versuchung auch an den auf Zucht und Ordnung getrimmten Kabinettsmitgliedern Stoibers nicht vorbeigeht und die Mitgliedschaft bei der CSU allein noch kein Garant für glückliche Ehen ist. Monika Hohlmeier hat ihrer Interviewpartnerin Herlinde Koelbl ausführlich über ihren Ehekummer erzählt. Als Stoibers verheiratete Stellvertreterin Barbara Stamm aus Unterfranken in München Händchen haltend mit einem niederbayerischen Autohändler gesehen wurde und Thomas Goppel auf einem CSU-Parteitag anzügliche Bemerkungen machte, gab es Schlagzeilen und Geraune in der CSU.

Das Protokoll der Staatskanzlei fand dem Vernehmen nach nichts dabei, dem damaligen niedersächsischen Ministerpräsidenten Gerhard Schröder die ihm zustehenden Dienste auch dann angedeihen zu lassen, als er auf Freiersfüßen wandelte und inkognito zu Besuchen bei seiner neuen Liebe Doris Köpf in München einflog. Mag das für Stoiber auch sündhaftes Tun gewesen sein: Auf den Service des Protokolls hatte der Kollege Anspruch und so eng sieht der Bayer schließlich so ein Gspusi nicht. Letztendlich haben die Liebesleute ja auch geheiratet. Schwieriger liegt der Fall da schon bei einem der älteren, besonders katholischen Kabinettsmitglieder, das als Tatscher und Grabscher schon etlichen Frauen den geselligen Abend verdorben hat. Der Mann kann von Glück reden, dass es der CSU bisher immer gelungen ist, die Opfer ruhig zu stellen. Der Minister selbst steht zu seinem Laster. Er sei nun einmal spontan, sagt er, wenn er zur Rede gestellt wird.

Mit großem Bangen sah die CSU vor zwei Jahren dem Ausgang einer Affäre entgegen, die ein anderer aus der Regierungsrunde mit einer früheren Schulfreundin begonnen hatte. Die Frau schickte häufig Blumen ins Ministerium und führte Tagebuch. Es konnte nicht ausbleiben, dass ihr Ehemann, ein Landwirt, die intimen Aufzeichnungen fand. Außer sich vor Zorn schrieb er böse Briefe an kirchliche Stellen und an die Staatskanzlei, in denen er fragte, ob das wohl der Schutz der Familien sei, den die CSU allenthalben predigte. Außerdem drohte er damit, den Ehebrecher in München heimzusuchen, und bei seinem Beruf lag es nahe, dass er dies mit dem Traktor und dem daran angehängten, gut gefüllten Jauchewagen tun wollte, dessen Inhalt er vor dem betreffenden Ministerium zu entleeren gedachte. Das wäre ein schöner Skandal geworden, aber das Ungemach ging schließlich an Stoibers Regierung vorüber.

Zu lernen ist aus diesen Episoden, dass zwischenmenschliche Beziehungen kein Wahlkampfstoff sind, weil es überall menschelt. Auch der Katholische Burschenverein von Tuntenhausen macht aus CSU-Politikern keine Heiligen. Es ist beruhigend zu wissen, dass Stoibers Allgewalt dann und wann ihre Grenzen findet. Die verzopfte, klerikale Ausrichtung der CSU aus früheren Zeiten erscheint selbst Stoiber nicht mehr zeitgemäß zu sein. An Versuchen, ihn an die katholischen Verpflichtungen der CSU zu erinnern, fehlt es freilich nicht. Ein Beleg ist der aufdringliche Brief vom 15. September 2000, mit dem sich Joseph Kardinal Ratzinger in die ohnehin restriktive Gestaltung der Schwangerenberatung in Bayern einmischte. Mit »großer Beunruhigung« sah der katholische Würdenträger, »dass sich im Freistaat Bayern staatliche Organe und herausragende Vertreter der CSU unter Zuhilfenahme aller Möglichkeiten, die ihnen ihre Ämter bieten, zu Promotoren einer Initiative – der Beratungsorganisation Donum Vitae – machen, die praktisch auf eine Abtrennung der Laienchristen von der Hierarchie und insbesondere von Rom abzielen.« Damit werde »ein tiefer Riss« in die Kirche getragen. »Ich kann mir nicht vorstellen, dass eine solche Politik in Ihrem Sinn und im Recht verstandenen Sinn Ihrer Partei ist«, schrieb Ratzinger an Stoiber. Der kümmerte sich nicht weiter um die Epistel. Zu weit ist die Entfremdung katholischer Laien von der Amtskirche auch in der CSU bereits fortgeschritten, als dass er einfach zu Kreuze kriechen könnte.

Die Übernahme des Parteivorsitzes durch den Ministerpräsidenten brachte natürlich auch Änderungen in der Parteileitung mit sich. Hatte Strauß mit Dieter Kiehl und Godel Rosenberg sowie Waigel mit Peter Hausmann und Maximilian Schöberl stets gestandene Journalisten als Sprecher berufen, so machte Stoiber mit dem Pressereferenten der CSU-Landtagsfraktion, Hermann Hofmann, nur einen halbherzigen kurzen Versuch, weiterhin professionelle Medienarbeit in der CSU zuzulassen. Auch auf diesem Feld zeigt sich, dass Stoiber oft in kleinstem weiß-blauen Karo denkt und gegenüber Journalisten argwöhnisch ist wie ein Kreisrat aus dem Hinterland. Wie seine Vorgänger versuchte

Hofmann, von Stoibers Führungshilfen misstrauisch beobachtet, auf dem schwierigen Posten bei den Journalisten Punkte für die Partei gutzumachen, ohne illoyal zu sein. Weil die Schleppenträger in der Staatskanzlei aber nichts von offener Pressepolitik halten, platzierte Stoiber bald mit Dorothee Erpenstein eine Karrierebeamtin in die CSU-Pressestelle, die wenig von den Bedürfnissen der Medien versteht und notgedrungen nach der Pfeife der Staatskanzlei tanzt, von wo sie selbst herkommt. Damit ist die CSU-Pressestelle lahmgelegt. Stoibers Wunsch, unangenehme Nachrichten versiegen zu lassen, bleibt aber unerfüllt. Die Journalisten suchen sich ihre Gesprächspartner in der CSU selbst, Stoibers Leute sind nicht mehr in der Lage, den Informationsfluss zu kanalisieren. Schon Strauß ist an der Trockenlegung seiner durchaus tratschsüchtigen Partei gescheitert. Mal geißelte er den »Durchfall des Maules«, an dem seine Parteifreunde litten, mal dachte er an die Errichtung eines »Mahnmals des unbekannten Informanten«.

Mit Wilfried Scharnagl ist aus Altersgründen der publizistische Nachlassverwalter von Strauß und Berater vieler CSU-Politiker ausgeschieden, der als Chefredakteur des Parteiblatts *Bayernkurier* über exzellente Medienkontakte verfügte. Alle Schlüsselstellen in der CSU sind inzwischen mit eingeschworenen Stoiber-Parteigängern besetzt. Nicht einmal Strauß hatte den Parteiapparat derart auf sich ausrichten lassen. Stoiber mag die Gleichschaltung als beruhigend für seine Pläne empfinden, auf Dauer ist sie schlecht für die CSU, weil sie dabei an Breite und Farbe verliert. Erst nach seiner Ernennung zum Kanzlerkandidaten entdeckte Stoiber, dass ihm ein Medienprofi fehlt. In dem früheren Springer-Journalisten Michael Spreng glaubt er ihn gefunden zu haben, obwohl von dessen Einfluss bisher noch wenig zu spüren ist.

Noch immer entschlüpfen Stoiber völlig sinnfreie Sätze wie jener: »Hier kann man nur noch ganz konkret den Bürger darauf aufmerksam machen, dass hier der Beginn der Mundtotmachung zu Ende geführt wird.« Spreng ist tapfer bemüht, Defizite des Kandidaten zu Tugenden zu erklären: Aus hölzern wird kantig und aus fad ernsthaft, aus aufgeregt wird engagiert und aus hyperaktiv arbeitsam. Erstmals in seiner Geschichte war der politische Aschermittwoch der CSU 2002 eine nahezu staatstragende Veranstaltung. Die Biertische waren nicht blank, wie sich das in Bayern gehört, sondern eingedeckt, der Alkoholkonsum wurde gedrosselt, der Hauptredner Stoiber durfte das neutrale Fernsehpublikum nicht durch Kraftsprüche verschrecken. Sprengs Absicht, Stoiber im Schnellkurs zum nachdenklichen Politiker und als Visionär aufzubauen, gleicht dem Versuch, Karl Moik zum Chefdirigenten der Wiener Philharmoniker machen zu wollen (wobei das Orchester diesen Fehlgriff zu kaschieren wüsste).

Stoibers Visionen sind eher profan: 2010 hat die CSU in Bayern immer noch die Mehrheit, der FC Bayern München wird deutscher Fußballmeister und zum oberbayerischen Schweinsbraten gehört dann immer noch ein Knödel. Der nötige Rest an Vorausschau steht im bayerischen Landesentwicklungsprogramm. Die Grundhaltung ist gar nicht so verkehrt, das Visionäre in der Politik wird ohnehin überschätzt. Stoiber ist kein Vordenker, sondern ein Vollstrecker, kein Plauderer, sondern ein Deklamierer, und nur in dieser Rolle fühlt er sich wohl. Bei kaum einem anderen Politiker fällt das Andressierte so auf wie bei ihm: das Geraune zu Beginn mancher Reden, das krampfhafte Festhalten an Stuhllehnen in Talkrunden, das antrainierte Lächeln und die peinlichen Fragen. Da über kurz oder lang doch stets der wahre Stoiber zum Durchbruch kommt, der nun einmal laut und fahrig und nicht jovial ist, schadet sich der Kandidat eher mit der zeitweisen Verstellung. In der bayerischen Gastronomie gibt es dazu einen treffenden Spruch: »Wenn du nur Leberkäs im Kühlschrank hast, kannst du kein Filet Stroganoff auf der Speisekarte anbieten.« Die Bayern lieben Leberkäs.

Es ist weniger die außenpolitische Unerfahrenheit, die Stoiber für den Fall, dass er Kanzler wird, zu schaffen machen würde. Er ist in den dreißig Jahren, in denen er nun Politik macht, dadurch verwöhnt worden, dass er mit der CSU niemals auf Bündnisse und Koalitionen angewiesen war. Kompromisse zu schließen, hat er nur im Schnellkurs im Bundesrat gelernt, besonders erfolgreich war er dabei nicht, betrachtet man die Renten- und die Steuerreform der rot-grünen Regierung oder das stillose Gezerre um das Zuwanderungsgesetz im März 2002. Noch nie hat er aber in einem Kabinett mit Ministern anderer Parteien um den kleinsten gemeinsamen Nenner feilschen oder sich weise zurücknehmen müssen. In Bayern kann er notfalls mit dem Kopf durch die Wand, weil es in der CSU keine Wände gibt. In der Bundespolitik würde sein Ungestüm häufig mit Blessuren enden.

Auch mit einer nicht unbedingt auf einen CSU-Mann eingeschworenen Verwaltung hatte er noch nie zu tun, in Bayern hat er über die ihm ergebenen Minister Durchgriffsrecht, wenn es sein muss bis in die für die Gülleverordnung zuständige Unterabteilung des Landwirtschaftsministeriums. Stoiber tut sich schwer mit dem Delegieren und mit dem Festlegen von Prioritäten. Am liebsten drückt er jeder staatlichen Hervorbringung den gleichen Chefstempel auf, der Steuerreform genauso wie der Dampfkesselverordnung, der Gentechnik genauso wie dem Bestattungsgesetz. Bei der Vielzahl an Themen, die im Kanzleramt neu auf ihn zukämen, könnte sich der Bayer leicht verirren. Er kann freilich darauf verweisen, dass auch Helmut Kohl und Gerhard Schröder als Länderministerpräsidenten angefangen haben und Willy Brandt sowie Helmut Schmidt zuerst einmal Regionalpolitiker waren.

In Interviews seiner Frau Karin, die Stoibers Schwächen und ständig unterdrückten Selbstzweifel am besten kennt, kommt bisweilen Skepsis, ja Furcht darüber zum Ausdruck, was auf ihren seit Jahrzehnten über seine Kräfte lebenden Mann (und notgedrungen auch auf sie) zukommt. Stoiber ist in einem Alter, in dem andere an die Rente denken. 2002 ist seine einzige Chance auf die Kanzlerschaft. Seine Stimmbänder waren bereits zu Beginn des Wahlkampfs angegriffen, seine Konzentration ließ bei Fernsehauftritten wie jenem missglückten bei Sabine Christiansen rapide nach. Das alles lässt ahnen, dass dem Bayern der Gedanke an die möglichen Folgen der Kandidatur manchmal den Schlaf raubt.

Kollegen aus anderen Parteien im Bundesrat gilt Stoiber als zuverlässig beim Einhalten von Abmachungen, mit dem ähnlich gepolten Sozialdemokraten Wolfgang Clement versteht er sich bei aller Konkurrenz bestens – so wie früher auch mit Gerhard Schröder, als der noch Niedersachsen regierte. Die Hauptarbeit wird aber von den Fachministern und Spitzenbeamten in den interministeriellen Konferenzen und Gesprächsgruppen geleistet. Günther

Beckstein, Hans Zehetmair, Kurt Faltlhauser und Otto Wiesheu haben in diesen gemischten Gremien einen ausgezeichneten Ruf. Bei der Opposition in München kommt Stoiber dagegen nicht gut weg. Zwar hat sich die SPD nach Jahren der Fundamentalopposition der Erkenntnis gebeugt, dass die wirtschaftlichen Erfolge Bayerns auch etwas mit der CSU und ihrem Ministerpräsidenten zu tun haben. »Zu einer kritischen Bilanz gehört auch die neidlose Anerkennung von Erfolgen, wenn sie uns alle zugute kommen«, sagte der SPD-Fraktionsvorsitzende Franz Maget im November 2000 in der Landtagsdebatte zum Staatshaushalt. »Vieles von dem, was gut läuft in Bayern, würden wir nicht anders machen, wenn wir selbst in Regierungsverantwortung stünden.« Doch Stoiber vernachlässige seine ureigensten Aufgaben als Ministerpräsident und sei nur Zaungast im Landtag.

»Alles, was in Bayern erfolgreich läuft, wird zur Chefsache erklärt. Alles, was daneben geht, haben andere zu verantworten. Wenn Hightech-Projekte aus Privatisierungserlösen inszeniert werden, liegt die bayerische Staatskanzlei im Silicon Valley, wenn es um die Übernahme von politischer Verantwortung geht, befindet sie sich aber meist im Tal der Ahnungslosen«, urteilt Maget. Die bayerische Regierung habe inzwischen jeglichen Einfluss auf Standortentscheidungen verloren. In Bayern gebe es Schulklassen mit 36 Kindern , die Kommunen würden ausgehungert und aus dem Strauß-Bekenntnis »Bayern meine Heimat, Deutschland mein Vaterland, Europa unsere Zukunft« habe Stoiber gemacht: »Bayern meine Alpenfestung, Berlin mein Feindbild, Brüssel mein Prügelknabe«.

Dem »Bohren dicker Bretter« haben sich die Grünen im bayerischen Landtag verschrieben. Auch ihre Sprecher Christine Stahl und Sepp Dürr beklagen, dass Stoiber »kein Verhältnis zur Oppposition« habe und Bayern nur noch »Agitationsplattform für höhere Weihen« sei, weil seit 1998 dessen Kanzlerambitionen Schatten auf die Landespolitik würfen. Stoibers diverse Offensiven zeigten, dass er »keinen Diskurs und keine Kontrolle« akzeptiere: »Die Staatsregierung verteilt mit den so genannten Privatisierungserlösen aus früheren Staatsbeteiligungen das Tafelsilber des Freistaats und gründet dazu eine Vielzahl von Stiftungen und Fonds, die letztlich der Kontrolle des Parlaments entzogen sind. Das klassische Hoheitsrecht des Parlaments, das Budgetrecht, wird ausgehöhlt, eine kritische Evaluation der tatsächlichen Effizienz des öffentlichkeitswirksam verkündeten Geldsegens ist im parlamentarischen Prozedere nicht vorgesehen«, betonen die Grünen. Das Regierungssystem funktioniere einfach: »Der Chef ist der Chef und die Ressortminister sind dazu da, die oftmals sehr sprunghaften und stimmungsorientierten politischen Vorstellungen des Ministerpräsidenten in praktische Politik zu gießen oder – wenn's schief geht – den Kopf hinzuhalten. Denn wenn es brenzlig wird, glänzt der Ministerpräsident in der Regel durch Abwesenheit.«

Nicht ganz so streng sieht der Gewerkschaftsbund den bayerischen Ministerpräsidenten. Das liegt aber mehr an den latenten Spannungen zwischen dem DGB-Landeschef Fritz Schösser und seiner Partei, den Sozialdemokraten. Immerhin kann Stoiber auf ein funktionierendes »Bündnis für Arbeit« verweisen. Schösser sah in Stoiber und dessen Wirtschaftsminister Wiesheu sogar einmal »Lichtgestalten«. Diesen Lobpreis, den bei weitem nicht alle bayerischen Arbeitnehmer teilen, hat die CSU gern in ihr Argumentationsarsenal aufgenommen. Schösser dagegen geniert sich inzwischen ein bisschen, dass sein flinkes Wort eine solche Zählebigkeit entwickelt hat.

Der Gewerkschafter teilt das Schicksal, für haltbares CSU-Lob verantwortlich zu sein, mit Willy Brandt. Der hatte einst eine Rüge für die CSU im Sinn, als er sagte: »In Bayern gehen die Uhren anders.« Daraus wurde mit der Zeit, geschickt umgedreht von der CSU, eine Art weiß-blaues Gütesiegel, zu dem sich die Bayern freudig bekennen: »Jawohl, bei uns gehen die Uhren wirklich anders, nämlich richtig, unbeeinflusst vom Zeitgeist und von politischer Opportunität«, ist als Merksatz von Brandts Kritik geblieben. Ohnehin muss sich vorsehen, wer die Bayern anrempelt, auch wenn er nur die CSU meint. Er hat schnell auch die anderen Weiß-Blauen am Hals, die sorgsam darauf achten, dass der Freistaat bekommt, was ihm zusteht. Dass der rechtlich folgenlose Titel »Freistaat« sozialistischen Ursprungs ist und vom Räte-Ministerpräsidenten Kurt Eisner eingeführt wurde, ficht die CSU nicht an. Er steht für ein Mindestmaß an Eigenständigkeit, das die CSU gleich nach 1945 zelebrierte, als sie – folgenlos für die Gründung des Nachkriegs-Staatenbundes – dem deutschen Grundgesetz ihre Zustimmung versagte. Entgegen anderslautenden Gerüchten hat es aber in Bayern trotzdem Gültigkeit.

Beim politischen Aschermittwoch 1999 entschlüpfte Kanzler Gerhard Schröder anlässlich seines ersten großen Kräftemessens mit Stoiber, das er eigentlich mit Bravour bestand, so nebenbei die Formulierung, die Bayern würden »Steine statt Brot« bekommen, wenn sich der wilde Edmund nicht mäßige. Das gefiel zwar den 5000 Besuchern im SPD-Zelt zu Vilshofen noch ganz gut, aber als Stoiber begann, diesen Fauxpas zu thematisieren, fand man die Kanzlerdrohung in Bayern interfraktionell nicht mehr so originell. Nur Schröders Sprecher Uwe-Karsten Heye versuchte sich später noch einmal in solch überheblichem Getue. Als Bayern von einem schlimmen Hochwasser betroffen war, fiel ihm nichts Besseres ein, als ausbleibende Bundeshilfe damit zu erklären, dass die Bayern allein in der Lage seien, mit den Fluten fertig zu werden. Das hat man der Bundesregierung im Freistaat übel angekreidet, und Schröder musste seinen damaligen Kanzleramtsminister Bodo Hombach zur Befriedung nach Bayern schicken, wo dieser Tage später zusammen mit der SPD-Landesvorsitzenden Renate Schmidt missmutig in Gummistiefeln durch die noch übrigen Hochwassertümpel watete.

Die Inthronisation Stoibers als Parteichef auf dem Parteitag am 16. Januar 1999 war perfekt und als Erweckungsveranstaltung für die demoralisierte CDU inszeniert. Das Signal kam an, CDU-Parteichef Wolfgang Schäuble nahm es als Gast in seine Partei mit und trug dem mit 93 Prozent gewählten Stoiber gleichzeitig die gemeinsame Führung in der Union an. So mag er es, der Bayer. Vorher auf der Winterklausur in Wildbad Kreuth hatte sich Stoiber zielstrebig zum Bannerträger der deutschen Rechten ausrufen lassen. Wie immer in Krisenzeiten, wenn er seine Partei oder das Unionsbündnis voranpeitschen will, griff er zu jenem Mittel, das in Deutschland leider immer noch funktioniert: Furcht vor Fremden zu schüren. Dann müssen die Ausländer herhalten, dann geht es um Asylbetrug und ungehemmte Zuwanderung, dann schickt sich der Muezzin an, seine Gebete vom Münchner Liebfrauendom erschallen zu lassen, dann ist das Vaterland in Gefahr. So wie Stoiber im April 2002, um die CDU in Sachsen-Anhalt zum Erfolg zu führen, die inzwischen sogar von großen Teilen der Wirtschaft gewünschte Zuwanderung zum Wahlkampfthema ernennen wollte, nahm er sich 1999 des Ausländerthemas auf seine Weise an.

Er griff eine Idee von Wolfgang Schäuble auf, mit der dieser auf eines der ersten Gesetzesvorhaben der neuen Bundesregierung reagieren wollte. Ausländer sollten zur besseren Integration die Möglichkeit erhalten, zu ihrer angestammten Staatsbürgerschaft die deutsche zu erwerben. Stoiber sah dadurch schlimmere Zeiten heraufziehen, als sie in den Jahren des Terrors der Roten-Armee-Fraktion geherrscht hatten. Mit dem Thema, so kalkulierten er und Schäuble, ließe sich trefflich der Wahlkampf in Hessen führen, wo Landtagswahlen bevorstanden. Sie dachten sich eine Art Volksbefragung zu dem heiklen Thema aus; Schäuble hatte sich zunächst Vertraulichkeit ausbedungen, weil er erst die CDU-Spitze von der brachialen Wahlkampfidee überzeugen musste. Angela Merkel war strikt dagegen. Stoiber, der ein zündendes Leitmotiv für die Kreuther Klausur von 1999 suchte, preschte aber in Interviews vor und gilt seitdem fälschlicherweise als der Erfinder der Unterschriftensammlung gegen die doppelte Staatsbürgerschaft und Vater des CDU-Sieges in Hessen. Der hessische CDU-Kandidat Roland Koch, dem zuvor nicht allzu viel Chancen gegen den amtierenden Ministerpräsidenten Hans Eichel und dessen rot-grünes Bündnis eingeräumt worden waren, hatte die Idee begierig aufgenommen.

Natürlich sollen auch heikle Themen dem Wahlkampf nicht entzogen bleiben. Ohnehin herrscht in Deutschland mit seinen 16 Bundesländern eine Art Dauerwettstreit und rund um das Gesetzgebungsverfahren muss in der Demokratie ausreichend Möglichkeit zur Aussprache sein. Auf das Wie der Debatte kommt es aber an, und da war Stoiber noch nie wählerisch. Ohne selbst ein ausgeprägter Rechter zu sein, was unter anderem die Hasstiraden der extremen Rechten gegen ihn belegen, macht es ihm nichts aus, Wahlkampf auf dem Rücken benachteiligter Bevölkerungsgruppen oder ausländischer Flüchtlinge zu führen. Da endet für Stoiber regelmäßig die »Woche der Brüderlichkeit«, zu deren Auftakt er stets wohlgesetzte Worte zu sprechen weiß.

Bei der Lektüre des CSU-Thesenpapiers »Kreuth XXIII« zur

doppelten Staatsbürgerschaft von 1999, das der Rechtsexperte im Bundestag, Wolfgang Zeitlmann, verfasst und die CSU sich zu Eigen gemacht hat, fühlt man sich, als sei man in ein Parteiprogramm der »Republikaner« oder der »Deutschen Volksunion« geraten. Da werden mit dem Wort »Welle« Naturgewalten suggeriert, die über Deutschland hereinbrechen würden, bloß weil Ausländer zwei Pässe haben dürfen. Eine »Einbürgerungswelle ohne Beispiel«, eine »Zuwanderungswelle mit unabsehbaren Ausmaßen«, »Parallelgesellschaften«, die zur »Spaltung unserer Gesellschaft« führten, das alles prophezeite Stoiber und wird er in ähnlicher Form in jedem Wahlkampf propagieren, wenn ihm die sachpolitischen Argumente ausgehen.

Die CSU fühlte sich unter Stoibers Führung 1999 berufen, »Widerstand an vorderster Front zu organisieren«; sie werde die »Bevölkerung mobilisieren«, weil durch die »Einbürgerung zum Nulltarif eine zentrale Grundlage des deutschen Nationalstaats der Beliebigkeit ausgesetzt« und »Kultur- und Geschichtsbewusstsein bewusst in Frage gestellt« werde. Die »Grenzen der Belastbarkeit« würden gesprengt, die »Einfallstore« für ethnische Konflikte geöffnet, Deutschland werde zur Basis für die Errichtung islamistischer Strukturen und schließlich hätten türkische oder islamistische Parteien Sitz und Stimme im Bundestag. Und wer die doppelte Staatsbürgerschaft fordere, »fördert und stärkt Rechtsextremismus in Deutschland«.

Nach den Ereignissen des 11. September 2001 lassen sich solche Kampagnen, deren Rezeptur stets griffbereit auf Stoibers Schreibtisch liegt, beliebig neu aufkochen. Die verfassungsrechtlichen Querelen um die Abstimmung im Bundesrat über das ohnehin schon völlig ausgehöhlte Zuwanderungsgesetz legen die Vermutung nahe, dass Stoiber auch im Bundestagswahlkampf zu solcher Kampfprosa greifen wird. Der Erfolg gibt ihm schließlich sogar Recht: Seit 1992, dem Jahr des »Asylkompromisses« treibt Stoiber SPD und Grüne mit diesen Sprüchen weiter vor sich her und hat ihnen damit schon viel von ihren auf den historischen Erfahrungen fußenden Grundansichten über Minderheiten- und Menschenrechte ausgetrieben.

Seit sich Otto Schily für die SPD mit kaltem parteipolitischem Kalkül dieser Themen angenommen hat, können sich Stoiber und sein bayerischer Innenminister Günther Beckstein besonders bestätigt fühlen. Die beiden haben dem Ex-Grünen, der zum Hardliner geworden ist, vorsorglich schon mal die Mitgliedschaft in der CSU angeboten. Es kommt nicht von ungefähr, dass der 70-jährige Veteran der Bürgerbewegung, der jetzt als Law- und Order-Mann Abbitte für seine APO-Zeit zu tun scheint, SPD-Spitzenkandidat in Bayern geworden ist. Das Signal, das ihn die SPD aussenden lässt, ist eindeutig: Auf diesem Politikfeld ist für sie Widerstand gegen die CSU zwecklos, weil mit »Gesinnungsethik« keine Wahlen zu gewinnen sind. Soviel Macht immerhin hat Stoiber, der »geläuterte Strauß«, wie ihn der SZ-Journalist Heribert Prantl einmal nannte, schon über die SPD gewonnen. Ihr Kalkül ist freilich kurzsichtig und riskant. Zumindest in Bayern entscheidet man sich im Zweifel für das Original und nicht für die Kopie.

1999 gelang der CDU nicht zuletzt wegen der Unterschriftensammlung gegen die doppelte Staatsbürgerschaft ein Motivationsschub und ein überraschender Wahlsieg in Hessen gegen Rot-Grün. Dass der Erfolg mit Schwarzgeld aus illegalen Parteikassen erzielt wurde, die später als »jüdische Vermächtnisse« deklariert wurden, war damals noch nicht bekannt. Wie viele Skandale in dieser Republik scheint auch dieser für Roland Koch und den früheren Bundesinnenminister Manfred Kanther, der sich beim Geldverstecken besonders hervortat, folgenlos zu bleiben. Der Sieg in Hessen bedeutete auch eine Trendwende für die Union insgesamt, die damit ihre Schlappe bei der Bundestagswahl abgeschüttelt zu haben glaubte. Der Aufschwung hielt aber nicht lange an. Als im November 1999 der Augsburger Staatsanwalt Winfried Maier bei den Ermittlungen gegen den früheren CDU-Schatzmeister Walther Leisler Kiep in den Keller des CDU-Wirtschaftsberaters Horst Weihrauch stieg, stieß er auf brisante Akten. Aus ihnen ging hervor, dass die CDU jahrzehntelang Teile ihres Haushalts über schwarze Kassen und anonyme Spenden abgewickelt hatte.

So angetan war Stoiber vom Mobilisierungserfolg durch die Unterschriftenaktion, dass er seinen Innenminister Beckstein in der CSU plötzlich sondieren ließ, ob sie der Einführung von Volksbegehren auf Bundesebene zustimmen könnte. Solche Forderungen waren für die Christlich-Sozialen ein rotes Tuch, vor allem als die Friedensbewegung in den achtziger Jahren zur Verhinderung der Raketenstationierung nach diesem Instrument gerufen hatte. Stoiber zog sich damit den Zorn der CSU-Landtagsfraktion in München zu, die alle Hände voll zu tun hatte, die in Bayern um sich greifenden Bürgerentscheide auf kommunaler Ebene zurückzudrängen. Die kommunale Mitbestimmung musste Stoiber seinerzeit geradezu abgetrotzt werden, von Volksbegehren, wie sie die bayerische Verfassung auf Landesebene kennt, wollte er auf Bundesebene nie etwas wissen. Als die Bayern Anfang 1998 mit einem Volksbegehren das Verfassungsorgan Senat, eine ständisch orientierte, ziemlich nutzlos gewordene Beraterkammer aufgelöst hatten, war Stoiber auf der Verliererseite gewesen. Als ihm aber der Erfolg in Hessen zeigte, was man aus der Opposition heraus mit einem solchen Instrument alles anfangen könne, schlug er flugs seine Bedenken in den Wind. Das war sogar für Alois Glück, den geduldigen Moderator der CSU-Politik im bayerischen Landtag, zu viel des Opportunismus. Der Plan verschwand genau so in der Versenkung wie Stoibers ehrgeiziges Vorhaben, die Reduzierung der Neuverschuldung auf Null im bayerischen Haushalt verbindlich in der Verfassung zu regeln. Bald danach war klar, dass dieses ehrgeizige Ziel, den Haushalt zu entlasten, selbst in Bayern nicht erreichbar war.

Aufmerksam registrierten Anfang 1999 ostdeutsche Politiker, dass Stoiber und sein neuer Minister in der Staatskanzlei, Erwin Huber, die CSU-Debatte von 1997 wieder aufnahmen, bei der es um das Einfrieren von Finanzhilfen für die neuen Bundesländer gegangen war. Diesmal stand nicht so sehr der Bundesfinanzausgleich im Vordergrund; Huber stellte wegen der partiellen Zusammenarbeit von SPD und PDS und wegen des Wahlverhaltens der Ostdeutschen, die nach wie vor zum Teil die Postkommunisten wählen, die fest vereinbarten Leistungen in Frage. Natürlich blieb das Gezeter folgenlos, aber es musste eben für die strebsamen Bayern, die ihr sauer verdientes Geld in diesen Bundessammeltopf zu werfen hatten, wieder einmal gesagt werden: Dass es die Bayern nicht zulassen würden, wie »Aufbau-Ost-Gelder für den Kommunismus-Aufbau-Ost missbraucht werden« und wie »der Föderalismus von den Kommunisten missbraucht wird«, was der »Gipfel der Zumutung für Demokraten« sei, zumal da die SPD auch noch den »Steigbügelhalter« spiele.

»Alpiner Stammtisch-Populismus«, »Angriff auf das Solidargebot des Grundgesetzes«, »Amoklauf«, lauteten die Kommentare aus den neuen Ländern. »Bayern selbst wäre ohne jahrzehntelange Zuwendungen aus dem Länderfinanzausgleich noch heute ein Agrarland«, ließ Sachsen-Anhalts Ministerpräsident Reinhard Höppner (SPD) wissen. Selbst Angela Merkel ging für die CDU auf Distanz: »Drohung ist nicht der richtige Weg«, sagte sie. Mit solchen Äußerungen wird Stoiber im Wahlkampf hinterm Berg halten, weil er auf Wählerstimmen aus dem Osten angewiesen ist. Die PDS-Keule hat er freilich stets griffbereit neben sich liegen.

So sehr Stoiber sich seit 1999 bundespolitisch in Positur zu setzen versuchte, große Auftritte gelangen ihm nicht. Aus Bayern drangen schlechte Nachrichten, die das selbst verliehene Prädikat »energischer Macher und kundiger Lenker der Bayern AG« beschädigten. Im Frühjahr 1999 brüteten Prüfer des Bayerischen Obersten Rechnungshofes über unglaublichen Zahlen und haarsträubenden Fehlern der zum Teil dem Freistaat gehörenden Landeswohnungs- und Städtebaugesellschaft (LWS). Schon seit 1996 waren regelmäßig anonym Unterlagen über den Niedergang der einst soliden Firma in der Redaktion eingegangen, ohne dass die Berichte darüber die Stoiber-Regierung besonders beunruhigt hätte. Es begann mit einem Defizit von 59 Millionen Mark in der Bilanz 1995, das fast das halbe Eigenkapital der LWS aufzehrte. Die Ursachen lagen auf der Hand: Das Unternehmen, das auf Beratung und Verwaltung, nicht aber auf Bauträgertätigkeit spezialisiert war, hatte sich bei Gewerbeprojekten vor allem in Ostdeutschland völlig übernommen, an falschen Lagen investiert und beim Vertrieb versagt.

Den möglicherweise gut gemeinten Ratschlag, nach der Wende den Aufbau Ost durch den Einsatz der bayerischen Firma zu fördern, hatte Edmund Stoiber noch als Innenminister gegeben. Warnungen des Finanzministers, die Firma sei darauf nicht eingerichtet, hatte er in den Wind geschlagen. 1997 musste Stoiber-Intimus Alfred Sauter, der als Bau-Staatssekretär Vorsitzender des LWS-Aufsichtsrats geworden war und die Schieflage schon vorgefunden hatte, bereits Bankschulden von 300 Millionen Mark melden und einen Sanierungsplan vorlegen. Die Regierung erfuhr zwar davon, zeigte sich aber immer noch nicht beunruhigt. Schließlich war es zu spät, im Mai 1999 drangen die fatalen Rechnungshof-Recherchen an die Öffentlichkeit. Die LWS kam nicht mehr auf die Beine, auf 500 Millionen Mark beliefen sich die Schulden. Das Ende ist bekannt. Fehler des LWS-Managements und der Aufsichtsräte nicht aber der Regierung als Mitbesitzerin seien schuld, sagte Stoiber. Als seine Mitverantwortung öffentlich immer heftiger diskutiert wurde, erkor der Ministerpräsident seinen Freund Alfred Sauter zum Sündenbock.

Im September 1999 kam es zu einem tagelangen Showdown, bei dem der clevere Sauter Stoiber regelrecht vorführte. So war noch niemand mit dem Regierungschef umgegangen. Die CSU-Landtagsfraktion schrieb das Missmanagement in der Staatskanzlei Stoibers Hörigkeit gegenüber seinen Führungshilfen zu, deren Einflüsterungen nicht zur Bewältigung, sondern zur Verschärfung der Krise geführt hätten. Gemeint war vor allem Amtschef Walter Schön, der in der CSU den Beinamen »Rasputin« hat. Am 4. September entließ Stoiber Sauter per Handy-Anruf, das langjährige vertraute Du wurde aufgekündigt. Sauter entgegnete, die Verfassungslage gestatte eine Ministerentlassung nur dem Landtag, die Stoiber dann betrieb. Vor der endgültigen Entlassung trat Sauter zurück. Kurz darauf wurde er auch aus dem CSU-Vorstand verbannt. Ein Untersuchungsausschuss ergab nur wenig Belastendes für ihn. Die Versuche der CSU-Mehrheit, Stoiber aus der Schusslinie zu bringen, waren durchsichtig. Die LWS-Pleite blieb an ihm haften.

Als Stoiber Anfang 2001 das nächste Regierungsmitglied, diesmal mit Recht, feuert, geht er vorsichtiger zu Werke. Gesundheitsministerin Barbara Stamm muss für Fehler der Verwaltung in der BSE-Affäre einstehen, Stoiber schickt seinen Staatskanzlei-Minister Erwin Huber zu später Stunde vor, um seine treueste Anhängerin in der Regierung zum Rücktritt bereitzumachen. Tränen fließen bei der Würzburgerin, zumal da Landwirtschaftsminister Josef Miller, der mindestens genauso viel Verantwortung trägt, aus unerfindlichen Gründen der Bannstrahl Stoibers nicht trifft. Der Ministerpräsident rette seinen

Ruf, wenn es darauf ankommt, mit »Menschenopfern«, hat der 1999 verstoßene Alfred Sauter gesagt; Grundwerte wie Dankbarkeit, Freundschaft, Loyalität und Solidarität nach unten seien bei ihm gering ausgeprägt.

Mit einem 600-Millionen-Programm, das den Finanzminister ächzen lässt und das nicht einmal richtig greift, versucht Stoiber hektisch, den Ruf der bayerischen Landwirtschaft zu retten und die verstörten Bauern zu beruhigen. Zu einer Wiederaufnahme naturnaher Produktion in großem Umfang rät er nicht. Stoiber und Landwirtschaftsminister Miller geben sich weiter in die Hand der Agrarlobby um Bauernpräsident Gerd Sonnleitner, der auf Massenproduktion nicht benötigter und deshalb mit aberwitzigen Subventionen gestützter Agrarprodukte setzt. Mit Geld allein lassen sich die schlimmen Fehlentwicklungen der Landwirtschaft nicht stoppen. Bald beunruhigte eine neue BSE-Welle Bayern, das frühere Agrar-Musterland weist inzwischen die allermeisten Krankheitsfälle auf.

Durch die Ernennung von Renate Künast zur Verbraucher- und Landwirtschaftsministerin in der Bundesregierung gerieten die Bayern in Zugzwang. Stoibers Versuch, auch seine Regierung durch einen neuen Zuschnitt auf die großen Herausforderungen in der Landwirtschaft und im Verbraucherschutz einzustellen, misslangen zunächst. Es sollte die große Stunde des Präsidenten der Technischen Universität München, Wolfgang Hermann, werden, der sich schon lange für Stoiber in Bereitschaft hielt. Der Mann war bereits ernannt, als ihm plötzlich einfiel, dass er wegen unversteuerter Honorare ein Steuerproblem hatte und ihm ein Strafbefehl ins Haus stand. Zähneknirschend musste sich Stoiber einen neuen Minister suchen. Er fand ihn im Umweltexperten der CSU-Landtagsfraktion, Eberhard Sinner, der als effizienter Fachmann und Querdenker gilt. Doch krasse Fehler bei BSE-Tests in industrienahen Labors, die seinem im Aufbau befindlichen Ministerium entgehen, verdüsterten auch seinen Start.

Stoibers Pechsträhne hielt an: Die Bayerische Landesbank, in deren Verwaltungsrat sich sein halbes Kabinett tummelt, verliert im Südostasien-Geschäft auf stümperhafte Weise 1,5 Milliarden Mark und lässt sich in Kroatien um 100 Millionen Euro prellen. Das größte Risiko ist die Bank aber, wohlwollend unterstützt von

Stoibers Regierung, mit ihrem nur mäßig gesicherten Kreditsegen von fast zwei Milliarden Euro für den Medienkonzern des Unions-Förderers Leo Kirch eingegangen. Als andere Geldinstitute mangels Sicherheiten schon längst abgewunken hatten, hatte die Bayerische Landesbank immer noch auszuhelfen und Kirch als letzten Rettungsanker die Rechte über den Formel 1-Motorsportzirkus zu finanzieren. Stoibers Staatskanzleiminister Erwin Huber war als Kreditwerber für Kirch unterwegs, als Garant für Kirchs Bonität trat im Landtag großspurig wie meistens Finanzminister Kurt Faltlhauser auf.

Stoiber selbst hatte 1999 beim internationalen Medienmagnaten Rupert Murdoch antichambriert, um ihn in die Kirch-Gruppe zu locken. Das gereichte für Kirch nicht gerade zum Vorteil. Mitte April 2002 mussten die ersten Teile des Unternehmens Insolvenz anmelden. Eine Auffanggesellschaft der Banken wurde gegründet, alle Experten sagen der Bayerischen Landesbank exorbitante Verluste voraus. Sie musste bereits Rückstellungen in Milliardenhöhe bilden. Trotzdem zeigten sich Stoiber und seine Minister Faltlhauser und Wiesheu am 9. April 2002 im Bayerischen Landtag unbeeindruckt. Politisches Versagen sei der Landesregierung in den Aufsichtsgremien der Kirch-Hausbank nicht vorzuwerfen. Stoiber überließ die Verkündung der Hiobsbotschaften zunächst den Ministern, um dann die Verdienste der Regierung für den Standort Bayern ein weiteres Mal aufzubrühen. Die Insolvenz sei in »rosarote Nebel« getaucht worden, schrieb Peter Fahrenholz in der SZ. »Erfolg durch Insolvenz« könnte ein neuer Wahlkampfslogan für Stoiber lauten, der mit der Kirch-Pleite eine weitere Entzauberung als angeblicher Wirtschaftscrack erlebte. Mit der Auffanggesellschaft und den monatelangen Insolvenzprüfungen hofft er, über den Wahltermin im September 2002 zu kommen, ehe das vollständige Ausmaß des Debakels feststeht.

Wenn der Begriff »politische Verantwortung« noch einen tieferen Sinn hat, kann eine Zerschlagung des Kirch-Konzerns mit anschließenden markanten Verlusten der Landesbank nicht ohne Folgen für die Zusammensetzung von Stoibers Regierung bleiben. Die Ausrede, Kirch habe München im Wettstreit mit Nordrhein-Westfalen und Hamburg zum deutschen Medienstandort

Nummer eins gemacht und viele Unternehmen der Kommunikationsbranche angezogen, zieht nicht. Entscheidend wird sein, wieviele Unternehmen vom Sturz mitgerissen werden und wieviel Geld die Landesbank verliert.

Dem inzwischen ebenfalls nahezu zahlungsunfähigen Sozialkonzern Deutscher Orden, dessen »Familiare« – wie sich die Mitglieder nennen – Edmund Stoiber ist, verschaffte der Regierungschef durch einen Brief an den für Einrichtungen dieser Art zuständigen Wissenschaftsminister Hans Zehetmair den Status einer steuerlich privilegierten Körperschaft des öffentlichen Rechts. Die katholischen Brüder, die in Erwartung dieses Geschenks ihre Zelte in Bayern aufgeschlagen hatten, revanchierten sich mit einem Schuldenberg von 350 Millionen Mark, ein Untersuchungsausschuss soll Licht in Stoibers fragwürdiges Engagement bringen. Der Opposition in München gehen inzwischen die Abgeordneten aus, um weitere Untersuchungsausschüsse zum Kirch-Desaster und zur Verantwortlichkeit für Fehler bei der BSE-Vermeidung und -Bekämpfung einzuberufen. Über kleinere Missgriffe der Stoiber-Verwaltung berichtet in schöner Regelmäßigkeit der Bayerische Oberste Rechnungshof. »Wenn alles so schnell nachwachsen würde wie die Skandale der Stoiber-Regierung, hätten wir vier Ernten pro Jahr«, spottete die Haushaltsexpertin der Grünen im Landtag, Emma Kellner, die seit Jahren das Kirch-Desaster mit profundem Zahlenmaterial vorhergesagt hat, aber nicht gehört wurde.

Man kann einwenden, dass eben einem, der viel anpackt, auch mehr misslingt als jemandem, der sich überhaupt nichts zu unternehmen traut. Die Summe der Fehleinschätzungen, denen Stoiber auf wirtschaftlichem Gebiet seit 1994 unterlegen ist oder für die er zumindest politische Mitverantwortung trägt, ist aber so üppig, dass die ihm wegen anderweitig guter bayerischer Bilanzen verliehene Etikettierung als ausgewiesener Wirtschaftsfachmann fragwürdig ist. Dass die guten Bilanzen von tüchtigen in- und ausländischen Arbeitskräften, Handwerkern und Unternehmern erwirtschaftet werden, denen der Staat ordentliche Rahmenbedingungen gibt, kommt in der CSU-Propaganda nur selten vor. Die politische Folgenlosigkeit von Affären und von der Regierung mitverursachten Pleiten in Bayern erwecken außerhalb des Freistaats den Eindruck ungebrochenen Erfolgs und hoher wirtschaftlicher Kompetenz des Unionskandidaten.

Seit Angela Merkel im Januar 2002 Stoiber in seinem Wolfratshauser Reihenhaus die Kandidatur dargebracht hat, wollen die Erfolgskurven in Bayern nicht mehr nach oben klettern. Das ist natürlich von Stoiber und seiner Regierung allein nicht beeinflussbar, sondern folgt zum Teil globelen Krisen oder, wie beim Beispiel Flugzeugindustrie, geringerer Nachfrage nach den Terroranschlägen vom Herbst 2001. Angriffe gegen die Bundesregierung in den Feldern Finanz- und Wirtschaftspolitik, auf die Stoiber seinen Wahlkampf aufbaut, verfangen angesichts der weiß-blauen Probleme allerdings nicht mehr sonderlich, mögen sie zum Teil auch noch so berechtigt sein. Wie fragil das vor allem durch die Hightechbranche gespeiste bayerische Wirtschaftswunder ist, zeigen die jüngsten Pleiten beim zweitgrößten deutschen Flugzeugbauer Fairchild-Dornier, beim Chip-Hersteller Infineon oder bei der Unterhaltungs-Elektronikfirma Schneider. Rechnet man den Niedergang der Kirch-Gruppe dazu, waren im April 2002 allein bei diesen vier Krisenfällen rund 12 000 hochqualifizierte Arbeitsplätze in Gefahr. Dazu kommen latente Probleme in traditionellen Zweigen wie der Schwer- und der Porzellanindustrie, beim Stahlwerk Maxhütte und beim einstigen Unterhaltungselektronik-Riesen Grundig.

Stoibers Wirtschaftsminister Otto Wiesheu eilt von Brandherd zu Brandherd und setzt auf Neuansiedlungen. Die »Qualität des Standorts« werde entscheiden, sagen Wirtschaftsminister und Regierungschef: Sie weisen auf »hervorragende Ausbildung im dualen System und an den Universitäten« hin, auf »exzellente Forschung in der Luft- und Raumfahrt«, auf das »Humankapital« und den in Bayern reichlich vorhandenen »Rohstoff Geist.« Doch Wiesheu gibt auch zu bedenken: »Gegen den Markt kann man nicht sanieren.« Zum Sanieren brauche man vor allem die Banken, und die seien »ein hartes Kontrollgremium bei der Beurteilung der Sanierungsfähigkeit. Wir sind nicht die Oberaufseher der Manager.« Auch im Stoiber-Land wachsen die Bäume nicht in den Himmel.

Im Krisenfall kommen dann natürlich auch in Bayern Werkzeuge zum Vorschein, deren Gebrauch Stoiber gern als Staatsinterventionismus geißelt. Als Bundeskanzler Schröder populistisch und letztlich wirkungslos die inzwischen insolvente Baufirma Holzmann mit Staatsbürgschaften retten wollte, sprach Stoiber mit Recht von einem Sündenfall. In Bayern gießt die CSU die Stützungsmillionen aber mit der Gießkanne über das Land. Wenn durch das Kirch-Desaster wegen ausbleibender Zahlungen für die Übertragungsrechte Profi-Fussballvereine mit unsoliden Haushalten und Höchstgehältern für ihre Spieler in Gefahr zu geraten drohen, bringen es die Politiker in Wahlzeiten auch noch fertig, mit dem Geld der Steuerzahler als Sponsoren aufzutreten. Stoiber sitzt auch im Beirat des exzellent geführten FC Bayern München, der keine staatliche Hilfe braucht, und hat schnell erkannt, wie peinlich und verfehlt ein solches Unterfangen wäre. Treibende Kraft ist der Ruhr-Stoiber Wolfgang Clement, der zahllose marode Fußballvereine in seiner Region hat. Aber vielleicht entscheiden ja wirklich nicht die sozial Bedürftigen, für die immer weniger Geld da ist, die Bundestagswahl 2002, sondern die Fußballfans. Dann hat freilich Stoiber die schlechteren Karten, weil seinem Lieblingsklub im übrigen Bundesgebiet Neid und Missgunst entgegengebracht wird. »Zieht den Bayern die Lederhosen aus«, singen vor allem die Fans im Ruhrgebiet.

Ähnlich wie mit dem gern vorgewiesenen »Macher«-Image Stoibers verhält es sich mit seiner Saubermann-Attitüde. Ohne Zweifel hat er in den ersten beiden Jahren seiner Amtszeit als Ministerpräsident versucht, mit der alten Strauß-Tradition zu brechen und die CSU auf einen ordentlichen Weg zu führen. Amigo-Typen wie Karlheinz Schreiber, Eduard Zwick, Karl Dersch oder Walter Schöll hatten und haben unter Stoiber bei Hofe keine Chancen mehr. Zum Teil hatte die alte Strauß-Entourage schon Stoiber-Vorgänger Max Streibl verbannt, allerdings durch andere Nassauer ersetzt. Stoiber legte dagegen von Anfang an Wert darauf, dass nur erste Adressen aus Industrie und Wissenschaft in der Staatskanzlei Zugang hatten oder zu seiner Delegation gehörten, wenn er auf Auslandsreise nach Südamerika oder in die USA ging.

Doch Filz ist ein langlebiges Material und Stoiber wurde von alten Seilschaften daran erinnert, dass er es mit dem Hausputz in Bayern nicht übertreiben dürfe, wenn seine Zeit mit Strauß im gnädigen Dunkel bleiben solle. Mit zum Teil kleinlichen Hinweisen, welchen Freund die Familie Stoiber im Urlaub wieder besucht habe, versuchten alte Amigos, Stoiber zu diskreditieren. So kam nach der Diskussion um Stoibers Gratisferien beim Großlobbyisten Dieter Holzer auch ein Urlaub in Südfrankreich bei seinem Arzt Valentin Argirov in die Schlagzeilen. Zum Fall wurde die Sache, die unter Freunden möglich sein muss, nur, weil Stoiber erklären ließ, er habe dem Mediziner dafür 3000 Mark gegeben. Argirov hatte kurz vorher als Gentleman alter Schule richtigerweise gesagt, von Freunden nehme er natürlich kein Geld. Problematisch könnte an dieser Verbindung nur sein, wenn der Mediziner und Klinikbetreiber bei seinen Verhandlungen mit dem Staat bevorzugt würde. Dafür gibt es aber keine stichhaltigen Beweise.

Seine wahren Verbündeten beim Saubermachen im Freistaat hat Stoiber nicht erkannt: Beamte, die ihren Kopf dafür hingehalten hatten, dass Parteigänger der CSU nicht den Staat ausplünderten und die dafür Ärger bekamen, konnten nicht auf ihn zählen. Er überließ sie ihrem Schicksal, und das kann für einen jahrelang gemobbten Staatsdiener äußerst hart sein. Die Gelegenheit, etwa den Vorkämpfer für eine unparteiische Behandlung von Steuerpflichtigen im bayerischen Finanzministerium, den Ministerialrat Wilhelm Schlötterer, nach 17 Jahren endlich zu rehabilitieren und vielleicht sogar als Vorbild für das neue CSU-Verständnis von ordentlichen Verhältnissen herauszustellen, ließ der Ministerpräsident jahrelang trotz vieler Appelle verstreichen. Wahrscheinlich erinnerte er sich schlechten Gewissens daran, wie übel er als junger CSU-Landtagsabgeordneter im Zusammenspiel mit dem derzeitigen Finanzminister Kurt Faltlhauser dem aufrechten Beamten in einem Untersuchungsausschuss vor mehr als zwanzig Jahren mitgespielt hatte. Schlötterer hatte sich der steuerlichen Begünstigung von Strauß-Freunden wie Friedrich Jahn (»Wienerwald«), Franz Beckenbauer und anderen mit Landtagseingaben widersetzt.

Faltlhauser griff 2001, sicher mit Billigung Stoibers, sogar auf alte Amigo-Methoden zurück, als er den Bundesrechnungshof von Prüfungen in Bayern ausschließen wollte. Auch Strauß hatte die Bundesprüfer aus Bayern verbannt, als sie undurchsichtige CSU-Spendensammelvereine und illegale Gewinnausschüttungen beim Strauß-Spezi Friedrich Jahn untersuchen wollten. Das Bundesverwaltungsgericht zeigte den selbstherrlichen Bayern 2002 ihre Grenzen auf, sie müssen den Bundesrechnungshof in Bayern weiter prüfen lassen. 1998 ließ es sich schließlich nicht mehr vermeiden, Schlötterer Gerechtigkeit widerfahren zu lassen. Es ist ein Treppenwitz der bayerischen Landespolitik, dass der Ministerialrat jetzt bei der früheren LWS als Generalbevollmächtigter der Firmentöchter die von Stoiber mitverschuldete Pleite der Muttergesellschaft abfedern muss.

Den Zorn der CSU-Verwaltung bekam auch der aus dem westfälischen Ministerialdienst aus Überzeugung nach Bayern gewechselte Ministerialrat Johann Fischer-Stabauer zu spüren, der verhinderte, dass der CSU-Politiker Gerold Tandler wegen seiner wirtschaftlichen Verflechtungen mit dem Strauß-Freund Zwick ungeschoren davonkam. Fischer-Stabauer war der SPD-Speziwirtschaft in Nordrhein-Westfalen überdrüssig geworden und hatte sich im Freistaat mit einem erheblich niedigeren Dienstrang zufrieden geben müssen. Dass er vom Regen in die Traufe kommen würde, hatte er freilich nicht geahnt. Als zuständiger Finanzbeamter war er im Prozess um die hinterzogenen Zwick-Millionen 1995 in Landshut maßgeblich daran beteiligt, dass der Freistaat Bayern von den verschenkten Steuerschulden 30 Millionen Mark als Vorleistung wieder zurückbekam. Dass er aber wenige Tage vor Ablauf der Verjährungsfrist Tandler, der dem Fiskus Darlehen von Zwick verschwiegen hatte, die Einleitung eines Steuerstrafverfahrens präsentierte, fand die CSU nicht so gut. Plötzlich wurde der vorher als besonders qualifiziert angesehene Beamte dienstlich so schlecht beurteilt, dass er nicht einmal mehr für die Leitung eines Finanzamts in Frage kam. Sein Anwalt Peter Spörlein, der den Fiskus gezwungen hatte, weitere Millionen zunächst nicht festgesetzter Steuer bei Zwick einzutreiben, hatte alle Hände voll zu tun, für Fischer-Stabauer einen adäquaten Posten in der Finanzverwaltung zu erkämpfen. Das Tandler-Verfahren wurde später gegen Zahlung von 150 000 Mark Buße eingestellt.

Anfang 2002 braut sich ein neuer Steuerskandal von Zwickschen Ausmaßen in Bayern zusammen, in den freilich auch das Bundesfinanzministerium verwickelt ist. Beim Diehl-Konzern in Nürnberg, der seit Jahrzehnten beste Beziehungen zur CSU-

Regierung unterhält und um den herum in den achtziger Jahren eine eigenständige bayerische Waffenschmiede entstehen sollte, entdeckte 1999 die Betriebsprüferin Ingrid Meier mit Unterstützung des Bundesamts für Finanzen Steuerschulden von rund 60 Millionen Mark. Ohne die Ergebnisse, die zu diesen Feststellungen geführt hatten, zu widerlegen, wurde die Frau kurzerhand vom Prüfungsverfahren abgezogen und auf Anweisung der Nürnberger Oberfinanzdirektion auf die Erhebung der Steuern verzichtet. Einige der Akteure aus Unternehmen, Fiskus und Justiz, die sich mittlerweile eingeschaltet hat, gehören nach den Feststellungen des Rechtsanwalts der Beamtin, Rainer Roth, zu Nürnberger Rotarier-Runden.

Bei der strittigen Entscheidung ging es um die Frage, ob zwei Firmenbeteiligungen des Waffenherstellers an den Unternehmen Rheinmetall und Krauss-Maffei dem Betriebs- oder dem Privatvermögen zuzuordnen seien. Seitenlang hat das zuständige Finanzamt dargelegt, dass es sich um Betriebsvermögen handle und Steuern zu bezahlen seien. Weitere Hinweise hatte die Steuerfahndung Düsseldorf gefunden, die aber von den Nürnberger Behörden ignoriert würden. »In Nürnberg gibt es keinen Staatsanwalt, der gegen Diehl ermittelt«, heißt es bei der Steuerfahndung. Zunächst hatte Diehl selbst der Versteuerung zumindest einer Beteiligung zugestimmt. 2001 schwenkte jedoch das Bundesamt um, selbst das Bundesfinanzministerium des klammen Hans Eichel billigte den Steuerverzicht und wimmelte nach bester Amigo-Manier lästige Fragesteller wie den Münchner Ex-Oberbürgermeister Georg Kronawitter ab.

Der Firma Diehl, die früher reichlich Spenden an die CSU abgeführt hat, waren in den achtziger Jahren ohne ersichtlichen Grund vom bayerischen Finanzministerium schon einmal mehrere Millionen Mark aus einer Firmenveräußerung im Iran erlassen worden. Die steuerlich günstigste Konstruktion des Familienbetriebs um den Patriarchen Karl Diehl war laut Regierungsakten Anfang der achtziger Jahre mit Hilfe des bayerischen Finanzministeriums ausgetüftelt worden.

Was hat Stoiber mit all dem zu tun, kann man fragen. Muss er sich um alles kümmern? Eigentlich nicht, aber da es sein Arbeitsstil ist, alles, was irgendwie bedeutend oder gefährlich erscheint, an sich zu ziehen und sich nichts entgehen zu lassen, kann ihm die Drangsalierung pflichbewusster Beamten nicht verborgen geblieben sein. Eigentlich müsste er sie im Wahlkampf als Zeugen für die neue Politik in Bayern auftreten lassen. Betriebsprüferin Ingrid Meier muss vor dem Verwaltungsgericht um ihr Recht kämpfen. Sie hat es abgelehnt, die Verantwortung für den Steuererlass zu tragen und sollte dafür bereits vom Prüfungsdienst abgezogen werden. Die Justiz rückte vorsichtshalber zu Hausdurchsuchungen an und leitete ein Ermittlungsverfahren ein: gegen Ingrid Meier und ihren Rechtsanwalt Roth. Der – da schließt sich ein Kreis – ist zufällig der Ehemann der früheren Anti-Strauß-Aktivistin Christine Roth, geborene Schanderl, was in der Finanzverwaltung zu den verwegensten Spekulationen über einen weiteren Anschlag der beiden Juristen auf den Rechtsstaat führte.

Auch das ist eine Spezialität im Stoiber-Land: Verfolgt werden zunächst einmal jene, die nachweisen, dass hinter dem stattlichen Stoiber-Musterhof mit blanken Scheiben, weiß-blauen Fensterläden, Geranien und Lüftlmalerei immer wieder üble Gerüche von den alten Misthaufen aufsteigen. Der Betriebsprüfer Rolf Belzner, der mit akribischen Prüfungen mehr Geld als seine Kollegen hereinbrachte, aber mit seiner ertragreichen Tätigkeit von ihm besuchte Firmen verärgerte, musste sich jahrelang des Verdikts der Finanzbehörde erwehren, er verstoße gegen die Steuergerechtigkeit. Diehl-Prüferin Ingrid Meier und ihr Anwalt Roth wurden der Verletzung des Steuergeheimnisses zu Lasten der Firma Diehl durch illegale Kontakte zur Presse bezichtigt. Solche Mittel waren auch eingesetzt worden, als Gerold Tandlers Machenschaften mit Eduard Zwick veröffentlicht und die prekären Handakten der Augsburger Staatsanwaltschaft zum Schreiber-Verfahren publiziert wurden. Den Ärger bekamen auch in Stoibers Ägide stets die Veröffentlicher, nicht die Verursacher staatlichen Fehlverhaltens.

Der Augsburger Staatsanwalt Winfried Maier, der zusammen mit seinem Chef Jörg Hillinger zunächst jahrelang ziemlich unbehelligt gegen den Waffenhändler Karlheinz Schreiber und den Strauß-Sohn Max ermitteln konnte, stieß 1999 an seine Grenzen. Ende April 1999 war Maiers Förderer und Beschützer

Hillinger bei einem rätselhaften Autounfall gestorben, just an dem Tag, als der Münchner Generalstaatsanwalt Hermann Froschauer einen Haftbefehl stoppte, den die Augsburger Ermittler bei Gericht erwirkt hatten. Er galt Holger Pfahls, einem früheren Stoiber-Mitarbeiter im Büro des Ministerpräsidenten Strauß. Froschauer war verärgert, weil Hillinger und Maier ihm nicht wie üblich den Haftbefehl vorher geschickt hatten. Sie befürchteten, Pfahls könnte gewarnt werden. Ein paar Tage später wurde der Haftbefehl wieder in Vollzug gesetzt, doch Pfahls konnte in Südostasien entwischen. Als Staatssekretär im Bundesverteidigungsministerium soll der frühere Stoiber-Kollege mit 3,8 Millionen Mark Schmiergeld von Schreiber 36 Fuchs-Spürpanzer nach Saudi-Arabien ins Rollen gebracht haben. Ob sein Verschwinden durch die Blockade des Haftbefehls begünstigt wurde, lässt sich natürlich nicht belegen. Da Pfahls von Strauß für kurze Zeit zum Präsidenten des Bundesamts für Verfassungsschutz gemacht worden war und sich im Geheimdienstmilieu bestens auskannte, könnte er mit nachrichtendienstlicher Hilfe entwischt sein.

Nach Hillingers Tod sollte das Augsburger Verfahren plötzlich auf verschiedene Staatsanwaltschaften aufgeteilt werden, was sein Ende bedeutet hätte. Das scheiterte noch am Widerstand Maiers und der Augsburger Steuerfahndung. Als Maier aber einen internationalen Haftbefehl gegen Schreiber erwirkt, darin seinen Verdacht gegen Max Strauß festgehalten und schließlich eher durch Zufall die schwarzen Kassen der CDU entdeckt hatte, waren nach seinen Worten »konsequente Ermittlungen nicht mehr möglich«. Die Strauß-Geschwister Monika Hohlmeier und Franz Georg Strauß erzwangen von Maiers Vorgesetzten eine Erklärung, dass die Erbengemeinschaft Strauß nichts mit den 5,2 Millionen Mark zu tun habe, die Schreiber laut Staatsanwaltschaft unter den Codes »Master« und »Maxwell« in der Schweiz für Max Strauß gebunkert haben soll. Stoiber stellte sich demonstrativ hinter seine Ministerin.

Vor einem Untersuchungsausschuss im bayerischen Landtag berichtete Staatsanwalt Maier ungeschminkt, was ihm in Bayern, das Stoiber gern als Hort der Rechtsstaatlichkeit preist, widerfahren war. Weder durfte er den Ehrenwort-Kanzler Helmut Kohl vernehmen noch die CDU-Bundesgeschäftsstelle durchsuchen noch dem Betrugsverdacht nachgehen, den er gegen Kohl auf Grund der Aktenlage hegte. Immer fand sich irgendein Vorwand, den Staatsanwalt auszubremsen, ohne ihm eine schriftliche Weisung erteilen zu müssen. Die hätte Maier nach Recht und Gesetz jederzeit befolgt, aber man scheute sich, zu deutliche Bremsspuren in den Akten zu hinterlassen.

»Mich hat persönlich aufgeregt, dass ich immer schreiben sollte, das ist so und so, wenn ich anderer Auffassung war. Wenn es eine Weisung gibt, dann habe ich die zu befolgen oder zu remonstrieren. Das ist eine klare Sache. Aber diese Vertuschung der Entscheidungsvorgänge, das war das, was mich eigentlich geärgert hat,« sagte Maier aus. »Was mir auf den Keks ging, um das wirklich auf Deutsch zu sagen, waren die bestellten Berichte, die mich letztlich zum Alibi-Staatsanwalt denaturierten.« Bei Hausdurchsuchungen stellte Maier fest, dass die Verdächtigen vorgewarnt waren. Sein Resumee: »Eine Durchsuchung wird immer mehr zur Veranstaltung, dass man besser den United Parcel Service hinschickt, als dass man selbst durchsucht.« Mit großer Deutlichkeit wurde Maier von seinen Vorgesetzten Ende 1999 klar gemacht, dass er keine Zukunft in der Staatsanwaltschaft habe. »Die bringen noch das ganze Land durcheinander«, soll »General« Froschauer über ihn und den Augsburger Steuerfahnder Winfried Kindler gesagt haben. Maier blieb nichts anderes übrig, als ins Richteramt zu wechseln. Er legte allerdings noch eine Anklageschrift vor und schlug, wie er sagte, durch Verfügungen »Pflöcke« ein, damit das Ermittlungsverfahren gegen Max Strauß, das Stoiber besonders beunruhigt, nicht einfach versanden konnte.

Für geordnete weitere Ermittlungen sorgen jetzt in Augsburg Staatsanwalt Christoph Wiesner und die junge Staatsanwältin Barbara Pöschl, die Maier noch eingearbeitet hat. Das öffentliche Aufsehen sollte Schutz genug für eine ordnungsgemäße Beendigung des Prozesses und des noch anhängigen Ermittlungsverfahrens gegen Strauß junior sein, weitere Eingriffe kann sich die CSU-Regierung nicht mehr erlauben. Maier zog im Februar 2002 in einem Interview mit den »Blättern für deutsche und internationale Politik« vorsichtig Bilanz. Die Parteispendenaffäre habe gezeigt, vor welchen Schwierigkeiten »eine Staatsanwaltschaft im Fall eines Härtetests steht, wenn sie letztlich der Politik, plakativ formuliert, der Exekutive, unterworfen ist. Wie soll die Staatsanwaltschaft hier ermitteln?«

Maier orientiert sich inzwischen am Beispiel Italien, wo die Staatsanwälte nicht an Weisungen gebunden sind. Dort sei sichtbar geworden, »dass aufgrund der Unabhängigkeit der Staatsanwaltschaften Erfolge erzielbar waren. Dieser so genannte unabhängige Staatsanwalt mag in etlichen Fällen ein sehr Erfolg versprechendes Institut sein.« In Deutschland dagegen ist die Ahndung der Parteispendenaffäre mit all ihren Verästelungen, mit dem rätselhaften Aktenschwund im Bundeskanzleramt und den berüchtigten Verhältnissen in der hessischen CDU bisher kaum vorangekommen, sondern droht im Sand zu verlaufen. Die Folgenlosigkeit solcher Delikte mag die Kölner Sozialdemokraten und ähnliche Genossen dazu bewogen haben, die Hände ebenfalls weiter aufzuhalten. Da klingt manche Empörung über bayerische oder andere Zustände ziemlich hohl. Bei den Leuten bleibt hängen: Cosi fan tutte, so machen es alle.

Eine der häufig gestellten Fragen 1999 war, wann die Spendenaffäre der CSU enthüllt werde. Dass sie vom Schicksal der CDU verschont blieb, hatte sie der schwäbisch-soliden Haushaltsführung ihres Ex-Vorsitzenden Theo Waigel zu verdanken, für den sich schwarze Kassen und anonyme Spenden von Vornherein verbaten. Aus der Strauß-Zeit, in der die Parteien ohne große Pflicht zur detaillierten Rechnungslegung Geld zusammenrafften, verfügte die CSU über ein solides Immobilienvermögen, das sie in den letzten Jahren zur Entschuldung des Landesverbands locker machen musste. Einzelne CSU-Bezirke haben dagegen beachtliches Vermögen auf der hohen Kante, darunter auch Stoibers oberbayerische Parteigliederung. Mit einer 60-Millionen-Mark-Erbschaft von den Geschwistern Tausend aus Frankfurt kann die CSU in einem eigenen Bildungswerk neben der Hanns-Seidel-Stiftung, das inzwischen über 90 Millionen Mark verfügt, aus dem Vollen schöpfen. Trotzdem bessert sie mit einem gerissenen Trick, den die Bundestagsverwaltung bisher toleriert hat, die Parteikasse auf. Im Steuerrecht würde man das »Gestaltungsmissbrauch« nennen und mit Strafe belegen, beim Parteienfinanzierungsgesetz schaut der Gesetzgeber in eigener Sache aber nicht so genau hin.

Das Magazin *Stern* hat im Januar 2002 die Praxis aufgedeckt und zunächst Prügel bezogen, weil in der Geschichte der Hinweis auf die Sanktionierung durch den Bundestag fehlte. Das ändert aber nichts daran, dass die Beschaffung öffentlicher Mittel durch die CSU anstößig ist. Es begann zunächst noch unter Franz Josef Strauß mit einer langjährigen Aktion, Mitglieder, die laut CSU-Satzung Anspruch auf kostenlose Lieferung des chronisch defizitären Parteiblatts *Bayernkurier* hatten, dazu zu bringen, bezahlte Abonnements abzuschließen. Außerdem wurde erfolgreich für Patenschaftsabonnements geworben. Das Geschäft besorgte der Profi-Werber Karl Robitsch mit seiner eingeführten Firma, und alle verdienten prächtig. Robitsch, der die Logistik und die Drückerkolonnen stellte, und die CSU als Herausgeberin der Parteizeitung teilten jahrzehntelang friedlich die Einnahmen – rund 70 Millionen Mark.

1994 erschlossen sich die Parteien eine weitere Pfründe, indem sie sich für jede Spendenmark, die sie einnahmen, einen staatlichen Zuschuss von 50 Pfennig sicherten. Das brachte die CSU darauf, sich die Masche mit den Patenschaftsabonnements vom Staat zusätzlich honorieren zu lassen. Sie meldete die Einnahmen, die Robitsch mit seinen Kolonnen erzielte samt der 50-prozentigen Provision als Spenden bei der Bundestagsverwaltung an – und kam damit durch. Zu den sechs Millionen Euro, die Robitsch zwischen 1994 und 1999 an Patenschaftsabonnements herbeischaffte, bekam die CSU drei Millionen Euro dazu. *Stern*-Autor Hans Peter Schütz lieferte, gestützt auf Experten und auf den von der CSU inzwischen im Streit geschiedenen Robitsch, eine Reihe von Belegen, dass sich dieses Verfahren trotz der Billigung durch die CDU-Bundestagspräsidentin Rita Süssmuth kaum mit der allgemeinen Rechtslage und Grundsatzurteilen zum Spendensammeln vereinbaren läßt. Die CSU setzt es gleichwohl unter Parteichef Edmund Stoiber bis auf den heutigen Tag mit neuen Werbern und geringeren Provisionen fort. Erst nach den *Stern*-Recherchen kam eine Überprüfung durch Bundestagspräsident Wolfgang Thierse (SPD) in Gang.

In den ersten Monaten seit Januar 2002 entwickelte Stoibers

Wahlkampf noch nicht den rechten Schwung. Zu widersprüchlich waren die Aussagen über Ausstieg oder Wiedereinstieg in die Atomenergie, Aussetzen oder Beibehalten der Ökosteuer oder des Betriebsverfassungsgesetzes, als dass sich bundesweit großes Zutrauen in den Kandidaten entwickelt hätte. Von den Kommunalwahlen im März 2002 hatte sich Stoiber ein positives Signal versprochen. Auch daraus wurde nichts. Zwar feierte die CSU ihren Pflichtsieg auf Landesebene, aber das ehrgeizige Vorhaben, bei den Oberbürgermeisterwahlen in den größten Städten Rückenwind für einen bayerischen Kanzler zu bekommen, scheiterte. Die rote Bastion München wurde vom bayerischen Parade-Sozi Christian Ude souverän gehalten, in seinem Sog wurde die SPD sogar stärkste Partei und kann unangefochten mit dem Rot-Grün-Modell weiterregieren, das Stoiber in Berlin beenden will. In Nürnberg und Augsburg verlor die CSU sogar die Oberbürgermeisterposten, junge Sozialdemokraten setzten sich durch.

Für den Fall, dass es vielleicht doch nichts wird mit dem ersten Bayern im Kanzleramt, kann sich Stoiber Trost holen in dem von ihm 1976 herausgegebenen Buch »Politik aus Bayern«. Dort hat er damals geschrieben: »Zur personalen Freiheit gehört auch die Chance des Scheiterns.«

Zeittafel

1941	28. September geboren in Oberaudorf, Landkreis Rosenheim
1947–1951	Volksschule Oberaudorf
1951–1961	Gymnasium Rosenheim, Abitur 1961
1961–1962	Wehrdienst bei den Gebirgsjägern, abgebrochen nach Verletzung
1961–1967	Studium der Rechtswissenschaften an der Universität München
1967	Erstes Staatsexamen
1968	Eheschließung mit Karin Rudolf
1968–1971	Referendarzeit, Zweites Staatsexamen Geburt der Tochter Constanze, Promotion, CSU-Beitritt, Berufsbeginn im bayerischen Staatsministerium für Landesentwicklung und Umweltfragen
1972–1974	Persönlicher Referent des bayerischen Umweltministers Max Streibl
1974	Erstmals Mitglied des bayerischen Landtags
1976	Herausgabe des Buchs »Politik aus Bayern« mit jungen CSU-Abgeordneten
1977	Geburt der Tochter Veronica
1978	Wiederwahl in den Landtag, Syndikus der bayerischen Lottoeinnehmer (bis 1982), Ernennung zum Generalsekretär der CSU
1979–1980	Wahlkampfleiter des Kanzlerkandidaten Franz Josef Strauß
1980	Geburt des Sohnes Dominic
1982	Leiter der bayerischen Staatskanzlei als Staatssekretär von Franz Josef Strauß
1983	Abgabe des Amts des CSU-Generalsekretärs, Wahlschlappe bei den Vorstandswahlen auf dem CSU-Parteitag, Wiederwahl mit nur 46,9 Prozent ohne Gegenkandidat angenommen
1984	Verzicht auf das Amt des Sozialministers, Verbleib in

der Staatskanzlei nach dem Tod von Marianne Strauß

1986 Wiederwahl in den Landtag, Beförderung zum Minister in der Staatskanzlei

1988–1993 Berufung zum bayerischen Innenminister

1989–1993 Stellvertretender Parteivorsitzender der CSU

1990 Wiederwahl in den bayerischen Landtag

1992 Asylkompromiss mit der SPD

1993 Eingeständnis kostenloser Flugreisen und Autonutzung, Wahl zum bayerischen Ministerpräsidenten nach Rücktritt von Max Streibl wegen der Amigo-Affäre, Abschaffung von Privilegien der Kabinettsmitglieder

1994 Rücktritt von Peter Gauweiler aus dem Kabinett wegen der Kanzlei-Affäre, Wiederwahl in den Landtag, erneute Wahl zum Ministerpräsidenten

1995 Massive Proteste gegen Kruzifix-Urteil des Bundesverfassungsgerichts und gerichtliche Beschränkung der Öffnungszeiten von Biergärten

1996 Bayerischer Sonderweg im Abtreibungsrecht, später vom Bundesverfassungsgericht revidiert

1997 Heftige Auseinandersetzungen mit der CSU-Landesgruppe im Bundestag auf der Kreuther Winterklausur, anhaltende Differenzen mit Bundeskanzler Helmut Kohl und Finanzminister Theo Waigel wegen Einführung des Euro

1998 Wiederwahl in den Landtag und als Ministerpräsident, Verkleinerung des Kabinetts, nach Niederlage der Union bei der Bundestagswahl Aufstieg zu einer Schlüsselfigur der deutschen Konservativen

1999 Übernahme des CSU-Parteivorsitzes von Theo Waigel, Rücktritt von Justizminister Alfred Sauter, wegen LWS-Affäre erzwungen. Kategorische Ablehnung einer Kanzlerkandidatur für 2002, Empfehlung an den Vorsitzenden der Österreichischen Volkspartei, Wolfgang Schüssel, eine Koalition mit der FPÖ des Jörg Haider einzugehen

2000 Mehrfache Absage an eine Kanzlerkandidatur, Niederlage im Bundesrat bei der Steuerreform, weil

CDU-Politiker für das rot-grüne Konzept stimmen. Aufgabe der ablehnenden Haltung zu Volksentscheiden auf Bundesebene, Forderung nach Abschaffung des Grundrechts auf Asyl, BSE-Krise in Bayern

2001 Aufforderung von Michael Glos, für Kanzlerkandidatur zur Verfügung zu stehen, zurückgewiesen. Rücktritt der Gesundheitsministerin Barbara Stamm wegen der BSE-Krise angenommen. Einrichtung eines Ministeriums für Verbraucherschutz. Verzicht auf Kanzlerkandidatur unter Hinweis auf schlechten Zustand der CDU intern bekräftigt. Hinweis auf vereinbarten Zeitplan.

2002 Kanzlerkandidatur nach Angebot der CDU-Vorsitzenden Angela Merkel beim »Wolfratshauser Frühstück« akzeptiert. Wahlkampfauftakt in Frankfurt. Ziele bei Kommunalwahlen in Bayern nur auf dem Land erreicht. Großstädte München, Augsburg und Nürnberg wählen SPD-Oberbürgermeister. Krise um das von der Bayerischen Landesbank mit 1,9 Milliarden Euro Kredit bei fragwürdigen Sicherheiten ausgestattete, von der Stoiber-Regierung geförderte Medienunternehmen Leo Kirch spitzt sich zu.

Literaturhinweise

Bickerich, Wolfram, *Franz Josef Strauß*. Die Biografie, Düsseldorf 1996

Goetz, John/Neumann, Conny/Schröm, Oliver, *Allein gegen Kohl, Kiep & Co.* Die Geschichte einer unerwünschten Ermittlung, Berlin 2000

Heigl, Frank/Saupe, Jürgen, *Operation* EVA. Hamburg 1982

Kleine-Brockhoff, Thomas/Schirra, Bruno, *Das System Leuna*, Hamburg 2001

Kock, Peter Jakob, *Der bayerische Landtag*. Eine Chronik, München 1996

Koelbl, Herlinde, *Spuren der Macht*. Die Verwandlung des Menschen durch das Amt, München 1999

Köpf, Peter, *Stoiber*. Die Biografie, Hamburg 2001

Leyendecker, Hans/Prantl, Heribert/Stiller, Michael, *Helmut Kohl, die Macht und das Geld*. Göttingen 2000

Sabathil, Ursula, *Edmund Stoiber privat*. München 2001

Schöll, Walter (Hrsg.)/Scharnagl, Wilfried (Text)/Strauß, Max (Bildredaktion), *Franz Josef Strauß*. Der Mensch und der Staatsmann, Percha 1984

Stiller, Michael, *Schönhuber und seine Republikaner*. München 1989

Stoiber, Edmund/Kabermann, Friedrich, *Das Maß der Dinge*. Über die Kunst, das politisch Notwendige zu tun, München 2001

Strauß, Franz Josef, *Die Erinnerungen*. Berlin 1989

Stücklen, Richard, *Mit Humor und Augenmaß*. Forchheim 2001

Voss, Friedrich, *Den Kanzler im Visier*. 20 Jahre mit Franz Josef Strauß, Mainz/München 2000

Zimmermann, Friedrich, *Kabinettstücke*. Politik mit Strauß und Kohl, Berlin 1994

Personenregister

Bildnachweis

1. Foto © Herlinde Koelbl
2. Foto © Donar-Press/Süddeutscher Verlag – Bilderdienst
3. Foto © Süddeutscher Verlag – Bilderdienst
4. Foto © Rudolf Dietrich/ Süddeutscher Verlag – Bilderdienst
5. Foto © ullstein bild – dpa
6. Foto © Süddeutscher Verlag – Bilderdienst
7. Foto © Guido Krzikowski/Süddeutscher Verlag – Bilderdienst
8. Foto © AP/Süddeutscher Verlag – Bilderdienst
9. Foto © ullstein bild – ADN
10. Foto © Lothar Kucharz/Süddeutscher Verlag – Bilderdienst
11. Foto © ullstein bild – Wolfgang M. Weber
12. Foto © dpa/Süddeutscher Verlag – Bilderdienst
13. Foto © argum/Süddeutscher Verlag – Bilderdienst
14. Foto © Süddeutscher Verlag – Bilderdienst
15. Foto © dpa/Süddeutscher Verlag – Bilderdienst
16. Foto © Reto Zimpel/Süddeutscher Verlag – Bilderdienst
17. Foto © AP/Süddeutscher Verlag – Bilderdienst
18. Foto © ullstein bild – Spica Pressebildagentur
19. Foto © AP/Süddeutscher Verlag – Bilderdienst
20. Foto © Puchner, Stefan/Süddeutscher Verlag – Bilderdienst
21. Foto © AP/Süddeutscher Verlag – Bilderdienst
22. Foto © AP/Süddeutscher Verlag – Bilderdienst
23. Foto © IMD/Süddeutscher Verlag – Bilderdienst
24. Foto © P/F/H/Süddeutscher Verlag – Bilderdienst
25. Foto © Becker & Bredel/Süddeutscher Verlag – Bilderdienst
26. Foto © Hess, Catherina/Süddeutscher Verlag – Bilderdienst
27. Foto © dpa